环球100

亲子旅行地

探险之旅编委会 编著

北京出版集团
北京出版社

图书在版编目（CIP）数据

亲子旅行地 / 探险之旅编委会编著. — 北京：北京出版社，2020.8
 （环球100）
 ISBN 978-7-200-15620-1

Ⅰ. ①亲… Ⅱ. ①探… Ⅲ. ①旅游指南 — 世界 Ⅳ. ①K919

中国版本图书馆CIP数据核字(2020)第101437号

环球100
亲子旅行地
QINZI LÜXINGDI

探险之旅编委会　编著

*

北 京 出 版 集 团
北 京 出 版 社　出版
（北京北三环中路6号）
邮政编码：100120

网　　址：www.bph.com.cn
北 京 出 版 集 团 总 发 行
新 华 书 店 经 销
北京瑞禾彩色印刷有限公司印刷

*

710毫米×1000毫米　16开本　16印张　360千字
2020年8月第1版　2020年8月第1次印刷
ISBN 978-7-200-15620-1
定价：52.80元
如有印装质量问题，由本社负责调换
质量监督电话：010-58572393

前 言

假日，带着孩子一起去旅行，在风景名胜中感受大自然的瑰丽和鬼斧神工的奇妙，在历史古迹前感叹古人的伟大杰作和文化的博大精深，在游乐园里尽情嬉戏玩耍。这种亲子旅游，是现在很流行的旅游方式。平日，家长大多被繁忙的工作所累，与孩子交流沟通不够，亲情就这样一点点流失了。一年365天，家长抽出宝贵的几天，带孩子去旅游。在旅游过程中，孩子可以聆听家长关怀备至的话语，家长可以了解孩子的内心想法。密切的情感交流，填补两代人的代沟，淡化的亲情就这样又变得深厚。

世界很大，风景各异。孩子处在人生萌芽期，心灵是稚嫩的，也是富于想象力、充满好奇心的。亲子游不仅可以扩大孩子的知识面，还可以锻炼孩子的体力、增长孩子的见识。在探索未知、跋山涉水、玩乐嬉闹的过程中，家长可以以风景名胜或者历史古迹为例，直接或潜移默化地教育孩子，告诉他们做人与做事的道理，更有利于孩子的茁壮成长。亲子游有多种优点，成为家庭教育的最好选择。本书就以亲子游为主题，以优美的文字和图片为载体，呈现适合亲子游的最佳旅游胜地，以飨广大读者。

目录 CONTENTS

第一章
童话仙境，找回心灵的纯真

001 **张家界国家森林公园** / 012
《阿凡达》的科幻世界

002 **圣瓦西里升天大教堂** / 015
艳丽多彩的童话风情

003 **新天鹅堡** / 018
睡美人公主的美丽童话

004 **罗滕堡古城** / 020
童话小镇

005 **科尔马小镇** / 023
《美女与野兽》之体验

006 **圣米歇尔山** / 026
《长发公主》的原型王国

007 **童话小镇欧登塞** / 028
邂逅童话大师安徒生

008 **伊卢利萨特** / 030
冰雪王国的童话世界

009 **棉花堡** / 033
世界奇观

010 **泰姬陵** / 036
迪士尼《阿拉丁》的童话城堡

第二章
阳光海滩，享受海风椰林的浪漫

011 **考爱岛海滩** / 040
儿童探知馆

012 **撒丁岛海滩** / 043
世外桃源的美丽淡泊

013 **兔子海滩** / 046
拥有阳光心情

014 **科特思洛海滩** / 048
孩子的海洋胜地

015 **邦迪海滩** / 050
甜蜜的亲情

016 **德班海滩** / 053
海洋知识博物馆

017 **卡隆海滩** / 056
探索普吉岛

018 **艾图塔基海滩** / 059
全球第二美丽

019 **粉色沙滩** / 061
大自然的少女心

020 **沙努尔海滩** / 064
热辣辣的风情

021 **长滩岛** / 066
贝壳项链与沙雕的礼物

第三章
海岛丛林，体验多姿多彩的海洋文化风情

022 **三亚** / 070
热带雨林的浪漫

023 **青岛** / 072
夏日避暑胜地

024 **夏威夷群岛** / 074
热带风情

025 **塞班岛** / 076
太平洋的壮丽海景

026 **悉尼** / 078
羊背上的海滨城市

027 **斯米兰群岛** / 080
观鱼世界的美妙

028 **济州岛** / 082
石爷爷的微笑

029 **神仙珊瑚岛** / 084
去丛林探险

030 **毛里求斯群岛** / 086
遗落在人间的伊甸园

第四章
梦幻邮轮，学做勇敢睿智的航海家

031 **"迪士尼梦想"号** / 090
迪士尼的动画梦想

032 **"嘉年华梦想"号** / 092
巨大的水上乐园

033 **"海洋魅力"号** / 094
梦工厂的动画情节

034 **"挪威爱彼"号** / 096
海绵宝宝的微笑

035　"钻石公主"号 / 098
　　　北国风光

036　"新阿姆斯特丹"号 / 100
　　　欧洲文化体验

037　"玛丽皇后"二号 / 102
　　　璀璨的银河星空

038　"风神"号 / 104
　　　典雅精致

第五章 主题乐园，充满欢乐的笑声

039　长隆欢乐世界 / 108
　　　童真世界

040　上海科技馆 / 110
　　　梦幻科技

041　诺亚方舟主题公园 / 112
　　　科普世界

042　香港海洋公园 / 114
　　　海洋教育

043　垦丁海洋博物馆 / 117
　　　海底世界百科全书

044　Hello Kitty乐园 / 119
　　　女孩子的最爱

045　迪士尼乐园 / 121
　　　卡通人物的世界

046　金茨堡乐高乐园 / 123
　　　孩子成长的体验

047　奥兰多迪士尼乐园 / 125
　　　玩乐天堂

048　新加坡环球影城 / 127
　　　梦幻仙境

049　皮拉图斯山吊索公园 / 130
　　　孩子素质拓展基地

050　太阳城 / 132
　　　美丽的"失落之城"

051　欧洲主题公园 / 134
　　　微缩欧洲一日游

第六章
奇幻魔都，探索风情各异的都市文明

052 **洛杉矶** / 138
天使之城

053 **伦敦** / 140
趣味无穷

054 **罗马** / 142
神奇世界

055 **圣彼得堡** / 144
西方的窗口

056 **瓦哈卡** / 146
五彩斑斓

057 **温哥华** / 148
悠闲世界

058 **哥本哈根** / 150
古老与现代

059 **伊斯坦布尔** / 153
传奇故事多

060 **里斯本** / 156
大航海时代的辉煌重现

061 **新加坡** / 158
花园城邦

062 **马斯喀特** / 160
年轻人的探险胜地

第七章
沧桑古迹，追忆历史风韵

063 **秦始皇兵马俑** / 164
历史的澎湃

064 **八达岭长城** / 166
历史的沧桑

065 **自由女神** / 169
自由的追求

066 **埃菲尔铁塔** / 171
文化的浪漫

067 **宙斯神像** / 174
天神的传说

068 **罗德斯岛巨像** / 176
神的战斗

069 **金字塔** / 178
法老的微笑

070 **阿耳忒弥斯神庙** / 180
中古文明的宏伟

071 **摩索拉斯陵墓** / 182
探寻中世纪文化

072 **吴哥窟** / 184
佛教文化的魅力

073 **亚历山大港灯塔** / 186
地中海文明之奇迹

第八章
秀美山光，扑入大自然的怀抱

074 **九寨沟** / 190
美丽的童话世界

075 **黄山** / 192
手牵手的悠闲时光

076 **富士山** / 194
日本的象征

077 **约塞米蒂国家公园** / 196
火焰瀑布的绝美

078 **落基山国家公园** / 198
震撼心灵的山谷美

079 **萤火虫洞** / 200
梦幻迷离的星空

080 **丹顿农山脉国家公园** / 203
悠然静谧的森林

081 **阿尔卑斯山脉** / 205
风光无限

第九章
湖光艳影，大地碧绿的瞳孔

082 **丹江口水库** / 210
神州大地上的明珠

083 **青海湖** / 212
高山下的花环

084 **五大湖** / 214
世界最大的淡水湖群

085 **尼斯湖** / 216
水怪的传说

086 **粉红湖泊** / 218
世界十大奇景之一

087 **瓦卡蒂普湖** / 220
魔幻电影《指环王》的拍摄地

088 **维也纳地下童话王国** / 222
欧洲最大的地下湖

089 **日内瓦湖** / 224
杰出的蓝色之湖

090 **死海** / 226
地球的肚脐眼

091 **的的喀喀湖** / 228
印第安人的圣湖

第十章
动物世界，欣赏生命的多姿与美妙

092 **广州长隆野生动物世界** / 232
孩子的动物世界

093 **冲绳水族馆** / 234
奇妙的海底世界

094 **黄石国家公园** / 237
美国最好的巨型动物群栖息地

095 **多伦多动物园** / 239
动物知识课堂

096 **悉尼野生动物园** / 242
考拉和袋鼠的微笑

097 **马赛马拉国家公园** / 244
热带动物之风情

098 **加拉帕戈斯群岛** / 247
野生动植物的天堂

099 **克鲁格国家公园** / 250
野生动物的天堂

100 **迪拜水族馆** / 253
最大的海底生物剧场之一

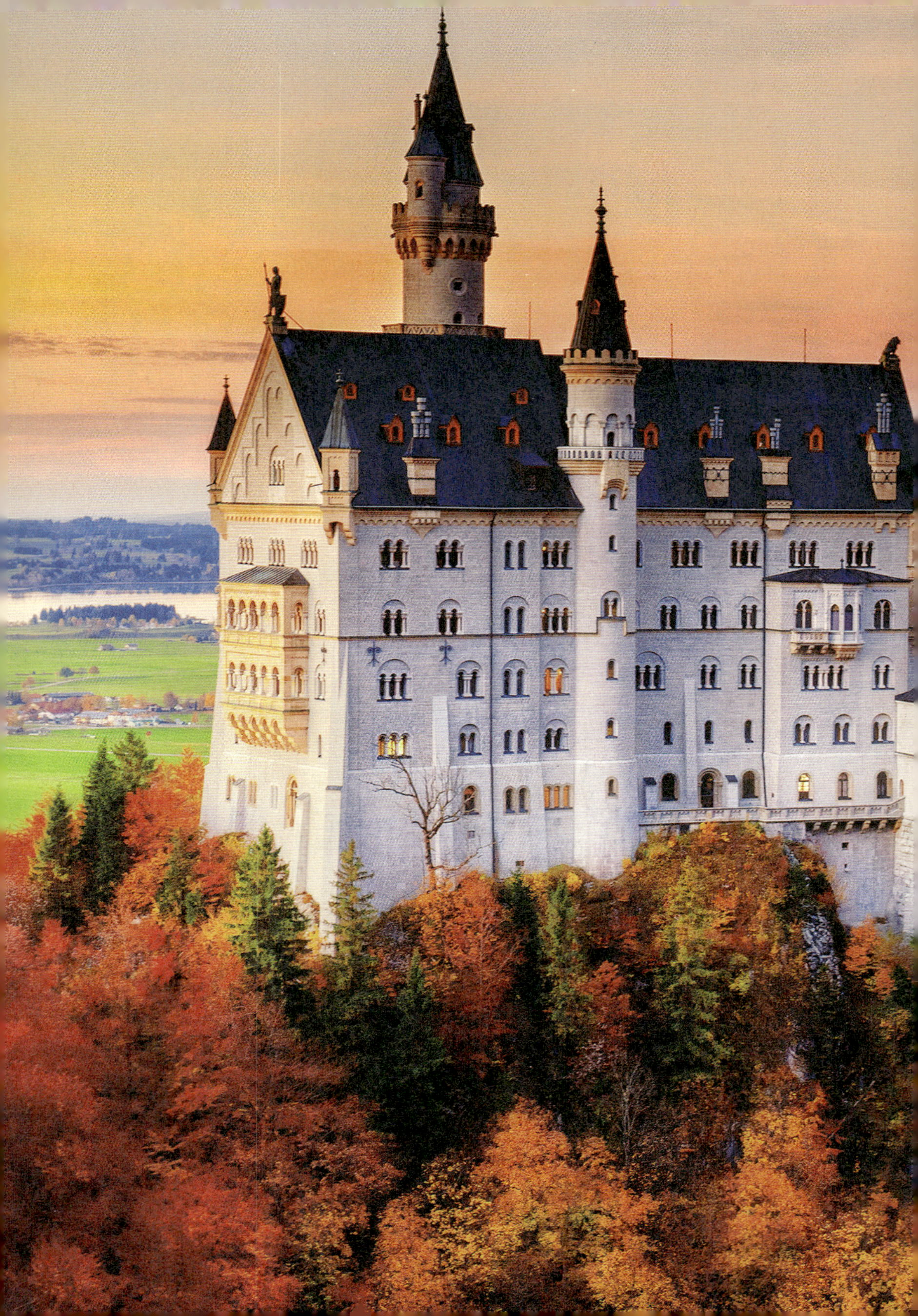

第一章

童话仙境，找回心灵的纯真

每个大人曾经都是孩子，
每个孩子终要变成大人。
无论大人还是孩子，
童年时候都珍藏着
一个只属于自己的童话梦：
希望整个世界就如童话一般美好，
希望自己的梦想都能如愿成真。
在这个世界上，
就有如童话仙境一样美丽的地方，
那里有风景如画的城堡、小屋、
湖泊和田园村庄。
在假期时，
家长带着孩子去旅游吧！
在美如童话的仙境、
在诗意的风景中度过美好时光！
与童话故事中的公主与王子相遇，
让童话由梦想变为真实！

张家界国家森林公园

《阿凡达》的科幻世界

关键词：阿凡达　奇峰峻岭　云雾缭绕

位置：中国张家界

最佳旅游时间：春季和秋季

　　当科幻电影《阿凡达》在全球上映热播的时候，外星球潘多拉星球蔚蓝的天空、绿发似的茂密森林、巍峨壮丽的大山、清澈见底的小溪，使人拍案叫绝。尤其是片中的哈利路亚山美妙绝伦的风景，如同童话故事里的仙境，令人为之倾倒。在现实生活中，真的有像潘多拉星球一样的童话仙境，那就是中国湖南省的张家界国家森林公园，《阿凡达》即取景于此。张家界国家森林公园一直以谷显幽、峰称奇、林见秀闻名于世。在假期的时候，家长可以带孩子去张家界国家森林公园旅游，在阿凡达的科幻世界中，给予孩子童话仙境一样的梦幻体验。

　　张家界作为世界著名的旅游城市，建立了完善的交通系统，可以乘飞机、大巴抵达该市，然后在市里乘坐旅游大巴到达张家界国家森林公园。走进这里，游客会发觉这里的空

张家界玻璃栈道令胆小者望而生畏

玻璃吊桥惊险而刺激

气特别清新，毫无杂质，甚至可以呼吸到花草树木散发出的清香气息。没错，张家界国家森林公园是世界著名的天然氧吧，因空气质量好而闻名遐迩。沿着山路的石阶上行，就会发现这里是一个奇山峻岭的世界。这些山峰破土而出，高耸入云，重重叠叠地挨在一起，多彩多姿。有的山峰如尖尖的春笋，有的山峰如捧着鲜花的少女，有的山峰如背着小背篓的瑶族妇女，有的山峰如宝剑锋利独峙……它们以拥抱、微笑、絮絮低语、站立等姿态排列在游客的面前，美不胜收，令人陶醉。

登山过了黄石寨、金鞭溪，家长可以选择爬乱窜坡的小道或者乘坐白龙天梯的方式到达山顶的景区——袁家界。这是张家界国家森林公园里最美的地方，也是电影《阿凡达》的外景拍摄地。只要举目远望，就可以欣赏到一幅凌空而出的田园山水画，如海市蜃楼一样悄然而临，梦幻又清新自然。孩子则会快乐地大叫："这里太美了，我真的到了《阿凡达》中潘多拉星球的世界了！"没错，潘多拉星球那个美妙绝伦的童话仙境就是取景于此。站在观景台上，游客如雄鹰鸟瞰大地，可以看到眼前是深不可测的空灵幽谷，突立着奇伟的石柱、石峰，它们神态多姿，雄险秀野。游客脚下的山峰造型奇特，海拔高度约1 074米，垂直高度为150米，如一株秀竹垂直屹立在大地上。山峰顶部植被郁郁葱葱，峰面岩石俊俏，如英武的将帅，又如刀斧般冷峻锋利。由于顶天立地的气势，它被取名为乾坤柱。2008年12月，好莱坞著名摄影师就在这儿为电影《阿凡达》进行了为期4天的外景拍摄。乾坤柱就是潘多拉星球上"哈利路亚山（悬浮山）"的原型。

这时，家长可以对孩子讲述袁家界的来源传说——唐朝后期黄巢起义失败之后，朝廷

云雾缭绕下的张家界天门山风景优美

捉拿起义军。黄巢手下一名姓袁的部下，为了躲避朝廷军队的追捕，就来到这里过隐居的生活。他垦荒种粮，结庐为舍，并以自己的姓氏为这处深山野岭命名，"袁家界"这个杳无人烟的地方，从此有了名字，并且流传至今。这时，家长可以告诉孩子，对自然美景的欣赏实际上都在于心灵的体验。在人生道路上会有许多不如意，我们只有勇敢面对这些不如意，学会寻找快乐，才能拥抱心中的美景。

家长还可以拉着孩子的手，转转袁家界另一个标志性的景点——天下第一桥。它是在两山之间天然形成的一座石桥，也是迄今为止世界上落差最大的天然石桥。桥面苍松挺拔，桥栏藤蔓垂挂。走在石桥上，目光所及之处都是悬崖峭壁。深渊如同一潭碧水，微风吹过，晃动的树叶如同漾滟的水面，不可触及却又美得令人心醉。

总之，在张家界的奇峰峻岭中，孩子可以欣赏大自然的美景，获得童话般的奇幻体验，张家界乃是亲子游的最佳目的地之一。

温馨提示

❶ 张家界是无烟地区，家长一定注意不能吸烟。

❷ 爬山时最好少带行囊，要穿防滑、软底的运动鞋。

❸ 爬山请携带清凉油、雨具、防晒霜。

002

关键词：16世纪　沙俄　鲜艳

位置：俄罗斯莫斯科

最佳旅游时间：全年

圣瓦西里升天大教堂

艳丽多彩的童话风情

🔘 鲜艳的圣瓦西里升天大教堂在蓝天白云的映衬下，更加漂亮

　　意大利童话作家所著的《洋葱头历险记》中可爱的、胖墩墩的、亲切的洋葱头卡通形象，是多么深入孩子的心灵。在这个世界上就存在洋葱头卡通形象般的建筑物，那就是俄罗斯的圣瓦西里升天大教堂。在假日，家长可以带着孩子去参观圣瓦西里升天大教堂，让孩子找到心中的洋葱头，给予孩子五彩斑斓的童话记忆。

　　圣瓦西里升天大教堂位于俄罗斯首都莫斯科市中心红场南端。乘火车和飞机都可以抵达莫斯科。圣瓦西里升天大教堂修建于16世纪，是纪念沙皇伊凡四世征服喀山汗国所修建的。教堂展现了16世纪俄罗斯民间流行的建筑艺术风格，由于其造型别致，被世人亲切地称作"多彩洋葱头"。

　　孩子只要站立在教堂门口，就会惊呼：动画片里的"洋葱头"在这儿！"洋葱头"有

造型各异的"洋葱头"是圣瓦西里升天大教堂的独特设计

9个，还是金色的！没错，这座教堂有9个绚丽多彩的洋葱式圆顶，好似童话中的"洋葱头"。在9个"洋葱头"中，最高耸的是一座高达47米的中央塔楼。塔楼形状如硕大的洋葱头，圆顶金光灿灿，塔身是棱形柱体，上层刻有神龛，下层是一圈条形窗口。环绕在最高的中央塔楼四周的是4座形状如八角形塔的大礼拜堂，顶部也是硕大的"洋葱头"。在这4个塔楼之间的斜对角线上，矗立着4个小礼拜堂，顶部也是"洋葱头"。这8个塔楼正门的方向，都朝着中心教堂。教堂四周环绕着精致的楼梯和走廊。9个洋葱式圆顶在蓝天白云的衬托下，绚丽多姿、熠熠闪光，仿佛在向游客露出微笑，带给孩子快乐而难忘的体验。

　　教堂的建筑材料在色彩选用上也是非常用心的。整座教堂的建筑材料以红砖为主，以红色为主要基调，并镶嵌白色的石构件作为装饰。红色配上绿色、黄色等明亮鲜艳的色彩，显得整座教堂富丽堂皇、壮丽宏伟，洋溢着节日般的喜庆气氛，带给孩子优美、丰满、梦幻的童话想象。

　　圣瓦西里升天大教堂现在是俄罗斯国立历史博物馆分馆。家长可以带着孩子走进大教堂参观。教堂的过道和门窗边的空墙上，绘有16—17世纪有关俄国历史的壁画。在教堂殿堂，展览着16世纪俄罗斯军队攻克喀山汗国使用的武器装备、喀山汗国被围的模型、16—17世纪沙皇俄国的文物。走到大教堂的地下层可以看到一个暗室，有一处供通风用的细小的、尖拱形的缝隙。在1595年，这个暗室用来存放沙皇俄国的国库官款，现在陈列的是古代文物。

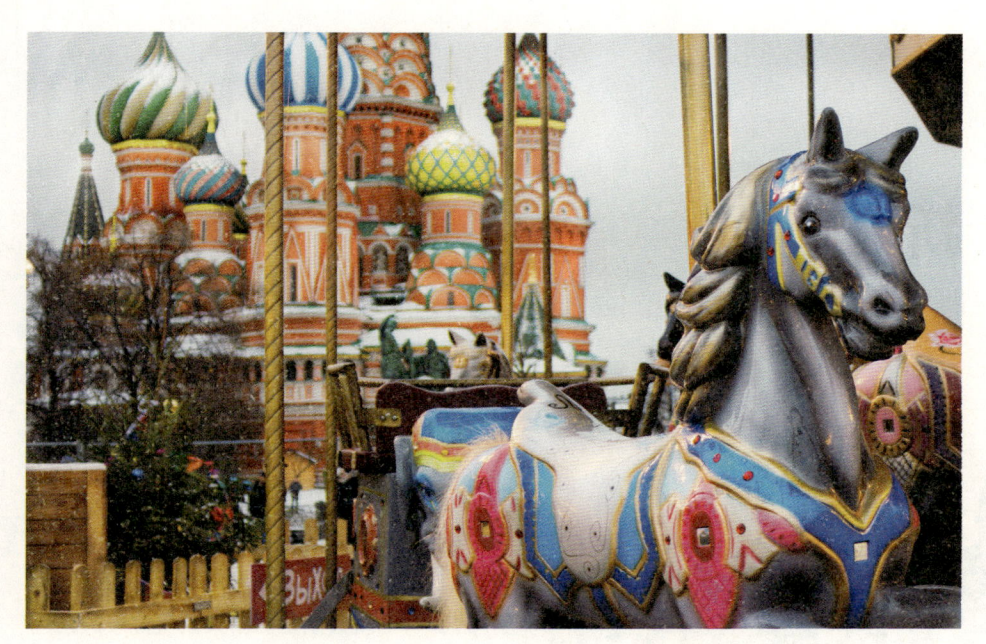

○ 教堂不远处的儿童游乐场所

  从大教堂出来之后，家长可以带着孩子参观圣瓦西里升天大教堂所在的红场，教堂前面是俄国两位著名的民族英雄——波扎尔斯基和米宁的雕像。这两位民族英雄在1611—1612年率领军队打败了波兰侵略军，解放了首都莫斯科。在红场西侧，是著名的克里姆林宫。克里姆林宫呈三角形，周长约2 000米，东南部与红场相邻，南邻流经莫斯科的莫斯科河。宫内有20多座塔楼，参差不齐地立在三角形的宫墙边，在宫墙上立有5座城门塔楼。远远眺望，克里姆林宫如同一座森严宏伟的城堡。家长可以对孩子讲述克里姆林宫的历史：十月革命之前，它是俄国沙皇的宫殿；苏联建立之后，它是党政机关所在地；现在，它是俄罗斯政府的代称。

  最有特点的还是在夜幕降临、华灯闪耀之时，圣瓦西里升天大教堂在霓虹灯的渲染下，童话色彩越发鲜艳，景致越发迷人。这时候，红场上有投影机在"洋葱头"上投影，以屏幕动画的方式讲述俄罗斯的历史。家长可以在这里驻足，让孩子通过观看影片，了解俄国历史。

温馨提示

1. 莫斯科所处的纬度比较高，气候严寒，注意保暖。
2. 教堂内不许拍照。
3. 在首都莫斯科可乘坐到达红场的公交车，或乘地铁在亚历山大花园站下车，或乘坐1、2、8、25、33路无轨电车到达。

003

新天鹅堡

睡美人公主的美丽童话

关键词：睡美人　浪漫色彩　田园风

位置：德国巴伐利亚西南方阿尔卑斯山脉

最佳旅游时间：全年

○ 霞光下的新天鹅堡景色更加迷人

美国迪士尼动画片《睡美人》中美丽的公主躺卧在散发着如梦似幻、纯洁烂漫气质的白色城堡中，令无数孩子羡慕不已。睡美人公主的城堡原型就是德国慕尼黑菲森的新天鹅堡。新天鹅堡位于风景宜人的阿尔卑斯山脉，独有的浪漫气质和祥和的田园风情吸引无数家长带着孩子来此一游。家长可以在城堡中追溯孩提时的童话梦，孩子可以在童话梦境般的城堡中做纯真的自己。

慕尼黑作为德国南部第一大城市，有着完善发达的交通网络。可以先乘飞机到慕尼黑，然后坐2小时的火车就能到达小镇菲森。在小镇菲森，坐上76路公交车就可以抵达新天鹅堡。

新天鹅堡物如其名，外表如同天鹅一样洁白，又如同天鹅一样亭亭玉立于蓝天白云所衬托的群山碧树之间。新天鹅堡位于阿尔卑斯山脉的山顶，从山麓走到山顶需要花费一段时间。为了观赏山上沿途的风景，家长可以带着孩子选择徒步登山的方式到达城堡。

登山小道都有路标指向山顶，不用担心会迷路。夏天的阿尔卑斯山脉，绿树葱葱，繁花盛开，树林中蝉在鸣叫，夏风中飘来花的香气，游客可尽情享受山林美景。

沿着山路，大约走30分钟，就会到达玛丽安桥。这座桥是欣赏新天鹅堡最传统、视野最佳的看台。桥悬在两山崖之间，高百米，桥底是拼接的木质桥板。家长拉着孩子的手走在桥上的时候，会听到咯吱咯吱的响声，能感受到桥板微微地上下浮动。抬头的时候，会看到蓝天白云下新天鹅堡的轮廓。此处青山环绕，是拍摄新天鹅堡绝美侧影的最佳地点，也是自拍的最佳位置。

走过玛丽安桥，沿着山上小道走三四十分钟，就到了新天鹅堡的正门。新天鹅堡坐落在青山碧野之间，如同一位不受尘世间凡事纷扰的仙子。进了大门，在富丽堂皇的城堡内

> 远处的雪山与近处鲜艳的树木构成新天鹅堡壮美的景色

典藏着世间罕见的奇珍异宝，墙上挂着的都是精美的绘画作品。这里最辉煌的是帝王大厅。帝王大厅有着巨大的蓝色天花板，如同蓝色的苍穹。在蓝色天花板上点缀着灿烂的星辰，象征着大自然浩瀚无边的星空。地板上有用各色马赛克铺成的动植物图案，象征着博大精深的大地。大厅高耸的天花板上悬挂着一个巨大的、金灿灿的皇冠，上面一共竖立着96根蜡烛，象征着至高无上的王权。

这时，家长可以对孩子讲述天鹅堡的创建者——巴伐利亚的"童话国王"路德维希二世的故事。他高大英俊，喜欢自然山水与浪漫生活，却不喜欢政坛上的繁杂事务和钩心斗角。这个"童话国王"为了实现艺术梦想，在1869—1886年建造了新天鹅堡，借这种方式来逃避现实的种种烦恼，生活和童话的界线就这样渐渐模糊了。"童话国王"将自己卓越的幻想与才华寄托在山水城堡之间，把艺术的童话变为了现实。家长可以借此教育孩子：每个人都应该有一座自己的城堡，让梦在城堡里自由飞翔，只有这样的生活，才是属于自己的人生。所以，人应该有自己的个性，享受独一无二的惬意人生！

新天鹅堡背后的醉人山谷和福尔根湖也是非常值得游玩的景点，湖水波光潋滟，山谷青翠迷人。当家长和孩子欣赏过这一片迷人的山谷田园风光之后，就可以下山了。这次的旅游不仅让孩子获得了艺术美的熏陶，还锻炼了孩子的身体。

温馨提示

❶ 徒步到达位于山顶的新天鹅堡，需要具备良好的体力，建议量力而行。

❷ 山林间蚊虫比较多，需要带清凉油、药品等。

罗滕堡古城

童话小镇

关键词：塔楼　格林童话　中世纪

位置：德国巴伐利亚州西北部佛兰肯地区的陶伯河畔

最佳旅游时间：1月至10月

白雪公主和七个小矮人、灰姑娘与白马王子、小矮人与鞋匠……这些家喻户晓、情节曲折、色彩斑斓、想象力丰富的童话故事来自德国格林兄弟所著的《格林童话》。《格林童话》里一篇篇梦幻般的童话故事犹如璀璨的明珠，陪伴了一代又一代人的童年。直到现在，《格林童话》对孩子们仍然具有深远的影响。听《格林童话》长大的家长也知道，这些童话故事的素材来源于风光秀美的德国。在德国，童话色彩最为浓厚的地方是罗滕堡古城。放假的时候，家长带孩子去德国的罗滕堡古城旅游，在古城氤氲的童话氛围中，家长可以重温童年的童话记忆，孩子也能找到快乐。

德国罗滕堡古城的交通非常便利，游客可以先乘飞机抵达德国的法兰克福，再转两次火车就可以到达这座名满天下的古城了。穿过古朴的城门，迎面而来的是一条漂亮的小街，街道两旁是色彩缤纷、有巧克力色花纹、尖顶的半木房子，窗台上铺满了五彩斑斓的鲜花。路面不宽，用鹅卵石和小青石铺砌而成。一直走着，到了集市广场，便是罗滕堡的市中心，也是旅游的中心。

集市广场有塔楼和市政厅等古老的建筑物。塔楼高达60米，是俯瞰整个罗滕堡古城的最佳地点。楼梯狭窄陡峭，只能容1个人通过，弯弯曲曲地通达塔顶。家长与孩子可以在塔顶上吹着微风，俯瞰城墙内古城的美丽全貌，以及城墙外巴伐利亚地区美丽的田园风光。其中，流经城区的陶伯河如一条玉带，包围着这座古城。在澄净的蓝天白云下，城外恬静的田园风光和城内积木般的楼房交相辉映，美妙绝伦，令人陶醉。

下了塔楼，穿过集市广场，沿

罗滕堡古城的古董店里商品应有尽有

整齐划一的红顶房子使这个小镇更加美丽迷人

着陶伯河边的街道散步，可以看到中世纪的生活痕迹，如河岸的古朴磨坊。无论家长还是孩子，都会联想起《格林童话》中磨坊主和他女儿的故事。街道的小店，都有一个精心布置的橱窗，里面装饰着旋转的小木马、带着光环的天使、神态各异的可爱猫咪、盛装的洋娃娃、梳着麻花辫的小女孩、涨红脸的小男孩，还有许多趣味横生的童话卡通形象。此外，街道两旁还有博物馆、修道院、教堂、葡萄酒馆、纪念碑等历史古迹。古色古香的布局令人惊叹，仿佛中世纪的欧洲就在眼前！孩子也会惊呼：王子、公主、骑士等童话形象在这儿重现了！

在罗滕堡古城有两处让孩子感受童话世界的最佳场所：一个是玩具博物馆，另一个是圣诞博物馆，它们是绅士大街上两个很特别的博物馆。在玩具博物馆中，橱窗里展现的是有几百年历史的玩具，这些玩具精致可爱、颜色丰富、种类繁多。圣诞博物馆展示的是圣诞树、圣诞蜡烛、圣诞挂件等圣诞用品，数量庞大、色彩丰富，让人仿佛进入一个温暖的童话世界，产生童话般梦幻的感觉。

从博物馆出来之后，家长可以带着孩子在城堡花园晒晒太阳、品尝点心，享受童话中古堡里王子和公主的诗意生活，这儿的居民也许会为你们讲述一个古城流传的英雄故事。

◉ 风景优美的古城，房子的设计很独特

在17世纪席卷欧洲的三十年战争中，天主教军队包围这座古城的时候，市长为了保卫这座城市，与天主教将领打赌，如果市长赢了，对方就高抬贵手，放过小城。结果市长赢了，天主教军队只能遵守诺言，就此撤兵。古城的童话风格，就这样被保存下来。借此故事，家长可以教育孩子：学会勇敢，学会自信，才能拥抱心中的梦想。

此外，罗滕堡古城还有许多风景宜人的胜地。一切都表明，罗滕堡古城是格林童话的完美体现，是亲子游的最佳童话旅游胜地之一。

温馨提示

❶ 罗滕堡古城被围墙圈起，需要全程步行，所以最好穿一双合适的鞋。
❷ 罗滕堡古城的餐馆提供的都是本地传统菜，要做好吃不惯的思想准备。

关键词：水城童话 历史
位置：法国阿尔萨斯地区
最佳旅游时间：全年

005

科尔马小镇
《美女与野兽》之体验

> 伊尔河支流酪赫河从科尔马小镇穿过

　　看日本动画片《哈尔的移动城堡》的时候，孩子都惊叹城堡所在地区的风景如此秀美，如熠熠闪光的明珠，奇幻、浪漫，令人神往。实际上，这部动画片中小镇的取景地，正是法国东北部阿尔萨斯地区的科尔马小镇。此外，它还是著名迪士尼动画片《美女与野兽》中美女与野兽相遇的浪漫之地。在假期到来的时候，家长带孩子去法国的科尔马小镇旅游，能使孩子获得身临其境的童话体验，让孩子拥有童话般的快乐回忆。

　　要抵达法国小镇科尔马，可以先坐飞机到达巴黎，然后在巴黎东站乘坐快速列车，两三个小时的时间就到达目的地了。在火车站，有到达老城区的公交车。在科尔马的老城区，任何人都会惊叹，这就是《美女与野兽》爱情故事的发生地呀！小镇的街道铺砌的是

📍 风景优美的科尔马小镇

中世纪留下的古朴鹅卵石。街道两旁矗立着童话格调的屋子,这些童话小屋的屋顶是用木头支架搭建而成的,横斜相互交叉,形状各异。屋顶配上清新的浅绿、神秘的深褐、饱和的红艳、粉嫩的鹅黄等墙面,以及绚丽多姿的扇窗,使这个小镇洋溢着五彩斑斓的童话气息。街道两旁的餐馆等店铺里,挂着许多精致的铸铁招牌。这些招牌图案构思巧妙,体现了商店的特色。在露天的咖啡馆里,晒着太阳,点上想喝的饮料,在椅子上闲躺,童话般的浪漫生活就这样开始了。

　　科尔马小镇童话色彩最为浓厚的时间是年末和年初。每当这时,科尔马小镇街道两边的屋子、商店、餐馆都装饰着亮闪闪、琳琅满目的圣诞饰品。空地变成售卖卡通圣诞物品的集市。节日的气氛把小镇渲染得如童话世界一般温暖热闹。在街道的角落还摆设着旋转木马、跷跷板、滑梯等游乐设施,能让孩子快乐地玩耍、尽情地欢笑。人们哪怕只是在小镇随意乱逛,都会觉得仿佛置身于梦幻浪漫的童话世界之中。小镇的美食也令游客觉得在这儿生活就如在童话中生活一样美好！家长带着孩子，可以选某个餐馆、酒吧或者小店，尝一下这儿盛产的法国最好的美味——白葡萄，以及用白葡萄酒腌制的甘蓝菜，让味觉获得美妙的享受。

家长如果带着孩子乘小船游览科尔马小镇，可以享受到缱绻的情调。法国的伊尔河支流酪赫河从小镇中央缓缓淌过，河流曲折蜿蜒，犹如缠绕在美丽少女身上的碧绿丝缎。坐上小船后，船夫撩起长篙，轻轻划开水面，河面水波微微荡漾。水巷悠长静谧，河岸绿树浓荫，如同一幅色彩浓烈的水彩画。碧绿的河面，偶尔有鱼儿跳起落下的水声，泛起一圈圈涟漪。在河边水草中，偶尔响起水鸡和野鸭扑棱的翅膀声。小船从一个个桥洞中钻过，桥两端都有鲜花点缀。河道中最精华之处，是"小威尼斯"这一河段。在这儿，河两岸是一幢幢粉蓝、鹅黄、艳红、草绿等颜色的建筑，如同积木砌成的双层木筋屋。这些五彩缤纷的木筋屋散发着童话般的色彩和历史的韵味，如水彩画的调色盘一样，紧紧挨着碧绿的河流。任何人只要拿出相机，在这儿选一个位置按下快门，拍出的都是一幅精美绝伦的图片。

科尔马小镇的亮点并不仅仅在于这些，它的名气还来源于沧桑的历史。家长在这儿可以对孩子讲述科尔马小镇的历史。它位于法国的阿尔萨斯地区，这里是德法边境，曾17次易主于德国，后来法国人民怀着爱国之心，浴血奋战，夺回了自己的国土。中学语文课本中都德的《最后一课》，背景也是取材于此。此外，它还是自由女神像的作者——著名法国雕塑家巴托尔迪的故乡。家长可以带孩子参观科尔马小镇的广场，同时借小镇的历史告诉孩子法国的这一片美丽国土是法国人民通过努力获得的。人活在世上，应学会拼搏，这样才能实现梦想，获得自由，童话般的梦幻生活才会属于自己。

◉ 镇上漂亮的房子

温馨提示

❶ 不识水性的游客坐船游运河时应特别注意安全。

❷ 有高血压的游客切忌饮过量的葡萄酒。

❸ 请为孩子准备便装，方便他们玩耍。

圣米歇尔山
《长发公主》的原型王国

关键词：修道院 长发公主 大天使

位置：法国芒什省的大西洋海岸

最佳旅游时间：4月至9月

迪士尼动画片《长发公主》上映的时候，无数女孩心中的公主情结、男孩心中的王子情结随之泛涨起来了。女孩子都幻想成为童话中美艳惊人、气质高雅的公主，男孩子也梦想成为童话中勇敢帅气的王子。实际上，男孩女孩不需要期盼魔法的降临，因为在世界上就有公主梦、王子梦诞生的原型地方，那就是法国的圣米歇尔山。它位于法国芒什省一座花岗岩小岛上，距海岸2 000米，面向英吉利海峡，名列《世界遗产名录》。圣米歇尔山历史悠久，风景优美。在假日的时候，家长可以带着孩子去法国的圣米歇尔山旅游，圆孩子的公主梦、王子梦。

圣米歇尔山位于海岛上，交通不太方便。欧洲铁路公司为游客提供了既节省时间又便捷的交通方式——先在巴黎蒙帕尔纳斯火车站乘坐抵达雷恩的TGV高速列车，然后从雷恩车站乘坐到圣米歇尔山的大巴。火车票和大巴票都可以在网上预订。

下了大巴，游客可以看到一片洁白的沙滩连接着烟波浩瀚的湛蓝海水。在蔚蓝的苍穹下，锥形的圣米歇尔山在烟波浩渺的海面中突起。锥形的小山上高高矗立的圣米歇尔山教堂建筑，使整座小岛弥散着神秘的气息。喜欢看动画片的孩子会惊呼：迪士尼动画片中长发公主的城堡在这儿呀！没错，这就是《长发公主》中科罗娜王国的原型地。导游或者当地居民会对游客讲述圣米歇尔山的神话传说：《圣经》中神圣的大天使圣米歇尔托梦给法国著名的圣欧贝尔主教，让主教以他的名义在这个小岛修建一座圣堂。于是，圣米歇尔山就成了重要的朝圣地。

圣米歇尔山有一段长堤与陆地连接，游客可以选择步行、乘免费巴士或者坐马车的方式穿过长堤。这里的餐馆、商店、旅馆还保持着中世纪欧洲建

山下的羊群悠闲地啃食着小草

教堂修建在圣米歇尔山山顶，雄伟壮观

筑的风格。山不高，沿着青石板路拾级而上，20分钟就可以到达山顶的修道院，这就是以大天使圣米歇尔的名字命名的教堂，现在被联合国列入《世界遗产名录》，也是在法国旅游必去的景点。随着时光的推移，修道院几番扩建，最终形成今天壮观庞大的建筑群。圣米歇尔修道院具有古罗马、哥特、火焰哥特三种建筑风格。在古朴的建筑城墙上，青翠的树林与蓝天碧海浑然一体。淡灰色的城墙、城垛中冒出的高耸角楼、秀气的尖塔、沧桑的台阶与小院，为整座修道院增添了阴柔娇媚的秀色。淡雅的建筑物使孩子惊讶：自己是在《长发公主》中高贵神秘的科罗娜王国，还是在影片《魔戒》的奇幻世界之中呢？

在教堂钟楼的顶端，矗立着高贵的大天使圣米歇尔雕像。大天使一身金装，在灿烂阳光的辉映下显得格外炫目耀眼。这儿也有不少摄影工作室，是法国著名的婚纱照摄影地。家长可以让孩子穿上美丽的服装，把孩子打扮成童话里的公主或者王子，告知孩子"你若盛开，蝴蝶自来"，只有做一个勇敢善良的人，才能成为高贵的公主或者王子，收获幸福的人生。

在傍晚的时候，家长可以带着孩子在城堡的某个角落眺望夕阳映衬的潮汐美景。此时，海浪一波一波地涌来，淹没了长堤，把圣米歇尔山变为一座海中孤岛。火红的晚霞燃烧着一望无垠的碧海蓝天，壮丽的风景气势磅礴，震撼人心。

温馨提示

❶ 从巴黎到圣米歇尔山，来回车程8个小时。巴士班次不多，需要提前安排好行程。

❷ 每年有两次震撼人心的涨潮，时间为春季3月21日左右和秋季9月23日左右。

❸ 涨潮时，人山人海，家长需要看紧孩子，以免走失。

童话小镇欧登塞

邂逅童话大师安徒生

关键词：安徒生　悠闲　童话

位置：丹麦哥本哈根和日德兰半岛之间

最佳旅游时间：全年

丹麦小镇欧登塞——安徒生童话的发源地，是一座充满童话梦想的小镇。小镇童话梦想的编织者，就是丹麦著名的童话大师安徒生。在这里，孩子可以追根溯源，寻找到安徒生童话中丑小鸭、白天鹅、美人鱼、公主、小锡兵的原型。欧登塞有着浓郁的童话氛围，家长可以在假期带孩子去游览一番，让孩子在童话大师的故乡编织心中的童话梦，并教育孩子执着努力，把童话梦想变为现实。

丹麦为了发展旅游业，建立了完善的交通网络，去欧登塞小镇非常快捷方便。只需要先坐飞机抵达丹麦首都哥本哈根，然后转火车，75分钟之后能就到达目的地。在欧登塞小镇，路面都是用古朴的鹅卵石和砖块铺设而成的。建筑物只有1层楼的高度，外表颜色丰富又极具个性，形状小巧精致。这些房子配着白色的小窗户和高烟囱，在街道两边整齐有序地排列着。这儿没有城市的喧嚣和嘈杂，弥散着的是静谧的空气，似乎连呼吸都会破坏宁静的气氛。孩子在这个小镇，会觉得仿佛进入安徒生童话故事中的一个仙境，为七彩斑斓的童话色彩而兴奋。

欧登塞小镇不大，家长带着孩子在小镇上散步，没多久就可以看到流经小镇的欧登塞河。这条河如同青罗带，从小镇中间蜿蜒而过，静静流淌。河流两岸花木葱茏，空气清新。在河边的石凳上，可以欣赏长长的垂柳拂过的倩影，在树荫下享受闲暇自在的时光。在河畔散步的时候，可以看到街头矗立着的安徒生的雕塑，以及安徒生童话故事中各种角色的雕像。这些雕像把安徒生童话中的情节展现在人们面前。小镇渲染的童话气氛令孩子欢腾不已，也令家长赞叹不已。

在小镇道路两旁，有指引去安徒生故居和博物馆的路标。顺着路标可以来到修建于

○ 欧登塞的传统房屋

欧登塞河里的脚踏船整齐地排列着

14世纪的圣克努特教堂。在教堂背后有一个公园，公园里有一尊铜像，热爱童话的孩子只要看到它就会惊呼——啊，这就是童话大师安徒生，我终于来到了他的故乡！

在安徒生公园，很容易找到安徒生故居。故居只有1层楼高，有六七个房间，简陋的布置使人惊讶于19世纪丹麦下层人生活的贫苦。公园里有宣传海报，内容是每天有3场安徒生花车巡游，巡游开始时间分别是11:00、13:00、15:00。在巡游过程中，花车上的演员们会表演20个精彩绝伦的安徒生童话故事。

逛完安徒生故居之后，家长可以带着孩子参观相邻的"打火匣"童话体验馆。在这里，孩子们可以扮演安徒生童话中的角色，玩一把真正的COSPLAY（角色扮演）。这种游戏对孩子的想象力、动手能力、交际能力的培养是非常有益的。

博物馆里的资料展现了安徒生的一生经历，这时候，家长可以跟孩子讲述安徒生的故事。博物馆里最显眼的是环绕大厅的壁画，它展示了安徒生的人生：勤奋努力，历尽艰辛，从一文不名的穷鞋匠的儿子，变成著名的童话作家。这时候，家长可以对孩子进行人生励志教育。如可以让孩子以安徒生为榜样，树立坚定的意志，执着追求人生的梦想，打造辉煌的人生。

此外，欧登塞还有许多历史文化遗产，如古老的教堂和古城堡、图书馆和档案馆，并经常举办艺术展览、电影节和音乐会等文化活动。欧登塞以其童话般的色彩、浓郁的文化氛围，成为亲子游胜地。

温馨提示

❶ 小镇安静悠闲，切勿大声喧哗。

❷ 丹麦地处北欧，气候比较寒冷，请多带衣服。

关键词：冰川 雪橇 极光

位置：丹麦格陵兰岛

最佳旅游时间：5月至9月

伊卢利萨特

冰雪王国的童话世界

格陵兰岛上的伊卢利萨特，是一个极具童话情调的北欧小镇。那里有雄伟的冰川、白雪皑皑的冰雪世界、漫步在地平线上的北极熊、划着雪橇的因纽特人、绚丽多彩的极光，使人仿佛置身于童话世界里的冰雪王国。在假期，家长带孩子去格陵兰岛旅游，欣赏冰雪童话世界的美景，无疑是一件充实又有意义的事情。

在交通方式的选择上，游客可以先乘飞机抵达格陵兰岛机场，然后从机场转机抵达伊卢利萨特机场。漫步在伊卢利萨特，游客会看到一个冰清玉洁的世界，一切景色都流露着清新自然的气质，恍如冰雪女王特意为人类营造的一个童话王国。无止境的峡湾与山峦、纯净清澈的天空与大海、未受世俗之气浸染的因纽特文化，都令游客心醉神迷。

小镇的建筑依山地而建，高低错落，外观色彩艳丽，呈现出五彩缤纷的视觉效果。小

岛上美丽的小房子格外引人注目

极光是格陵兰岛上的奇特现象

镇毗邻大海，走在小镇的西海岸可以欣赏美丽的迪斯科海湾景色。海湾的建筑物都是临海而建，在朝阳初升或者夕阳西下时，天边的彩霞、冰山、海水浑然一体，配上多彩多姿的房屋色调背景，犹如童话般奇异梦幻，使人仿佛置身在一幅风景优美的画卷之中。

面对浩瀚的大海，游客只要坐在光秃秃的岩石上，就可以看到在太阳光辉的反射下，海水中的浮冰变幻着五彩斑斓的色彩，有的如洁白的玉石，有的如蓝绿的翡翠。船只荡漾其中，快艇穿梭在海上，一派祥和、淳朴又清新的自然景象。

站在海边矗立的岩石上，游客可以看到到处有用铁链子拴着的洁白毛色动物，这是小镇的因纽特人专门用来拉雪橇的狗。狗拉雪橇不仅是小镇必要的交通方式，也是十分受欢迎的旅游项目。当孩子看着因纽特人穿着棉袄坐在雪橇上前行，前面是洁白毛色动物的时候，会非常欣喜——孩子仿佛看到了拉着雪橇的圣诞老人，由此会更喜欢这片美丽的大地！

伊卢利萨特位于北极圈之内，在每年的5月21日至7月24日，游客会看到罕见的极光现象。午夜，阳光透过云层照射在洁白的冰峡湾上，千姿百态的冰山如同抹上了一层绚丽的色彩，天空中布满彩霞，船只安静地漂浮在水面上，如同色彩浓烈的风景油画一样

◎ 狗拉雪橇是格陵兰岛的一大特色

迷人!

　　午夜坐船游冰山是伊卢利萨特富有特色的旅游项目。这一项目从5月21日开始，9月1日结束，时间为22:00至0:30。坐游船时，游客站在甲板上，可以看到海面上漂浮着巨大的冰山，如同童话里的巨人矗立在面前。然而，人们看到的只是冰山一角，冰山的大部分埋于水面之下。游船在冰山之间穿梭游弋，时不时还可以听到冰山解体时的轰鸣声，惊心动魄。

　　游客还可以选择在冰峡湾远足。冰峡湾有红、黄、蓝三条徒步路线供游客行走。走在冰峡湾的小路或者木栈道上，游客将会看到远处高低不同的冰山，在阳光照射下呈现出丰富的层次感，并清晰地展现出各种形状的轮廓。在这个神奇的世界中，任何人都会忘记自己的存在，融入一个忘我的冰雪世界中……当观赏因纽特人居住的房屋时，四周是白雪皑皑的世界，人们联想到的是童话中冰雪世界的晶莹宫殿。看来，这个小镇就是用童话的美来留住游客的心的。

温馨提示

　　注意保暖，保持干燥。带上质量好的速干衣、防风防雨的冲锋衣、结实保暖的靴子，手套、帽子、围巾、太阳镜和防晒霜也是必备的。

关键词：棉花堡　皇冠　温泉

位置：土耳其代尼兹利

最佳旅游时间：4月至10月

069

棉花堡
世界奇观

棉花堡的钙化池格外美丽

　　童话里皇帝头上金光闪闪的皇冠多么令有着童话情结的孩子喜爱。世界上也存在如皇冠一样神圣的地方，那就是土耳其的棉花堡。那儿有如瑶池仙境的温泉和美如画卷的风景，能给予孩子难忘的梦幻体验。家长可以在假日的时候，带孩子去土耳其的棉花堡旅游，留给孩子一段快乐的童年记忆。

　　棉花堡位于土耳其的纺织工业重镇代尼兹利。游客可以先坐飞机到土耳其的第三大城市伊兹密尔，然后坐4个小时的火车就能到达代尼兹利。在代尼兹利的汽车总站乘坐小型巴士，巴士每15分钟一趟，约30分钟便抵达目的地——棉花堡了。

　　在海拔400米的棉花堡景区，孩子会惊讶于眼前层层搭建在山坡上的玉阶，它们洁白

6月是泡温泉的旺季，游客很多

　　如棉花，又如棉花一般蓬松。这些玉阶披着轻灵的水纱，在阳光的映衬下熠熠生辉，如童话里皇帝佩戴的圆形皇冠一样辉煌梦幻。层层叠叠的"棉花"如同被白雪覆盖的梯田，使孩子恍如置身于童话世界中的冰雪王国，又如同身处瑶池的玉宇琼楼。汩汩溪流从高处顺着岩石缝隙潺潺而下，在玉阶之间蓄水成塘，形成一汪汪淡蓝的泉水池。池面如翡翠，升腾的水蒸气使棉花堡氤氲在淡雅的雾气中。家长可以带着孩子赤足踏上玉阶，享受泉水对足部的滋润。玉阶粗糙不平，有些扎脚，却对足部有着按摩的作用。这些泉水含有丰富的矿物质，对多种疾病都有神奇的疗效。棉花堡的神奇，使之享有"世界奇观"的美誉，也是古罗马时代达官贵人和现代财阀富豪的疗养地。

　　拾级而上，爬到坡顶向远方眺望，可以看到坡下层层叠叠的小水池如同灌了水的梯田，蓝莹莹、亮晶晶的泉面倒映着蓝天白云的倩影。远处是小镇的房屋、山脚的树林，这一幅空旷辽远、沉静、大气的美景，震撼人心。在黄昏时分，金黄的太阳落到地平线以下，光芒由金色一点点变为绯红、殷红、桃红，最后变为玫瑰灰。此时棉花堡就如同一朵洁白的莲花，忠实地记录天空色彩的变幻，幻化出奇异的光影色彩。站在堡顶眺望四周，山脚下炊烟袅袅，晚霞辉映的小镇五彩斑斓，与披上薄薄金纱的棉花堡构成了绚丽的画卷。虽然晚霞短暂，但它带来的美感一定长留在游客的记忆之中。

游客在棉花堡山顶的希拉波利斯古城遗址参观

  对着这天成美景,家长可以对孩子讲述棉花堡的神话传说:传说古代的牧羊人安迪·密恩喜欢上美丽的月神瑟莉妮,为了与女神约会竟然忘记了挤羊奶,最终羊奶在地面上恣意横流,覆盖住了这座丘陵,棉花堡羊奶一样洁白的外观就这样形成了。

  神话传说的存在实际表达了人们对美丽和神奇的棉花堡的喜爱。在棉花堡背后是古埃及艳后的一处"古董游泳池",相传她就在那儿游泳、泡温泉疗养。这里泉水清澈,温度适宜,可以清晰地看到古希腊和古罗马时代的大理石残块。家长可以带着孩子泡温泉,享受古代皇宫高贵至尊的生活,感受历史留下的古韵。

> **温馨提示**
>
> ❶ 为了保护温泉水质,当地政府规定游客脱掉鞋袜之后才能踏入温泉,游客需准备背包存放鞋袜。
>
> ❷ "棉花"玉阶比较坚硬,赤足时需要小心。

关键词：奇迹　伊斯兰风格　凄美爱情故事

位置：印度北方邦阿格拉城

最佳旅游时间：10月下旬至次年3月

泰姬陵
迪士尼《阿拉丁》的童话城堡

在印度矗立着一座精美绝伦、气势恢宏、举世无双的建筑物，那就是泰姬陵。它的富丽堂皇和梦幻，使之成为孩子们喜爱的迪士尼电影《阿拉丁》中苏丹宫殿的取景地。在假日，家长可以带着孩子去印度观摩这座闻名天下的建筑物，让孩子在建筑物中接受艺术美的熏陶，在异国他乡获得童话梦幻般的体验，给孩子一个快乐的假期记忆。

泰姬陵全称为"泰吉·玛哈尔陵"，位于印度北方邦的阿格拉城内、亚穆纳河右侧。可以先乘飞机到印度第二大城市新德里，然后可以选择飞机、火车、长途汽车这三种方式中的一种到达阿格拉城，在市内坐电动三轮车就可以到达这个举世瞩目的景点了。

在售票处买了门票，不用走多远，就会看到一座宏伟气派的拱门。拱门高达30米，由红砂岩构成，门上镶嵌着美丽的花朵，刻着工整优美的书法，顶部还矗立着一座精美的八角亭，这就是泰姬陵的大门了。紧接着，一座纯白的大理石建筑物就会出现在游客的视

泰姬陵壮观雄伟，景色迷人

野中。它就是风靡全球的迪士尼电影《阿拉丁》中苏丹宫殿的取景地。从远处眺望，泰姬陵洁白的外表端庄大气，墙上镶嵌的色彩艳丽的藤蔓花朵是由水晶、翡翠、红宝石、绿宝石、玛瑙等宝石装饰成的，门窗和寝宫围屏采用镂雕的菱形配花边小格白色大理石。泰姬陵的建筑布局和建筑构思充分体现了伊斯兰建筑艺术气势恢宏、庄严肃穆的特征，具有极高的艺术价值，是伊斯兰建筑的代表作。它因绚丽夺目，在2007年被评为"世界新七大奇迹"之一。

走进大理石建筑物，映入眼帘的是莫卧儿花园。花园的占地面积很大，中央有一处大理石水道，水质清澈，倒映着旁边的建筑物，恍如两座泰姬陵交相辉映。水道两旁种有柏树和果树，是死亡和生命的象征。整座花园肃穆的环境令人不禁屏住呼吸。它虽然是一座陵寝，却并不冷寂。游客在这儿能感受到建筑物的和谐对称，花园和水中的倒影互相融合，这可真是令人佩服不已的建筑奇迹！

沿着水道拾级而上，踏上一座三四层楼高的大理石基座，就到了这座建筑物的核心——泰姬陵墓。需要注意的是，墓室里面是不允许拍照的。墓室中央矗立着一块大理石结构的纪念碑，这就是印度莫卧儿王朝第五代皇帝沙贾汗的爱妃的墓碑。这时候，家长可以跟孩子讲述泰姬陵的历史传说。这座陵墓是印度莫卧儿王朝第五代皇帝沙贾汗为宠妃蒙泰姬建造的，两人情深意笃。据说这位皇帝的宠妃拥有波斯血统，擅长诗琴书画，性格温柔。为了纪念红颜薄命的爱妃，这个皇帝忘记了朝政，懒怠了政事，动用了全国的财力、物力和人力，修筑了这座千古流芳的陵墓。伟大的艺术陵墓虽然修建完成了，却耗光了国库，皇帝也被儿子篡夺了皇位，被囚禁至死，葬于泰姬陵旁边，这就是这段凄美的爱情故事的结局。

泰姬陵早上、中午、傍晚、晚上四个时间的景色是不同的：朝霞时分的泰姬陵，是静静的；中午时分，顶着蓝天白云的泰姬陵，是光彩夺目、玲珑剔透的；傍晚时分的泰姬陵，是最妩媚的；月色朦胧下的泰姬陵，是清雅出尘，如同仙女般圣洁美丽的。泰姬陵超凡脱俗的高雅、神圣与美丽，决定了它是亲子游的理想之地。

穿着红色纱丽服的女子走过泰姬陵

温馨提示

① 星期五只对穆斯林开放。

② 进泰姬陵需脱鞋。

③ 夏天去泰姬陵，陵墓前的平台温度很高，要注意防暑。

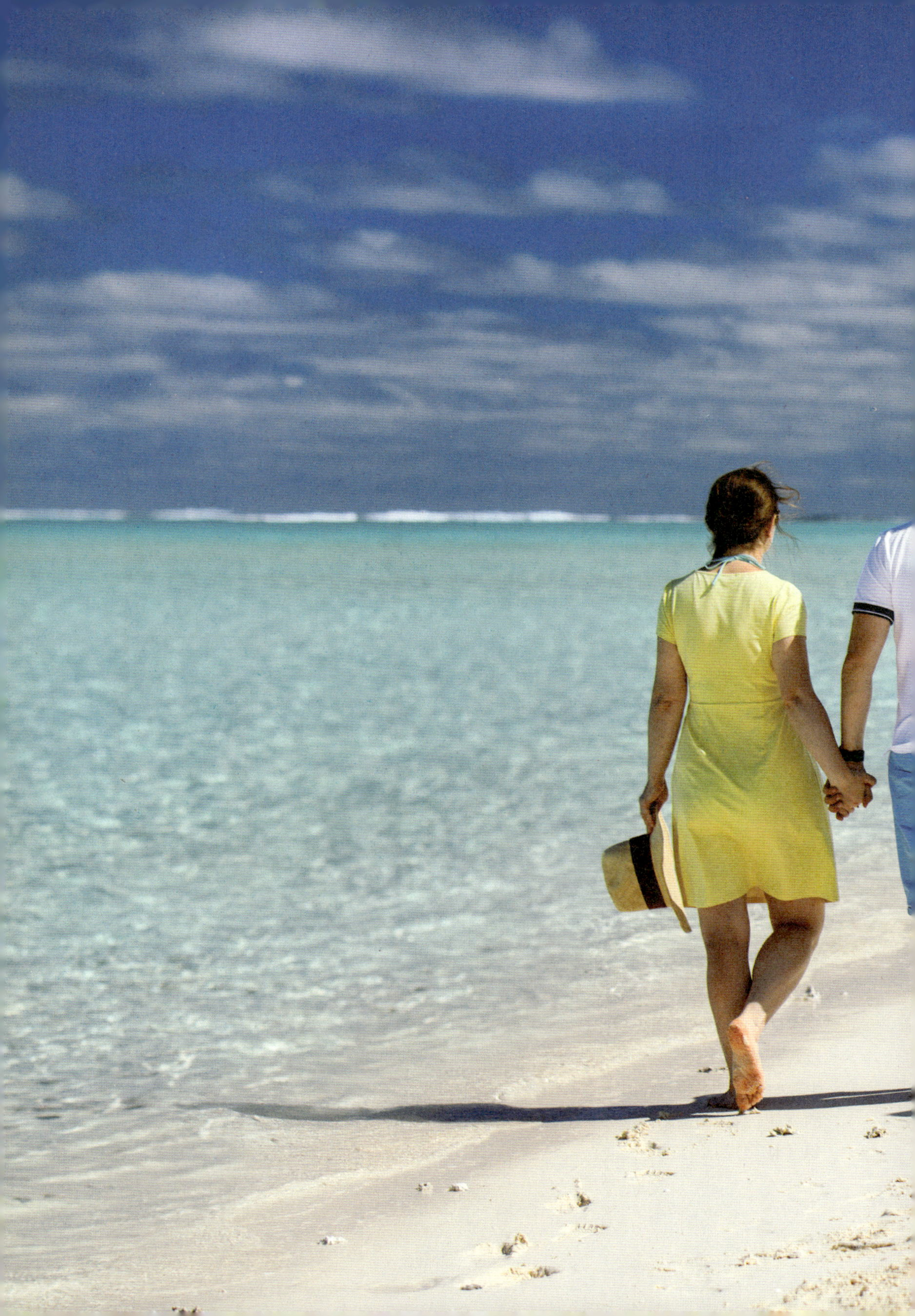

第二章

阳光海滩，享受
海风椰林的浪漫

蔚蓝的大海是人类的母亲。
是地球所有生命的发源地，
也是美的胜地。
在炎热的盛夏，
如果有机会，
父母带孩子到一望无际的海边，
让海景冲淡生活中的点点烦恼，
在沙滩享受悠闲拾贝壳的时光，
在大海宽阔的怀抱中锻炼体魄，
是非常惬意的事情。
还等什么？
这个夏季就去全球著名的海滩，
追逐海浪，
享受大海风情，
让大海美景留给你和孩子
快乐的假期记忆吧！

考爱岛海滩
儿童探知馆

关键词：海龟　大百科全书　探知

位置：美国夏威夷考爱岛

最佳旅游时间：全年

美国夏威夷考爱岛，是夏威夷群岛中比较知名的一个。在这里，时光也会不知不觉地停下脚步。这儿有绵长的海滩、美丽的鲜花、茂密的树林，不仅是新婚夫妻度蜜月和情侣寻浪漫的理想之地，也是家庭旅游度假绝佳的地方，并且这里水域比较浅，适合孩子潜水。此外，在海岛上还有适合孩子游玩的主题公园和博物馆。在假期，家长带孩子去美国夏威夷的考爱岛旅游，不仅能欣赏夏威夷海滩的美景，也可以拓宽孩子的知识面和视野，培养孩子的才气，达到寓教于乐的亲子游目的。

考爱岛是美国夏威夷群岛的第四大群岛，是一个火山岛。可以先乘飞机到美国的夏威夷大岛，然后从大岛转到考爱岛。从机场坐巴士到海滩的时候，孩子肯定会爱上这个风光旖旎的海岛。当车子缓缓驶过佩佩溪谷的时候，游客会看到一派祥和宁静的田园风光。在雨后天晴的时候，可以观赏到五颜六色的彩虹，有时一天可以看到几次彩虹，运气好的话还可以看到两条彩虹重叠的美景。

考爱岛的沙滩比夏威夷其他岛屿的沙滩要密集。这儿的海滩以纯白色为主，每一个沙滩都有独特的运动项目和特有的风景。如果喜欢潜水，可以去东部海域；如果喜欢游泳，可以去南部海滩。最受游客欢迎的是考爱岛南部的波普海滩。波普海滩的海岸线不长，仅有2 000米，却水清沙白，风景绮丽。清澈的海水呈绿松石色，温柔地拍打着月牙般的海滩。这儿蓝天碧水，是冲浪爱好者、浮潜爱好者、游泳爱好者的运动天堂。在这儿浮潜，可以与太平洋中色彩缤纷的鱼群亲密接触，可以观赏美丽的夏威夷马林鱼。海滩有适合儿童游泳的浅水区域，能令孩子

海滩上晒太阳的老乌龟

景色优美的夏威夷考爱岛海湾

快乐地玩耍。在绿荫如盖的棕榈树下，家长可以与孩子在野餐桌旁享受美味佳肴。如果不想运动，可以躺在铺开的毛巾被上，双手枕在脑后，明媚的阳光在棕榈树摇曳着的枝叶间投下的温暖会使你感受到天堂般的惬意。

海洋生物也垂青波普海滩的迷人景色。在11月至次年3月，游客能看到座头鲸在岸边喷水，体形庞大的夏威夷绿海龟在海水中玩闹嬉戏。最令游客惊喜的是，濒临灭绝的夏威夷僧海豹也和游客一样，在沙滩上懒散地晒太阳。这些罕见、可爱的海洋动物，不仅让家长觉得到了一个神奇的海洋动物世界，更会令孩子欢喜不已。黄昏时分，在波普海滩观赏壮丽的落日，给一天的旅程画上完美的句号。

除了海水，考爱岛还有令人叹为观止的儿童大百科全书主题公园和博物馆。在岛上有著名的夏威夷儿童探知馆，里面的模拟城镇展区有城镇事物的微小模型，如汽车、医院、修理厂、超市、餐厅等。孩子可以自由选择，发挥丰富的想象力，用这些微小的模型搭建自己喜欢的城镇。在搭建城镇的过程中，孩子会学习到建超市、医院、餐厅等方面的知

岛上的日出很迷人

识。家长可以带孩子参观考爱岛种植园,带着孩子乘坐窄轨列车探索种植园,体验农场主种植农作物的生活。家长还可以让孩子在种植园内登上"卡拉卡瓦国王式"的板车,了解香蕉、甘蔗、咖啡、木瓜、硬木树种等热带植物的种植历史,学习考爱岛农业的相关知识。家长还可以带孩子去参观蕨类植物保护区,学习蕨类植物知识。这些公园和博物馆,一定会令孩子学到课外知识,丰富阅历,使孩子玩得开心,学得快乐。

温馨提示

1. 岛上消费高、中、低三档都有,游客可以选择适合自己的档次。
2. 岛上有许多适合徒步的线路,可以携带登山鞋或运动鞋。

关键词：世外桃源　美丽海滩　淡泊
位置：意大利撒丁岛
最佳旅游时间：春夏之交或者秋季

撒丁岛海滩
世外桃源的美丽淡泊

陶渊明的《桃花源记》向世人描绘了一个没有战争、超凡脱俗、美丽富饶、闲暇安逸的理想世界。这个世外桃源如同光芒四射的明珠，令人无限神往。在这个世界上真的有像世外桃源一样的地方，那就是意大利的撒丁岛海滩。在无数欧洲人看来，撒丁岛是典型的欧洲世外桃源。这里的风景美妙绝伦，令人惊艳。这里的生活淡泊，遗世独立。在假日的时候，家长可以带孩子去意大利撒丁岛，享受地中海风情，给孩子快乐的假期体验。

撒丁岛属于意大利5个自治大区之一——撒丁区。在这里，小岛屿林立，没有陆地交通与外界联系。为了密切岛屿之间的交通往来，意大利政府建立了完善的航空网络。游客可以先乘飞机到达意大利的首都罗马，然后从罗马转机，50分钟之后就到达撒丁岛的首

一条幽静的小路通向海滩

景色迷人的撒丁岛海滩

府卡利亚里。卡利亚里是一座矗立于海边、有着悠久历史和深厚文化底蕴的城市，老城区坐落在陡峭的山坡上，矗立着重重叠叠的岩石城堡和鳞次栉比的金色宫殿，气势磅礴又富有历史沧桑感。在卡利亚里的海港——卡利亚里湾（天使湾），海岸边挺拔而立的是白色的大理石建筑。深绿色的棕榈树如排列整齐的士兵，站立在沙滩边，守卫着这座海港。躺在宽阔碧绿的棕榈叶下面，望着高远辽阔的蓝天下那碧波万顷的海水，迷人的风景，如同神话传说中美人鱼的歌声般令人陶醉，使人留恋。

最美的景色是奥尔比亚附近的斯梅拉尔达海岸。它是撒丁岛最受欢迎的夏季旅游胜地，有"翡翠海滩"的美誉，在卡利亚里可以坐飞机或者大巴到此。斯梅拉尔达海岸的美丽，在于那如新月一样的海岸线、迷人的洁白沙滩、美丽的野花、金色的巨石、像翡翠一样透明澄净的海水。在海岸附近的民宿住上一夜，然后在早晨的薄雾中，走进海滩月牙形的怀抱中，坐在沙滩上，抱着双膝，沐浴着海风中棕榈树和野花的清新香气，望着一轮火球从东边的地平线上喷薄而出，海水被万丈光芒染得金光闪闪，然后金色逐渐褪去，海水又还原为水晶般透明清澈，这无疑会给你一种人生仙境的惊叹。当太阳升在天际，在阳光的照射下，海水越发晶莹透明，清爽的海风和海水那绿宝石般的光芒把所有不快都驱散了。无论大人还是孩子都会领悟到，人其实是自然的一分子，回归自然，享受淳朴的生活才是生命的真谛。

○ 岛上怪石林立

　　撒丁岛有着如繁星一样的海滩。这里的海幽静又深邃，远离人世的喧嚣。无论是在雾色朦胧的清晨还是在暮霭沉沉的黄昏，大大小小的海湾都如世外桃源般淡泊、宁静、美丽。

　　撒丁岛北部马达莱纳群岛有着无数女孩钟爱的粉色沙滩，其浪漫气质使其成为全世界最美、最著名的粉色沙滩之一。粉色的细沙与湛蓝清澈的海水交相辉映，给游客一种惊艳的美妙体验。如水晶一样清澈的海水，让游客可以观赏到水底耀眼的白鹅卵石和粉色细沙，使得这个海滩如童话中的公主一样高贵艳丽。

　　家长还可以带着孩子体验岛上居民的生活。在撒丁岛上生活的意大利人普遍长寿，主要是因为那里的人们生性淡泊，能保持快乐的心情。岛上居民基本都生活在结构庞大的家庭之中，家庭成员之间可以分享生活的喜悦，解决生活的问题。正是因为有了淡泊的心境和亲情的力量，岛上居民才永远快乐，能积极面对生活中的各种困难。在此，家长可以让孩子学习岛上居民的处世态度，学会淡泊名利、快乐和友善，经营好自己的人生。

> **温馨提示**
>
> 意大利有收取小费的习惯，旅馆、餐厅的账单已含服务费，若额外付小费即是对其服务表示赞赏。

兔子海滩
拥有阳光心情

关键词：海龟　海豚　日出
位置：意大利最南端兰佩杜萨岛
最佳旅游时间：5月至9月

兔子在孩子心中永远都是可爱、美丽、纯洁、娇小、机灵的象征。在这个世界上，就有如兔子一样令孩子喜欢的海滩，那就是意大利的兔子海滩。那儿洁白细腻的沙滩、未受现代工业文明污染的自然风貌，以及一览无余的地中海美景，使它从全球众多海滩中脱颖而出，并且在2013年"旅行者之选"中荣膺"最美海滩"的桂冠。在假期，家长可以带孩子去兔子海滩，那儿清澈透明的蓝绿色海水和美得无法形容的沙滩、宜人的景色和舒适的气候，一定会令孩子度过一个快乐的假期。

兔子海滩位于意大利最南端的兰佩杜萨岛，自然风光优美，海岸线长达8 000米。游客可以先乘飞机到意大利的首都罗马，然后从罗马转机到兰佩杜萨岛。在白色山崖上眺望一望无垠的大海，任何人都会迷醉于这里白皙细腻的沙滩和深绿色的棕榈树。层层雀跃的雪白浪花、椰子林中吹拂而来的温柔清新的椰风，使人更加喜爱这片远离世俗、静谧浪漫的海滩。

兔子海滩得此名是因为所在的岛屿曾经是兔子们的天堂和家园。随着时间的推移和自然资源的开采，这个因兔子出名的"兔子岛"不再有兔子，却生活着许多兔子的老冤家——海龟。游客漫步在绵长洁白的沙滩上，感受水清沙幼间那一份蓝天碧海的浪漫情调，会看到许多黑色、褐色或绿色的海龟，它们顶着龟壳，慢吞吞地从海水里爬上沙滩，在蔚蓝的天空下暖暖地晒太阳。有时候，还可以看到罕见的红海龟！在每年的春夏之交，这些海龟还会到昔日兔子的洞穴去产卵，在洞里可以看到一个个海龟蛋。运气好的时候，在海边还可以看到白色的海豚！

兔子海滩的海水清澈，可以清晰地看到水底的海草和珊瑚。这儿有着世界一流的潜水体验，游客不需要通过专门

扮成兔子的小朋友在兔子海滩玩耍

◎ 景色优美的兔子海滩吸引着大批的游客

的潜水公司，就能在海底快乐地潜水一天。家长也可以带孩子去海滩上的珊瑚公园或者史密斯礁散步，那儿的海水晶莹剔透，餐厅都是五星级的，商品琳琅满目，岛上居民都很友善，一定会给你天堂般吃、住、玩、购的享受。

兔子海滩的海上日出美得令人窒息。在海滩的白色山崖上，观赏清晨东边第一缕晨曦从漆黑天际透出，火红的朝阳染红了天边的艳丽云霞，也染红了海中翻腾的波浪，一天的希望就这样被点燃了。朝阳的金红光辉，揭开了兔子海滩的面纱，在椰风海韵中，细腻晶莹的沙滩恍如玉带天成，早潮的海浪清澈胜雪，如此良辰美景胜过天堂……

兔子海滩所在的兰佩杜萨岛也是一个风景宜人的旅游景点。兰佩杜萨岛实际是一个渔村，有度假村为游客提供住宿。这儿的旅社都是被称为"dammusi"的白色小屋，里面经常举办鸡尾酒会。家长可以带孩子参加鸡尾酒会，品味可口的海胆和杏仁烤琥珀鱼，体验浪漫的意大利地中海文化。在港口处，家长也可以带着孩子租一条船，游览附近的岛屿。在利佾萨附近的火山岛，可以观赏黑色和红色交集的火星状海滩。兔子海滩的碧水蓝天和独特的地中海文化使之成为暑假亲子游的绝妙胜地。

> **温馨提示**
>
> ❶ 天气比较热，需要携带防晒衣和防晒霜。
>
> ❷ 参加鸡尾酒会时，请勿让孩子饮用含酒精的饮料。

014

关键词：海洋露天艺术　沙滩鸟儿　落日余晖

位置：澳大利亚珀斯

最佳旅游时间：3月

科特思洛海滩

孩子的海洋胜地

沙滩上的马雕塑

在澳大利亚有许多迷人的海滩。每一个海滩都有独特的风光，闪耀着特有的光彩和魅力。其中，科特思洛海滩是澳大利亚珀斯地区最受欢迎、最知名的海滩。在这儿，海边景色优美，有金色的沙滩、蓝色的大海、摇曳的棕榈树、趣味十足的娱乐项目、可爱的海鸥和海燕……宜人的气候及安全的管理措施吸引了全球无数游泳爱好者、冲浪爱好者前来。科特思洛海滩独一无二的魅力吸引了全球无数家长带着孩子前来度假，享受南半球印度洋的海边风情。2009年，世界著名旅游刊物把科特思洛海滩评为世界上第二大适合家庭旅游的海滩。

游客可以先乘飞机到澳大利亚第四大城市、西澳大利亚州的首府城市——珀斯，然后坐地铁到科特思洛站，步行大约10分钟就可以看到这片美得摄人心魄的海滩了。任何人只要看到这片海水，就被那水晶般的蓝色迷住了，旅途的劳顿也被这海面蓝色的光泽所淡化。游客可以租一个躺椅，或者坐在沙滩凉亭下，享受悠闲的时光。望向高而远的明亮蓝天，可以看到海鸥在海面上振翅飞翔，听到空中传来的啾啾鸣叫声。当脱掉鞋袜，赤脚踩在柔软的沙子上时，可以看到许多海鸥飞落在沙滩上，有的在啄食，有的在慢慢地踱步。仔细听，还可以听到海鸥在松树枝上拍打翅膀的声响。家长可以指着这些海鸟，对孩子讲述海洋生物知识，这对拓宽孩子的知识面、丰富孩子的见识是非常有益处的。

在科特思洛海滩边，有一条蜿蜒、宽阔的绿树成荫的滨海大道。在滨海大道诺福克松树林巨大的树荫中，可以开办家庭聚会，进行板球、沙滩足球等各种亲子体育项目。这里还有九洞的高尔夫球场，能够让游客一展身手。此外，在海滨大道还有众多特色酒吧、美

海水、沙滩和游客构成一幅美丽的图画

味餐馆、咖啡厅,可以供年轻人聚会,也适合家庭聚会。

科特思洛海滩还是进行海上运动的最理想场所。这里运动项目繁多,有冲浪、潜水、游泳、钓鱼等,安全的管理措施能令孩子尽情玩耍。在这儿,娱乐项目有海滩野餐、游泳、沙滩排球等。每年3月,科特思洛海滩都会举办雕塑展,世界各地的艺术家将在这里展示海洋艺术雕塑。这些雕塑惟妙惟肖、巧夺天工、独具匠心,给人一种艺术美的震撼,把美丽的海滩变为一个露天海洋艺术的殿堂。家长可以让孩子在这里获得艺术的熏陶,享受南半球秋季海洋的魅力。

科特思洛海滩的日落更是美得令人震惊,令人感叹,令人回味无穷。傍晚时分,家长可以与孩子躺在沙滩上,沐浴着清爽的海风,目睹太阳金红的圆盘从西边海平面缓缓地落下,钻进云层,金色的光芒从云中透出,把天空染成火红一片。在沉入大海之前,夕阳又从海与云相交的缝隙中散发出万丈光芒,然后沉入海面,天空立即漆黑一片。在日落的过程中,海水也由水晶蓝一点点变为粉红、紫色、黄色、金色,然后一点点变深变暗,直到变为伸手不见五指的黑色。再晚一些,还可以看见海边的星星在深蓝的苍穹中闪烁着光芒,这壮丽的美景是多么令人难以忘怀呀!

温馨提示

❶ 澳大利亚的紫外线相当强,注意防晒。

❷ 澳大利亚是南半球,最适合旅游的3月是秋季,注意季节的差别。

邦迪海滩
甜蜜的亲情

关键词：冲浪　航海　日光浴

位置：澳大利亚悉尼

最佳旅游时间：10月至次年4月

澳大利亚悉尼的邦迪海滩是一个风景优美的海滩。Bondi（邦迪）在当地语言中的意思是"激碎在岩石上的浪花"，顾名思义，就是洁白的浪花与蓝色的大海交相辉映，美艳动人。中国学校放寒假时，位于南半球的悉尼刚刚进入夏季，邦迪海滩上阳光明媚、气候温和、舒服惬意。在这个季节，家长如果带着孩子去邦迪海滩晒太阳，享受日光浴或者冲浪，在碧水蓝天中能让孩子缓解平日的课业压力，留下快乐的假期记忆，孩子也能以饱满的精神迎接新学期的生活。

游客可以先乘飞机抵达澳大利亚的悉尼，然后从悉尼机场坐巴士或者出租车到达邦迪海滩。在邦迪海滩的悬崖巨石上，可以呼吸到略带咸味的空气。在蓝天、白云、阳光辉映下的清澈的海水，格外娇娆与明媚。在细软洁白的沙滩上，密密麻麻地聚集着许许多多穿

邦迪海滩边的一条木板路

风景优美的邦迪海滩吸引着大量的游客

着花花绿绿衣服的小黑点。走近可以看到各种肤色的人穿着比基尼或短裤,躺在沙滩上晒太阳。享受日光浴的人们很少涂防晒霜,就为了晒出健美的小麦肤色。这里的海滩管理规范,设施齐全,沙滩有人负责维护和清洁工作,并划出专门的冲浪区和游泳区,让游客玩得开心,玩得放心。这里的海水和沙滩质量在全世界都是有名的。每天的海水与海浪情况都有旗帜标示,提醒大家安全第一。最值得称道的是,在这儿有一支号称"生命守护神"的救生队,救生队由帅哥与美女组成,专门负责保护海滩游客的生命安全,备受青睐。

在这个平静有序的海滩上,家长可以让孩子在明媚的阳光下享受日光浴,在浅水区游泳,或者参加最为流行的与大海"搏击"的冲浪运动。在夏季的周末,这里会举行各类冲浪运动比赛,运动员们轮番表演自己的冲浪技能。在沙滩上,还有许多业余乐队在演唱,而其他如艺术展览、民俗表演等活动,也一定会令孩子大开眼界、增长见识。

黄昏时,坐在沙滩上欣赏海边日落的壮丽美景,是一件浪漫又有情调的事情。这儿还是悉尼著名的沙滩婚礼举行地。运气好的话,还可以观赏一场浪漫的婚礼。

📍 邦迪海滩上教练准备教孩子冲浪

　　海边雕塑展是邦迪海滩的标志性活动，每年都会吸引数以千计的游客来参观。这些雕塑大多数是以环保为主题的，材料都是废物的再利用。游客可以沿着沙滩的滨海大道欣赏一座座精美的雕塑，可以让孩子与最喜欢的雕塑合影。

　　扬帆出海也是邦迪海滩比较受欢迎的旅游活动。每到清晨、黄昏时分或者周末、假日，海滩游览区到处都是各式大小船只，密密麻麻一大片。家长可以带着孩子在达令港附近的租船店，专门租一艘用来出海观光的船。在航游的过程中会有一名技术高超、经验丰富的领航员驾驶船只，孩子可以在甲板上沐浴清新的海风，欣赏壮观的悉尼大桥、悉尼歌剧院等，在船上餐厅品尝澳大利亚的美食。在条件允许的情况下，家长可以让孩子在领航员的指导下体验掌舵的快乐。

　　邦迪海滩有着大自然赐予的无与伦比的阳光、清澈的海水、独一无二的海浪，如此安宁优美的沙滩非常值得家长带孩子去游玩。

温馨提示

❶ 澳大利亚早晚温差比较大，晚上需要穿毛衣和外套。

❷ 邦迪海面风浪比较大，一般不适合游泳，只适合冲浪。

关键词：冲浪 多元文化 海洋生物
位置：南非德班
最佳旅游时间：全年

德班海滩
海洋知识博物馆

德班海滩位于南非第三大城市——德班。这里是典型的亚热带气候，四季如春，海水平均温度在17℃以上，在冬天也可以下海畅玩。金色的沙滩、郁郁葱葱的棕榈树、湛蓝的印度洋海水，得天独厚的旅游条件使这个非洲第一滨海度假胜地享有"南非夏威夷"的美称。这里有种类繁多的海洋生物和海鸟，还有世界著名的热带动物园菲兹西蒙斯蛇公园以及热带植物园。孩子在领略南半球印度洋的海洋风情的同时，可以拓展知识面，增长见识。

德班是南非继开普敦、约翰内斯堡之后的又一座大城市，交通便利，游客可以乘飞机抵达该市。当游客在德班海滩享受着清爽的海风时，会被海滩生机勃勃、多姿多彩、奇异

海边高楼林立，风景优美

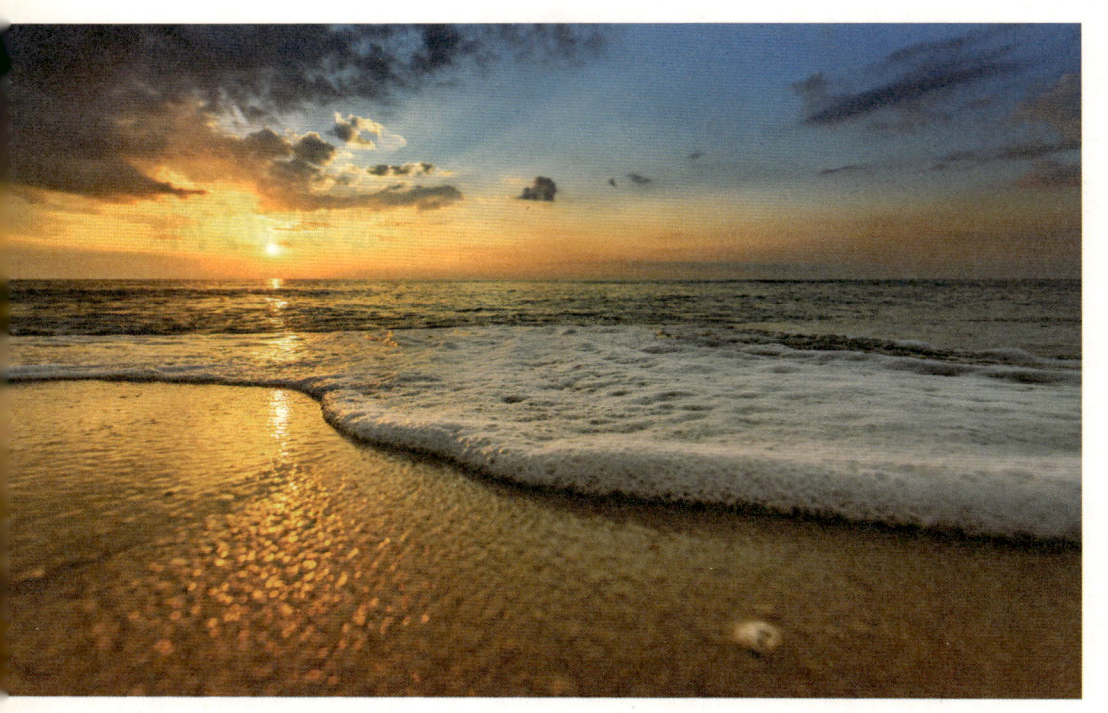

落日下的德班海滩景色更加迷人

独特的氛围所迷醉。海边有简朴的喷泉、公园、餐馆、咖啡馆，以及由豪华公寓和宾馆构成的"金色里程街"。这种质朴和富丽的色调形成了鲜明的对比，正是德班多样性文化的魅力。在沙滩上，还可以看到非洲漂亮的彩色人力车，来自夸祖鲁－纳塔尔和其他非洲部落地区的古董、艺术品，正在卖唱的现代音乐家和街边艺人。在与海岸线平行的海滨街道上，非洲祖鲁族妇女在出售商品。这些商品都是在国内看不到的非洲旅游纪念品和手工艺品，如祖鲁盾牌、羚羊皮、石雕、木雕等。古老和现代、非洲文化与西方文化、东方文化与非洲文化的交融，赋予了德班海滨地区独特的移民文化风情。在这里，还有丰富多彩的娱乐设施，能让孩子欢快畅玩。比较受孩子欢迎的景点有迷你城、泛舟池、菲兹西蒙斯蛇公园、趣味世界（有碰碰车、环形道）等。家长带着孩子坐上空中缆车还可以一饱德班海滩阶梯公园和海滨的美景。

　　德班海滩还有许多水上娱乐设施。这一带没有小岛、海湾的阻拦，海浪非常高，是世界著名的冲浪胜地，在保证安全的前提下，孩子在这里可以踏上冲浪板，在起伏的浪潮中尽情地享受印度洋海水的激情，这对增强体质也是非常有益的。在德班海滩温暖的印度洋海水里游泳是非常安全的，海边设有拦截鲨鱼的渔网，每天有经验丰富的救生员巡逻值班，孩子在这儿可以玩得开心！玩累的时候，孩子可以在沙滩的栈桥上钓鱼，享受碧水蓝天的闲情。

　　喜欢安静的游客，可以去德班安斯泰海滩和布莱顿海滩等比较偏僻的海滩。在这儿，

德班海滩十分适合玩帆船

可以观赏种类繁多的海鸟，如海鸥、鹈鹕和多种奇特的鸟在蓝天中振翅高飞。家长还可以带着孩子坐船到海上观看海豚和鲸鱼，运气好的话还可以看到气势壮观的沙丁鱼群。

多元化、悠闲而又有节奏是德班海滩独特的魅力。晚上，游客可以看到海边辉煌的灯火。在沙滩边搭上帐篷，面朝大海欣赏印度洋的落日余晖，晚上枕着阵阵海涛声入睡。即使患了失眠症的人，在这儿也会酣然入梦。

家长还可以带着孩子去德班港附近的海洋世界游玩。这个海洋公园里面有超过1 000种的海洋生物，每天固定时间都有精彩的海豹表演、海豚表演、企鹅表演，能使孩子大开眼界、大饱眼福。德班海滩悠闲的节奏、丰富的海洋生物种类、多元文化的氛围，使它成为带孩子度假的理想之地。

> **温馨提示**
>
> ❶ 去祖鲁村旅游，请尊重当地人的生活习惯和宗教信仰。
>
> ❷ 在冲浪之前，请做好热身运动，防止肌肉拉伤。

关键词：悠闲 热带 泰国文化

位置：泰国普吉岛

最佳旅游时间：11月至次年4月

卡隆海滩
探索普吉岛

  卡隆海滩是泰国普吉岛一个著名的海滩。这里没有普吉岛其他海滩的喧哗热闹，只有优美的海岸线。卡隆海滩全长3 000米，以宁静、悠闲、干净闻名于世。假日家长带孩子去泰国的卡隆海滩旅游，宁静和悠闲的海滩氛围使孩子被束缚的心灵回归自然，让孩子在大自然的怀抱中领悟生命的真谛。孩子在这儿还可以领略多姿多彩的东南亚文化风情。

  卡隆海滩位于泰国普吉岛上，因此游客可以先乘飞机到泰国的普吉岛，然后从普吉镇坐中巴，45分钟之后就可以抵达卡隆海滩。在卡隆海滩，任何人都会为它的宁静和悠闲的气质而陶醉。沙滩上的沙子又白又细，没有任何杂质和污染。海水是深浅不一的水晶绿，非常漂亮。在沙滩上散步，很少会踩到贝类或者碎石，非常舒服。海浪温柔地向沙滩涌来，亲吻着细沙，卷起浪花朵朵，一次又一次地抚平沙滩上游客留下的脚印。海边是一大片茂密的松树林和椰树林，静谧祥和。花100～150泰铢租一把阳伞和一把躺椅，聆听

卡隆海滩犹如一幅油画

◎ 在卡隆海滩休憩的游客

轻轻的海浪声和人们的嬉笑打闹声，享受着热带海风，看着沙滩上的大象和魔术表演，任何烦恼都可以忘掉，记住的只有海滩上那份快乐和放松。

与其他著名海滩不同，卡隆海滩没有太多水上娱乐项目，浪头比较高，只适合冲浪运动。这儿的游客，很多是用看书、戏水、晒太阳、打盹的方式来消磨时光。在卡隆海滩最南端有个珊瑚岛，水很浅，可以浮潜，适合孩子游玩。需要注意的是，因为水太浅，容易被珊瑚刮伤腿。在浮潜的时候，可以欣赏浅水区五彩斑斓的珊瑚和热带鱼群，让人产生审美上的愉悦。游客也可以登上观景台，目睹这儿的海滩美景。傍晚的时候，许多游客和当地人都喜欢在沙滩散步，等待壮丽的黄昏落日美景到来。在天黑之后，还会有许多游客在沙滩上放飞天灯，既浪漫又有情调。

在海滩上有很多酒吧和餐厅，提供丰富的泰国美食和新鲜海鲜，令孩子的味蕾获得美妙的享受。如果在岛内山顶上的餐馆就餐，游客就可以欣赏到海边的落日美景。海滩的布局也体现了独特的文化情调。在这儿有一个著名的艺术社区，汇集了泰国画家设计的精美

◉ 霞光中的卡隆海滩更加迷人

画室和画廊，家长可以让孩子在这儿学习美术知识，接受艺术教育。

卡隆海滩的夜晚是非常宁静的，没有太多的喧嚣与嘈杂。它的夜生活都集中在一条路上，路上有很多酒吧、餐厅、咖啡吧，浓郁的氛围吸引了不少文化爱好者。在这儿，孩子可以看到泰剧、大象表演，了解丰富多彩的泰国文化。在每年的9月，普吉岛还会举行素食节，家长可以让孩子从中了解泰国的历史文化，拓宽孩子的知识面。

总之，普吉岛卡隆海滩的海水、沙滩，以及独特的泰国文化氛围，能使孩子度过快乐的假期，是海边亲子游的理想目的地之一。

温馨提示

❶ 普吉岛终年炎热，只需要带清凉舒适的夏季服装就可以了。如果怕晒，可以带上薄衫。雨季时注意携带雨具。

❷ 在每年5月至10月雨季期间，会有大风浪，应注意红色警示旗。当旗子立起来的时候，应避免在附近海滩活动。

关键词：潟湖　绿宝石　悠闲
位置：库克群岛
最佳旅游时间：全年

艾图塔基海滩
全球第二美丽

南半球太平洋库克群岛上，有一片被日光照耀幻化的蓝绿色海水，它是世界公认的最美丽的潟湖之一，艾图塔基海滩就位于这里。艾图塔基海滩还是旅游纪录片《荒野求生》的拍摄地，被美国有线电视新闻网（CNN）评为全球第二美丽的海滩。在这里，家长可以带着孩子在艾图塔基海中潜水、划船或者乘船巡游，可以观赏国内罕见的热带鱼类，也可以领略绿松石般的环礁湖美景。此外，白色的沙滩、强烈的阳光、婆娑的椰树林、迷人的海底世界，一定会给孩子独特的南半球赤道海洋风情的体验。

需要注意的是，目前国内没有航班直达艾图塔基海滩所处的库克群岛。游客需先从国内乘飞机到澳大利亚或者新西兰，然后转机到库克群岛。库克群岛对中国游客是免签的，

美丽迷人的艾图塔基海滩

然而去澳大利亚或新西兰需要签证，需要办好这方面的手续。

当飞机快降落的时候，俯瞰岛上的美景会令每一位游客沉醉。一片蓝色的潟湖周围镶嵌着绿宝石项链一样的岛屿，这些岛屿如同珍珠串一样围着坠子——珊瑚礁，礁石旁边的沙滩分外妖娆洁白，在阳光下闪烁着白雪一样的光芒。

一出机场，游客就能感受到岛上悠闲的气息，这儿能令人释放所有的压力。在岛上，游客可以看到立着尾巴的小鸡大摇大摆地走过值机柜台，还有壮实的原住民男子为游客戴上用鲜花编织成的花环，这一切都会令游客感受到岛上氛围的淳朴与舒缓。

艾图塔基岛不高、不大，最高海拔不超过120米，开车环岛一圈也不会超过15分钟。游客可以去岛上最具浪漫气质的潟湖——环礁湖游览。潟湖是被沙嘴、沙坝或者珊瑚分割而与外海分离的局部海水水域，艾图塔基岛就是由潟湖围成了一个圈儿。在潟湖里，海浪被拦住，海面如湖水一样平静，只剩那一摊透蓝透蓝的色彩。潟湖非常安静，家长可以带着孩子在海滩上散步，静静聆听脚丫踩在沙滩上的声音以及大自然的天籁声。清澈湛蓝的海水、洁白细腻的沙滩、灿烂的阳光，使这座岛散发出极浪漫的气质。

艾图塔基岛附近的海里有无数的珊瑚。这些珊瑚是名目繁多的海洋生物的家，所在的海域也是水上运动者的天堂。在沙滩上观赏到的景色再美也不如出海的美景带给人心灵上的震撼大。参加在潟湖中举行的各种潜水、浮潜、钓鱼、风帆冲浪、独木舟泛游等活动，都如同在精致的水彩调色盘中畅游，在享受运动带来的激情和快乐的同时，还可以领会自然美景给予心灵的震撼。玩累的时候，可以在两棵棕榈树上支一张吊床，静静享受这片梦幻水域。

家长可以在岛上租一条游船，与孩子一起探访小岛的秘密。游船是用坚固透明的玻璃做成的。在航行的过程中，家长与孩子可以透过船的玻璃底观赏到海底五彩斑斓的生物，那五颜六色的珊瑚倩影美得令人流连忘返。在玻璃船上，可以静静欣赏潟湖画卷一样的自然风景。在这个过程中，孩子可以参观岛上的大规模蛤蜊养殖场，学到有关蛤蜊养殖的知识。孩子在给潟湖中的鱼儿喂食的时候，可以与色彩斑斓的热带鱼来一次亲密接触。在途中，游船会稍事停留，家长与孩子可以静静欣赏这座岛的全貌。在行程的最后一站，孩子可以见到稀有的热带鸟类，并享用丰盛的烤肉午餐。

岛上除了令人陶醉的环礁湖，还有美丽的日落，以及一些历史悠久的文化胜地。孩子在这儿能度过一个快乐的假期，库克群岛的艾图塔基海滩堪称假日亲子游的优质选择。

温馨提示

❶ 岛上的自来水没有经过加工处理，需要煮沸才能饮用。

❷ 尊重当地的风俗习惯。

❸ 在危险区域旅游时应该结伴而行。

关键词：粉色　巴哈马文化　火烈鸟

位置：巴哈马拿骚

最佳旅游时间：12月至次年4月

粉色沙滩
大自然的少女心

　　粉色是鲜艳美丽的颜色，总会使人联想到童话般的梦幻色彩和秀色可餐的美丽少女。然而，人们却很难把沙滩和粉色联系起来。可是在这个世界上，真有一片绮丽秀美的粉色沙滩，它在如世外桃源般美丽的岛国巴哈马。巴哈马的粉色沙滩，把海岸染得如鲜花一样美丽鲜艳。它曾被美国《时代周刊》评为世界上最性感的沙滩。放假的时候，家长可以带孩子去巴哈马的粉色海滩，在那片美丽的粉色中，给孩子一份童心未泯的天真与欢乐，是一种很明智的选择。

　　中国没有直达巴哈马的航班，可以先从上海坐飞机到纽约，再从纽约坐飞机到巴哈马的首都拿骚，然后从拿骚坐轮渡到哈勃岛，再坐小型电动车到粉色沙滩。

　　在粉色沙滩，孩子会惊讶于这个童话般的粉色世界！沙滩呈可爱鲜嫩的粉色，连接着

海水冲起岸边的粉色沙子，形成粉色的浪花

第二章　阳光海滩，享受海风椰林的浪漫

◉ 带孩子在粉色海滩上玩，心旷神怡

　　清澈的海水，使人惊讶：原来大自然也有一颗美丽的少女心，它的美谁也抵挡不住！这片粉色沙滩宽15～30米，长约3 000米。家长可以抓一把粉色的"沙子"，对孩子讲述这儿的沙滩为何与众不同：这些粉色的"沙子"，其实是当地近海一种孔虫的遗骸混合了白色的珊瑚粉末。当孔虫遗骸的数量达到一定的比例，沙滩就呈现出粉色。

　　除了这片色彩鲜艳的粉色沙滩，巴哈马还拥有260万平方千米、被誉为世界上最清澈海域的海滩。家长可以带着孩子在海里潜水。在水底，可以看到梦境一样奇幻的海底世界。在清澈的水底，还可以探寻年代久远的沉船，船身的古老令人联想到十七八世纪的大航海时代。色彩斑斓的热带鱼围着潜水者翩翩起舞。悠闲的时候，可以顶着一片蔚蓝的天空在海边钓鱼。在这片清澈的水域，可以清晰地看到海底体型硕大的梭鱼、剑鱼、枪鱼的身影。在海边闲逛的时候，可以看到被圈养的海猪。此外，在辽阔的海面上还有鲜艳的火烈鸟在振翅高飞。要知道，这里可是世界上著名的火烈鸟胜地，成群的火烈鸟在这儿繁衍生息，在海面、树林、沙滩上留下生命的轨迹，为这儿美丽的景色增加色彩。

　　家长还可以带孩子去巴哈马的首都拿骚。拿骚有着淳朴的文化氛围，能给予孩子独特的文化体验。在拿骚的街道到处都有艺人表演，只要鼓点一响，穿着花花绿绿服装的艺人便如潮水一样涌来，围着游客又唱又跳，使整个街市洋溢着欢快的气息。如果有帅哥或靓

离拿骚不远的天堂岛风景也很优美

女伸手对你说："Hi, dance with me!（你好，来和我跳舞！）"可别害怕，那是他们在欢迎你。家长可以让孩子和这些艺人一起唱歌跳舞，感受这儿的淳朴文化！

没有美食，假期就不完美。在巴哈马的旅行，也是一次饕餮盛宴之旅。在巴哈马，有国际知名厨师——让-乔治·冯热里什唐（Jean-George Vongerichten）开设的风格雅致的餐厅（Dune），那里的美食会令你垂涎欲滴。由国际著名厨师松久信（Nobu Matsuhisa）经营的富有传奇色彩的日本餐厅（Nobu）烹制的美食也会令孩子垂涎三尺。这儿风景秀丽的海滩、淳朴的民风和文化、令人垂涎的美食，一定会给孩子留下快乐的假期记忆，是亲子游的极佳场所。

> **温馨提示**
>
> ❶ 巴哈马对中国游客免签。
>
> ❷ 巴哈马属于亚热带气候，一年四季都很热，需要做好防晒准备。
>
> ❸ 当地流通货币是美元，很多小商铺不接受信用卡，多带美元为妙。

沙努尔海滩
热辣辣的风情

关键词：悠闲　五彩斑斓　海底漫步
位置：印度尼西亚巴厘岛
最佳旅游时间：全年

印度尼西亚巴厘岛的沙努尔海滩有着壮观的日出景致、丰富多彩的水上运动、悠闲自在的传统文化、令人垂涎欲滴的美酒美食。孩子在这个海滩会玩得开心，可以体验到东南亚国家与众不同的文化。家长如果在假日带孩子去印度尼西亚巴厘岛的沙努尔海滩旅游，一定会令孩子体验到一种热辣辣的海洋风情。

沙努尔海滩位于巴厘岛南部地区，原本只是一个靠海的小村庄，因为迷人的海景，被当地政府开发为巴厘岛最著名的海滩游乐区之一。在交通工具的选择上，游客可以先乘飞机抵达印度尼西亚巴厘岛的国际机场，然后坐大巴到达海滩。一到这儿，游客一定会被沙努尔海滩独有的清静、雅致的气质所吸引。这儿海水清澈洁净、晶莹剔透，非常适合冲浪、潜水、海底漫步等娱乐活动。岛上的建筑物，很多都具有巴厘岛风情。岛上还特意搭建了原始村落，散发着古朴的生活气息，显得休闲又安逸。

白天的沙努尔海滩是温柔和浪漫的。洁白的细沙铺撒而成的长长海滩，连接着一望无际的蓝色大海。沙滩边有着长长的林荫道，家长可以带着孩子在那儿悠闲地散步，让清爽的海风吹散生活的烦恼，在柔和的风中聊着假期结束新学期的学习计划。

沙努尔海滩还有丰富多彩的水上娱乐活动，香蕉船、水上摩托车、拖曳伞等各种娱乐项目应有尽有。洁净的海水使这里成为深潜与浮潜的极佳场所。如果喜欢高尔夫球运动，可以去北部的海滩高尔夫球场，那里草皮质量好，景色漂亮迷人，价钱也低廉。

夜晚的沙努尔海滩则是丰富多彩的。黄昏来临的时候，可以

沙滩上的一家三口

美丽的风光每年都会吸引大批游客

在沙滩上看热闹的现场演唱，也可以观赏巴厘岛原住民原汁原味的舞蹈表演。通过观赏舞蹈表演，孩子可以领略巴厘岛的文化。

在沙努尔海滩有一个比较有趣的海底娱乐项目——海底漫步。家长可以带着孩子参加，具体过程就是带着一个类似于宇航员头盔的空气面罩，在教练的帮助下，走进一个约5米深的海底世界，体验在海底漫步的感觉。由于在海底说话是听不到的，在参加项目之前，教练会教游客一些简单的手语（走、停、上去、我有问题）等，方便海底交流与沟通。在海岸上穿好潜水鞋和泳衣，只需要乘几分钟船就可以到达海底漫步的海上平台，然后听教练的口令跳进海水中。在水底，孩子可以与色彩斑斓的海洋生物面对面接触：在珊瑚礁中穿梭的时候，可以看到五彩斑斓的热带鱼，当孩子抛出手中的鱼饵时，五彩斑斓的鱼群就会如旋涡一般围在身边，如凡尔纳科幻小说《海底两万里》中描述的海底世界般梦幻，美得令人陶醉不已！

沙努尔海滩热辣辣的海洋风情，一定会给孩子的童年留下梦幻般的记忆，是假期极好的亲子游海滩。

温馨提示

❶ 印度尼西亚属热带气候，防晒品防晒指数最好在 SPF50 以上，另需携带轻薄的防晒衣和遮阳伞等。
❷ 巴厘岛受印度宗教文化的影响，需要注意宗教信仰的不同。
❸ 巴厘岛的水不可直接饮用，请饮用矿泉水。

021

长滩岛

贝壳项链与沙雕的礼物

关键词：贝壳　狭长　圣母岩礁

位置：菲律宾长滩岛

最佳旅游时间：11月至次年2月

累了可以小憩

　　长滩岛是"世界七大最美丽的岛屿"之一。在这儿，除了风景优美的碧水蓝天，还有洁白、透明、艳丽的贝壳。这些贝壳五彩斑斓，有些洁白如娇小的茉莉花，有些绿得如山野间的小果实，有些蓝得如翡翠……家长带孩子去长滩岛旅游，可以让孩子欣赏印度洋岛屿淳朴自然的美景，观赏罕见的贝壳，领略世界的丰富和美妙！

　　长滩岛位于菲律宾中部，岛上没有机场。游客需先乘飞机到菲律宾的卡提克兰机场，然后坐船到长滩岛。在长滩岛，可以发现这儿海水清澈透明，在阳光照射下恍如液体宝石。长滩岛的美丽，在于它长达7 000米的白色沙滩。白色沙滩犹如一根骨头，两头大中间窄，最窄的地方只有1 000米左右。狭长的白色沙滩，改变了小岛的风向，使小岛呈现出两种截然相反的景象。在风浪小的小岛西部，海面静若处子，很多游客在沙滩上晒太阳、卧躺椅，享受悠闲的时光。在小岛东部，风高浪急、白浪推涌，在浪花之上的是踩着舢板的游客。随风飘扬的风筝，如同一轮弯月在空中飞舞。小岛东部海滩玩着水上项目的游客，与西部海滩悠闲的游客是截然不同的。然而，无论是小岛的东部还是小岛的西部，都是休闲度假的天堂。

　　长滩岛最负盛名的是圣母岩礁。圣母岩礁是长滩白色沙滩上最具标志性的景点。涨潮的时候，圣母岩的礁石没入水中，游客在附近浮潜。退潮之后，有的游客爬上礁石去膜拜上面的圣母像。

　　家长如果想让孩子去捡拾贝壳，可以去长滩岛的第二大海滩——普卡海滩。普卡海滩位于长滩岛的北部，一直都以闪亮的普卡贝壳闻名于世。在二十世纪七八十年代，这些贝壳是流行的女性饰品原料。在退潮的时候，孩子可以在海滩上捡到一些漂亮的小贝壳。这些贝壳五颜六色，有些形如可爱的心，有些形如小桃子，有些形如小动物。孩子可以用绳

孩子们在海滩上玩球

子把这些小贝壳穿起来，做成漂亮的手链或者项链。在沙滩上也有小贩兜售贝壳手链、贝壳项链、珍珠，价格不高，且可以讲价。在海滩周围，还可以看到30～65米高的珊瑚围绕在普卡海滩的周围，形成了一道天然的、厚实的珊瑚礁墙。

普卡海滩的沙子细如白雪，质地优良。孩子可以在沙滩上用贝壳和沙子堆砌自己喜欢的沙雕城堡世界。此外，长滩岛利戈-伊利根海滩的贝壳博物馆特别有名，馆里收藏了长滩岛特有的木雕、贝壳、手工制品、陶制品和菲律宾民族服装。家长可以带孩子去参观贝壳博物馆，观赏琳琅满目的贝壳饰品，开阔眼界，增长见识。

在黄昏时分，家长可以带孩子在海边静静享受日落的悠闲时光。火红的夕阳慢慢落到海平面之下，海面上的帆船在落日余晖的衬托下变为若有若无的剪影。当落日红霞变幻为一片火烧云的时候，就是长滩岛不眠夜的来临之时。长滩岛的美景和游乐设施都足以表明，它是假期亲子游的最佳海岛之一。

温馨提示

❶ 在长滩岛捡到的贝壳是不能带回国的，被海关查出来会被没收并罚款。
❷ 长滩岛一年四季比较炎热，服饰宜轻便舒适，雨季要带雨伞和雨衣。
❸ 菲律宾有收小费的习惯。

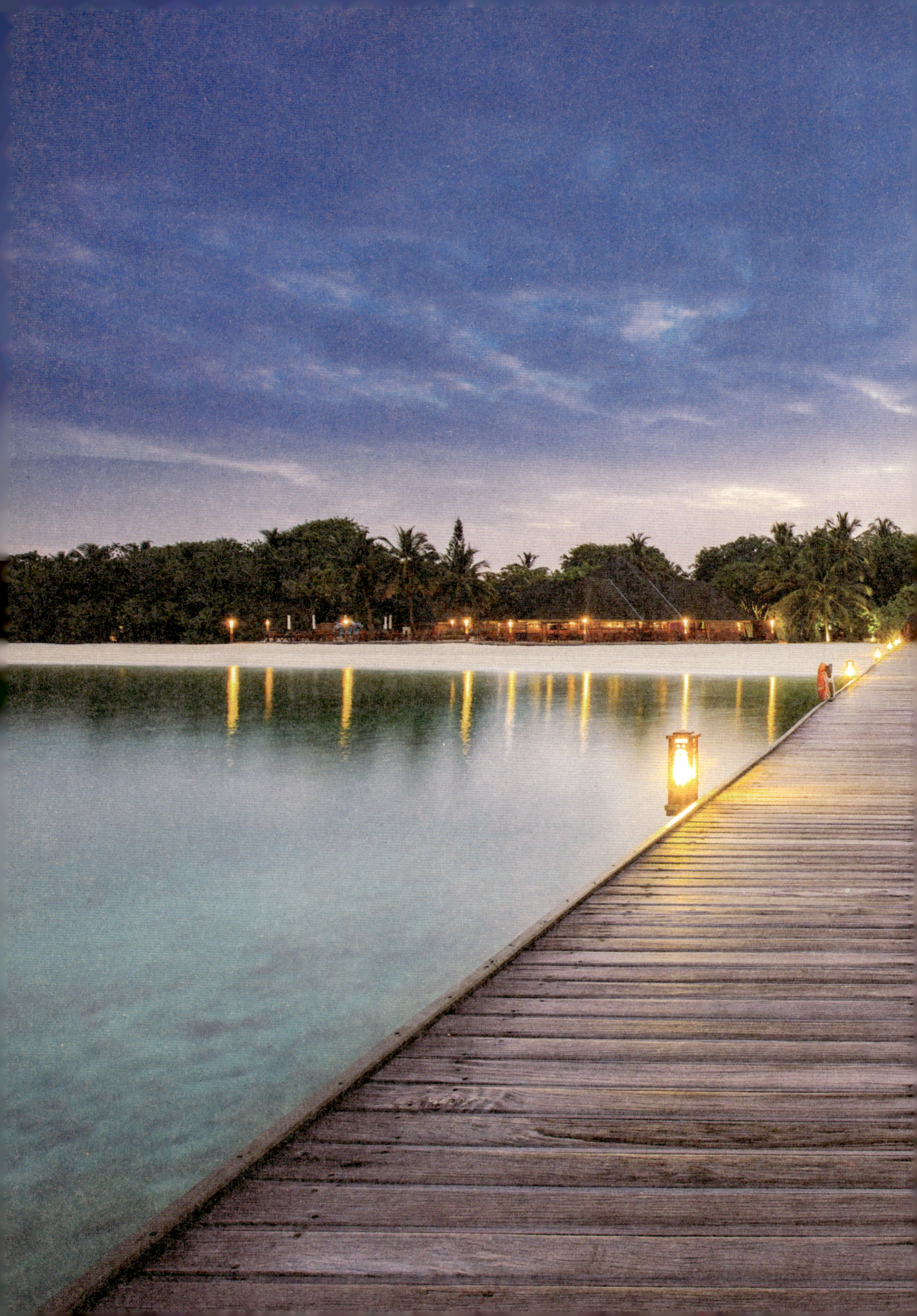

第三章

海岛丛林,体验多姿
多彩的海洋文化风情

碧海蓝天、椰树婆娑……
这是岛屿的魅力所在。
在盛夏,家长带孩子
去浩瀚大海中的明珠——
海岛旅游。
在沙滩上如小浪花
一样奔跑、跳跃,
在海水中锻炼体魄,
欣赏别具风味的岛屿文化,
静静地享受
童年纯真的快乐时光。

022

三亚
热带雨林的浪漫

关键词：瀑布 峡谷 黎族风情
位置：中国海南岛
最佳旅游时间：全年

三亚位于我国海南岛的最南端，是一座有着热辣辣的海滨风情的国际旅游城市。它号称"东方的夏威夷"、海南的"香格里拉"，可以说是人间仙境一般的世外桃源！那儿有着久负盛名的海滩、阳光、海水，还有着散发少数民族风情的热带雨林。在假期，家长带孩子去海南三亚旅游，一定会给孩子别样的旅游体验，让孩子度过快乐的假期。

三亚作为一个国际旅游城市，交通发达，游客可以选择乘飞机、火车抵达。三亚著名的海滩景点有亚龙湾、蜈支洲岛、海棠湾、大东海等。在游玩海景之后，家长可以带孩子去三亚的少数民族特色景点——呀诺达热带雨林，在飞花溅雪的山谷瀑布、雄伟瑰丽的峡谷奇观、异域的黎族风情中，感受海滨山林的浪漫气息。

当游客踏入呀诺达热带雨林，仿佛置身于一片绿色的世界之中！漫山遍野都是绿色，绿得令人心醉！孩子沿着山道步行上山的时候，会看到这里的山道由一颗颗大小不一的石子铺成，凹凸不平，给人很原始的感觉。在沿着山道绕山体而上的时候，游客时而钻进岩洞，时而潜入雨林，时而攀上树梢。在山道两边，孩子可以近距离观赏到各色古老又珍贵的树种，欣赏"老茎生花""空中花篮""根抱石""高板根""植物绞杀"等热带雨林奇观。攀登过陡峭的石阶，走过悬在空中的摇晃的过山吊桥，叩动人心的是那份雨林的原始与神秘、静谧与神奇……翡翠石径上蜿蜒流淌的瀑布，在山涧中混合为一支清脆的曲子，滑落为一片琥珀般静谧的湖水。在静谧的雨林中，随着流水的波动，忘却了都市的繁杂与喧嚣，心灵也回归到了大自然之中。

呀诺达热带雨林比较著名的景点有经石峡、梦幻谷、雨林谷、山盟海誓、快乐体验、热带瓜果乡、雨林水族馆和欢乐雨林呀诺达大型演艺区等。在经石峡景区，游客可以观赏林深幽谧和峭壁悬崖的峡谷。峭壁岩石上有中国传统的经文碑刻，为海内外最大的峡谷碑刻

三亚，亲子的乐园

呀诺达热带雨林是一个绿色的世界

景观。

在梦幻谷景区，有一条纵深1 200米、由落差为200米的瀑布构成的热带雨林沟谷。这条瀑布有3个落差不同、水位不同的瀑布，分别是迎宾瀑布、天门瀑布、连恩瀑布。瀑布水面瑰丽多彩，与热带阔叶林、溪流、巨榕、怪石组成一个神秘梦幻的世界。孩子在梦幻谷栈道上，听着林中的鸟叫蝉鸣，会滋生一种返璞归真的乐趣。

雨林谷景区种着热带雨林特有的仙草灵芝、百年古藤、野生槟榔等热带植物。这里年平均温度只有24℃，游客在这儿踱步，能感受到树林中空气的清新与凉意。山盟海誓景区是为婚庆需要所打造的景点。在快乐体验景区名目繁多的军事游戏、拓展游戏、训练游戏、儿时游戏、对抗游戏中，家长能够找回自己童年时候的快乐，孩子也能在游戏中锻炼体质、培养团结互助的合作精神。

最后，在热带瓜果乡景区和雨林水族馆，孩子能观赏波罗蜜、海南番石榴、珍品山竹等琳琅满目的热带植物，以及食人鲳、龙鱼、花罗汉等2 000多种热带淡水鱼。在欢乐雨林呀诺达大型演艺区中，孩子能欣赏到高水准、原生态的黎族歌舞，体验黎族原生态文化，感受热带雨林黎族文化的魅力和风情。

温馨提示

❶ 要带吸汗、透气、容易干的衣服，背囊也尽量选取透气性好的。

❷ 海南岛紫外线辐射很强烈，家长要给孩子准备墨镜、高指数的防晒霜。

❸ 热带水果好吃但不能贪多，如杧果、菠萝吃多了，很容易上火。

关键词：避暑 海洋世界 栈桥
位置：中国青岛
最佳旅游时间：夏季

青岛
夏日避暑胜地

我国山东省的青岛市，是一座依山靠海的旅游城市。在这里，没有常见的海湾椰林，却有起伏跌宕的海上仙山、碧海蓝天与红瓦绿树互为点缀的城市风景、旖旎壮美的海岸风景和中西方文化交融的多种风格的建筑，这一切使青岛成为世界著名的海边休闲胜地。青岛最为显著的，就是它是一个天然的"避暑胜地"。它三面环海，一面依青山，气候宜人，冬暖夏凉。即使在酷暑的"三伏天"，青岛也是凉风习习，悠闲舒适。在暑假来临的时候，家长可以带孩子去青岛旅游，在避暑胜地感受这座海滨城市优美休闲的气质，让孩子度过快乐的假期。

青岛作为一个著名的旅游城市，交通发达，飞机、火车、高速公路都可以抵达。在青岛，游客可以去热门的旅游景点，如在栈桥上观赏落日风景。所谓栈桥，就是始建于清光绪十八年（1892年）青岛最早的军事专用人工码头建筑，几经改建变成了现在的模样。栈桥是青岛的象征和标志性建筑物，距离青岛火车站只有500米，坐2路、5路电车和6路、8路、25路、26路等公交车都可以抵达。栈桥宽约8米，全长440米，为钢筋混凝土结构，桥尽头是有中国传统建筑风格的重檐翘角楼阁，它端庄大方地矗立在碧波粼粼的海上。游客在栈桥上漫步，可以看到青岛地形如同一弯明月，栈桥如长虹卧波，楼阁在碧海蓝天下熠熠生辉。从远处可以看到青岛如海螺一般静卧，海岸绿荫浓密、树影婆娑，洁白的灯塔茕茕孑立。在海湾东侧，具有中西方特色的建筑物错落有致地点缀在海岬坡地上，红瓦、碧墙、绿树互相辉映，古典又富有特色。在西侧，壮丽恢宏的现代化建筑物拔地而起。在栈桥上，孩子可以买1元1小袋的油条喂海鸥，好玩又有趣。站在花岗岩垒砌的防波堤上，涨潮时刻可以看到海浪惊涛拍岸，在堤下激起簇簇洁白的浪花。退潮之后，金色沙滩与赭色岩礁露出水面，孩子可以在海滩赶海拾贝、玩耍嬉闹。

青岛滨水区风景优美

青岛第一海水浴场

　　家长还可以带孩子去青岛的第一海水浴场,享受夏天清凉海水的慰藉。第一海水浴场是一个较大的沙滩浴场,一直以水清浪静、坡缓沙细闻名于世。这里风景优美,远处是狭长的汇泉角,海浪冲打红礁,海边绿荫遮地,楼影朦胧。第一海水浴场碧浪金沙,如同一弯明月。这里的洗浴设施齐备,更衣室玲珑精致、五颜六色,海水清凉,沁人心脾,绝对是夏季避暑旅游的绝佳海滩浴场。

　　青岛的极地海洋世界也非常值得孩子游玩。它坐落在石老人旅游度假区内,背靠青山,三面临海,交通便利,风景优美。它由海洋科技馆、极地海洋动物馆、海景商街、酒吧休闲餐饮一条街、渔人码头、四星级海景酒店六大功能区域组成。从远处看,极地海洋世界外观造型如同一艘帆船,"船帆"上两个制高点分别是44.4米和55.4米,"船体"高达31米。极地海洋世界有目前世界上规模最大的极地海洋剧场,设有2 800个观众席位。在这里,每天有海狮、白鲸、海豚、海象等海洋珍稀哺乳动物的表演,在表演中有人鲸共舞的静谧世界,也有小动物们踊跃参加奥运会项目的盛况,可谓热闹至极,一定会让孩子大开眼界、增长知识。

> **温馨提示**
>
> ❶ 青岛气候凉爽,夏天出游也要带上长袖衣服,以防夜间气温降低而受凉。
> ❷ 青岛是海滨城市,空气比较潮湿,衣服洗后不容易干,去青岛旅游尽量多带些换洗衣服。
> ❸ 在海边玩水上项目一定要注意安全,要在有工作人员守护的水域活动。

夏威夷群岛
热带风情

关键词：珍珠港　夏威夷原住民牧场

位置：美国夏威夷

最佳旅游时间：全年

夏威夷海滩跳草裙舞的小姑娘

美国夏威夷群岛有着得天独厚的自然风光，是世界著名的旅游胜地。那儿有树木茂盛的山谷、隐秘的瀑布、温柔的海滩，还有徒步、潜水等丰富多彩的户外活动。在假期，家长带孩子去夏威夷群岛旅游，一定会给孩子留下难忘的记忆。

夏威夷群岛由8个火山岛组成，分别是夏威夷大岛、考爱岛、拉纳岛、卡霍奥拉韦岛、莫洛凯岛、毛伊岛、瓦胡岛和尼豪岛。游客去美国夏威夷群岛，可以先乘飞机抵达夏威夷州的首府——瓦胡岛的火奴鲁鲁，然后从火奴鲁鲁坐抵达各个旅游景点的飞机或者轮船。

威基基海滩位于美国夏威夷群岛，它从钻石山脚一直蔓延到阿拉威游艇码头，长达1 600米，是世界最著名的海滩之一。洁白的沙滩旁，矗立着摇曳多姿的椰子林和整齐的高楼大厦，这种沙滩风情与现代建筑物的互相交融，就是当地的特色。家长可以带孩子去位于喜来登阿那冲浪者饭店和威基基饭店之间的沙滩区，那里有各种娱乐项目。孩子可以划船、冲浪，或者在夕阳下欣赏壮丽的海边落日美景。傍晚的时候，在沙滩上可以观赏原住民表演的草裙舞，在曼妙的舞蹈中孩子可以领略夏威夷的原住民文化。

家长也可以带孩子参观夏威夷第二大旅游胜地，距离威基基海滩8 000米的珍珠港。珍珠港有一个著名的亚利桑那纪念馆，它由洁白的石膏板建成，外观修长优美。整个纪念馆分为三部分，第一部分是入口集合处，第二部分是供瞭望和典礼用的中央会堂，第三部分是祠堂。在亚利桑那纪念馆中，第二次世界大战时被日本偷袭沉没的美国军舰——"亚利桑那"号战列舰就躺在海底，只露出一部分供游客观赏。家长可以带孩子走进纪念馆，浏览馆里的历史资料，观赏电影视频和沉没水底的"亚利桑那"号，对孩子讲述第二次世界大战的历史，给孩子上一节生动的历史课。

沙滩风情与现代建筑物互相交融

  家长还可以带着孩子去夏威夷的传奇农场——帕克农场旅游，让孩子体验美国牛仔的生活。帕克农场位于夏威夷的最高峰——莫纳克亚山上。帕克农场人烟稀少，是广阔的私人牧场，洋溢着令人心旷神怡的田园气息。三三两两的马散落在一望无垠的碧草之中。海风吹过青葱繁茂的牧场，草原上浮起一波又一波的"浪"，一直连绵到远方，构成一幅美不胜收的田园风光图。

  当游客骑着马，在这座有160年历史的农场上游览的时候，感受到的是油油绿绿的青草、淡淡的雾霭漫无边际铺散开的美景，忘了自己处在海岛之中。帕克农场在从原住民的波利尼西亚文化向欧美文化转型的过程中逐渐发展和壮大起来。这里有漂亮的农场，保存着世界上很多地方都已消失了的牛仔文化。家长可以在这儿给孩子租一套牛仔服，让孩子戴着牛仔帽，骑上马儿在草场上驰骋，体验美国西部牛仔的快意。玩累的时候，家长可以与孩子在草场的竞技台上观赏当地牛仔竞赛，体验牛仔文化。

  夏威夷群岛清澈的海水、独特的文化氛围和历史文化，使它成为假日海岛亲子游的绝佳场所。

> **温馨提示**
>
> ❶ 夏威夷的自来水可直接饮用，如怕水土不服可购买矿泉水饮用。
>
> ❷ 夏威夷很暖和，带夏天的衣服就可以了。也可以带件夹克衫或毛衣，免得晚上着凉。
>
> ❸ 美国的电力是 115/120V，60 Hz，需要准备电源转换器。

塞班岛

太平洋的壮丽海景

关键词：军舰岛　鸟岛
位置：美国北马里亚纳群岛联邦
最佳旅游时间：5月至7月

塞班岛位于美国北马里亚纳群岛联邦的首府，处在菲律宾海和太平洋之间。岛屿的西南面向菲律宾海，东北靠着太平洋。由于地处赤道，塞班岛四季如夏，有着葱郁的山脉、茂密的椰林和迷人的蓝绿色菲律宾海。秀美的风景使塞班岛享有"身在塞班犹如置身于天堂"之赞誉。在假日，家长带孩子去塞班岛旅游，可以观赏到迷人的蓝绿色菲律宾海，领略独特的赤道热带文化，让孩子过一个快乐的假期。

游客可以乘飞机直达美国塞班岛。一到塞班岛，便会被岛上晶莹剔透的海水、永不停歇的海上运动、令人兴奋的沙滩烧烤、妩媚动人的密克罗尼西亚女郎的土风舞所吸引。在世人看来，塞班岛就如同一个风情万种的女郎，吸引游客远渡重洋目睹她迷人的风采。

塞班岛上著名的旅游景点是军舰岛、鸟岛、万岁崖。军舰岛因保留着太平洋战争时期日军的战机残舰而得名。家长可以带着孩子坐船到军舰岛参观。全岛周长仅有1 500米，只需要二三十分钟就可以步行绕岛屿一周。在岛屿的四周，是如雪一样洁白的沙滩，这是珊瑚被冲刷磨细之后形成的沙滩。岛上长满了郁郁葱葱的热带植物，恍如一个与世隔绝的桃花源。附近海域都是美丽的珊瑚礁，海水清澈，如透明的蓝玻璃。透过海水，可以清晰地观赏五彩斑斓的珊瑚礁，以及在礁石间游梭的色彩斑斓的热带鱼。灿烂的阳光折射在海面上，变幻着彩虹般的光芒，绚烂浪漫，令人流连忘返。

位于塞班岛北部的鸟岛因栖息着种类繁多的鸟类而出名。鸟岛不大，但给予了

美丽的塞班岛风光

在白色的海滩上玩耍的大人和小孩

鸟类宽裕的生存空间，岛上栖息的鸟类达到上百种。海水涨潮的时候，鸟岛就变为一座被海水包围的孤岛。海水退潮的时候，陆地就与鸟岛相连，游客可以登岛赏鸟。从海岸望去，灿烂的阳光使整座鸟岛熠熠闪光，如同一块翡翠，是每一个游客的必游之地。游客登上鸟岛，可以近距离观赏海鸟们的千姿百态。岛上还有可供赏鸟的望远镜，游客花0.5美元就可以使用2分钟。透过望远镜，可以观赏小鸟们在绿树林荫中或者在碧海蓝天下的倩影。

万岁崖是塞班岛的一处历史遗迹。1944年，美军飞机攻打位于塞班岛的日军基地，日军为了逃避当俘虏的命运，逼迫老幼妇孺一起到万岁崖边，在此高呼"万岁"，然后跳崖身亡。因为这一历史事件，这处悬崖就被叫作"万岁崖"。后来，日本为了纪念自杀的国人，以及向世人警示战争的可怕，在万岁崖上建立了观音像、慰灵塔与和平纪念碑。在这里，家长可以利用历史古迹，对孩子讲述第二次世界大战太平洋战争的历史，这对孩子学习历史知识是非常有益处的。

塞班岛还有许多第二次世界大战太平洋战争的历史遗址和遗留物，非常有利于家长对孩子讲解相关历史知识。孩子在塞班岛旅游的过程中会学到许多教科书上没有的知识。

> **温馨提示**
>
> ❶ 在动植物比较丰富的海域，不要乱摸乱碰，以免被动物咬伤或被植物刺伤。
>
> ❷ 随时注意个人财产、证件的安全。

悉尼
羊背上的海滨城市

关键词：悉尼歌剧院　爬行动物公园　澳大利亚文化

位置：澳大利亚悉尼

最佳旅游时间：10月至次年4月

悉尼美丽的海滩吸引着大量的游客

澳大利亚是南半球经济发达、自然资源丰富、环境优美的国家。它因牧羊业非常发达而被称为"骑在羊背上的国家"。澳大利亚第一大城市悉尼是国际著名的大城市。这里有历史悠久的建筑物、美丽的海滩、魔幻绚丽的游乐场、风光绮丽的美景……假日的时候，家长带孩子去悉尼旅游，一定会给孩子天堂般的愉快体验。

悉尼堪称南半球的"纽约"，交通发达。国内游客可以乘飞机直达这个世界著名的都市。如同在北京一定要去故宫和万里长城一样，在悉尼一定要去其标志性的建筑物——悉尼歌剧院参观。悉尼歌剧院位于悉尼市贝尼朗岬角，是公认的伟大建筑。建筑物有洁白的如贝壳般的外表，最高的"贝壳"有20层楼高，在蓝天绿树碧海的衬托下，显得轻盈皎洁、婀娜多姿，令人叹为观止。

游客站在悉尼歌剧院门口，一定会觉得悉尼歌剧院如同在空中飘浮的花瓣，又如同矗立在空中的3组硕大的贝壳片。第一组贝壳片在西面，由4对贝壳片成串排列，1对朝着南面，3对朝着北面，内部就是戏剧院和歌剧院最大的音乐厅。第二组贝壳片与第一组呈平行关系，形式相同，在规模上却略小，里面是琼·萨瑟兰剧院。第三组贝壳片在西南方，由2对贝壳片构成，体形也是最小的，里面都是些购物点、酒吧、餐厅、录音室、工作室等。家长可以带孩子走进悉尼歌剧院，欣赏演出，在歌剧院酒吧的窗口欣赏美丽的海边风景，品尝餐厅的越南菜、日系菜……

在悉尼有一个澳大利亚最大的爬行动物公园，在园内孩子可以观赏到澳大利亚独有的蜥蜴、蜘蛛、鸭嘴兽、袋熊、考拉、袋鼠及鳄鱼等动物。动物种类繁多，令人目不暇接。在动物园每天都有一连串深受孩子欢迎的动物表演，表演内容有蜘蛛展（13:45）、考拉

悉尼海港大桥在灯光的映衬下辉煌而壮观

展（12:30）、爬虫秀（11:30、14:30）等，在节假日动物表演会增加场次。家长在这儿可以对孩子讲述动物知识，让孩子开阔眼界，达到寓教于乐的亲子游目的。

澳大利亚博物馆是一座展示澳大利亚风土人情的博物馆。博物馆里展览的是澳大利亚特有的鸟类、哺乳类动物的标本以及澳大利亚矿物和宝石等，孩子在这里能了解澳大利亚的历史。

傍晚时分，家长可以带孩子去悉尼的达令港（又叫"情人港"）游玩。达令港建于1988年，是为了纪念欧洲移民抵达澳大利亚200周年而建。它是游客和悉尼本地居民喜欢游玩的地方，也是一处休闲和购物的胜地。在圣诞节、新年、国庆节的时候，悉尼居民都喜欢到达令港庆祝节日。在达令港西面，可以欣赏美丽的悉尼市中心风貌。夜幕来临的时候（星期一、星期二除外），达令港会有精彩绝伦的水幕幻影激光表演，激光在24米高、50米宽的水幕上投射影像，配上优美动人的音乐，场面壮观，令人赞叹不已！

悉尼有着优美的景色、齐全的设施和一流的服务，是假期亲子游的必选地之一。

温馨提示

❶ 澳大利亚四季宜人，全年皆可穿单薄的衣物，但应随身携带毛衣或外套，以防晚间受凉。

❷ 冬季（6月至8月）要穿毛衣、夹克、轻便外套等保暖衣服。

斯米兰群岛
观鱼世界的美妙

关键词：热带鱼群

位置：泰国斯米兰群岛

最佳旅游时间：11月至次年4月

在印度洋上，有一个岛屿被称为"安达曼海上的一颗明珠"，它就是泰国的斯米兰群岛。斯米兰群岛上丰富的旅游资源和迷人的热带风光，使它享有"金银岛""珍宝岛"的美称。斯米兰群岛一直以清澈的海水和丰富的海洋生物闻名。家长在假日的时候，带着孩子去泰国斯米兰群岛旅游，观赏海底色彩斑斓的热带鱼和五花八门的海底生物，可以让孩子学到很多学校和教科书没有的知识，达到寓教于乐的亲子游目的。

在交通方式的选择上，游客可以先乘飞机抵达泰国的普吉机场，然后坐巴士抵达拉姆码头，改乘快艇，在安达曼海向西行30多千米，就到了斯米兰群岛。这个岛屿不像普吉岛那样久负盛名，却以自身优美浪漫的气质夺人眼球。斯米兰群岛海水出奇地清澈干净，是位居世界前列的美丽群岛。群岛由8个小岛组成，除了8号岛被称为"明岛"，其余都按阿拉伯数字1号、2号……7号排序，而且只有8号岛为游客提供住宿的地方。整个8号岛被白色的细沙滩温柔地环抱着，沙滩椰子林、棕榈林的浓荫掩映着一排排双人小帐篷，这

落日的海景更加怡人

带孩子在美丽的海滩上散步，是多么惬意呀

就是游客的住宿地。

斯米兰群岛的海洋生态保护得很好，岛屿都没有经过开发，呈现出一种淳朴、原始的大自然之美，令人心旷神怡、留恋不已。这儿有色彩缤纷的珊瑚礁和海底生物，被称为世界顶级的潜水胜地和旅游观光点。在岛下有着密集的海扇、一望无垠的珊瑚礁、千姿百态的怪石，以及穿梭于海水中的各种海洋生物。最为神奇的是，这里的海水浮力很强，不会游泳的"旱鸭子"只要平躺在海面上，手脚伸直，就会神奇地"漂"起来。没有受过任何潜水训练的孩子，也可以尽情享受潜水观鱼的美妙与乐趣。游客带上面罩，趴在海面从上向下观赏海底世界时，可以与美丽的珊瑚亲密接触。在海底世界可以看到灿烂的阳光透入深层的海水，把海底世界渲染得如梦如幻。当孩子看着五颜六色的热带鱼从身边游过，尤其在湛蓝透明的水底看到红色大鱼游过时，肯定会欣喜不已！

家长可以带着孩子报名参加当地的浮潜项目。在斯米兰群岛的东部地带潜水能给孩子留下美妙的印象。8号岛是整个斯米兰群岛中最为著名的潜水地带。在晶莹剔透的海底世界中，漩涡状的、营养丰富的水域有大量色彩艳丽的热带鱼游来游去，如五彩斑斓的小鱼、成群的黑色和白色鱼群，运气好的话还可以观赏到魔鬼鱼和小鲨鱼。班古岛上的圣诞角也一直以蜿蜒迷人的海湾线闻名于世。在这里浮潜，可以观赏成群的蓝鳍鲹、绿色海龟，还有穿梭其中的金枪鱼。如此美妙绝伦的海底世界，一定会让孩子大开眼界。

> **温馨提示**
>
> ❶ 为了保护当地的珊瑚、小鱼和海龟，这里的海岛有严格的开放时间和规定。
>
> ❷ 在海边游玩时注意不要超过警戒线。
>
> ❸ 晕船、患有心脏病等，坐游船、快艇时需量力而行。

028

济州岛

石爷爷的微笑

关键词：月汀里海滩　石爷爷　韩国文化

位置：韩国济州岛

最佳旅游时间：3月至5月，9月至10月

与孩子一起欣赏落日美景

济州岛是韩国第一大岛，面积1 845.5平方千米，位于朝鲜半岛的最南端，拥有浓厚的传统文化底蕴和神秘的自然景观。人们对济州岛的赞美颇多，如美国前总统克林顿称赞济州岛是"诸神之岛"，小说《25时》的作家称济州岛"使人生获救了"，很多人都把济州岛叫作"和平之岛""韩国的夏威夷"。在那里，鲜花烂漫、海风习习、柑橘香甜、茶香飘溢、沙滩细腻……家长带孩子去济州岛旅游，可以让孩子观赏自然美景并体验海岛文化，让孩子留下快乐的假期记忆。

游客可以从国内乘飞机直达韩国的济州岛。岛上几乎所有的大街小巷都矗立着一尊鼻子粗大、眼睛凸显、紧闭着双唇、令人过目难忘的火山岩石雕像。韩国人把这些雕像叫作石爷爷，济州土语中叫作多尔哈鲁邦。在济州岛的住宅、田园、果园、牧场的外面围绕着由石爷爷堆砌的低墙。在韩国人看来，石爷爷虽然外表笨拙，缺乏威武英俊的相貌，却是意志、沉默、智慧等优秀品德的象征，所以韩国当地人就把石爷爷视为济州岛的守护神。

在济州岛的东端，有一块海拔182米，在10万年前海底火山爆发时形成的高耸巨岩，那就是城山日出峰。城山日出峰顶是巨大的火山口，其东南面和北面都是深不可测的悬崖，只有西北面是一片由草坪构成的山脊，和山村连接着。家长与孩子可以在山脊草坪上散步或者骑马。春天，草坪周围山村的油菜花开得烂漫，可谓美不胜收。在山顶观看日出或者日落，更是一种诗情画意般的享受。

家长还可以带着孩子去济州岛中部海拔1 950米的汉拿山参观。汉拿山在韩语中意为"可以拿到银河的高山"。汉拿山是韩国第一高峰，也是一座休眠火山。汉拿山以其从温

济州岛恬静而美丽，很适合亲子游

带至寒带的垂直植物生态分布系统而闻名，这里有1 800多种植物和4 000多种动物（昆虫类3 300多种）。孩子在山顶上，可以观察济州岛的地势，也可以观察花样繁多的植物，学到课本上没有的知识。

济州岛因美丽的月汀里海滩风景而享有"韩国夏威夷"的美称。家长可以带孩子去月汀里，在500米长的海滩上，望一望无垠的海面，领略海风的清爽。海滩上矗立着白色的风车，叶片吱吱地转动着。沿着海滩散步，可以看到月汀里特有的咖啡一条街映衬在壮阔大海的背景下，显得闲适悠然。家长与孩子可以在咖啡厅外面的椅子上喝下午茶，尽情感受海滩的宁静悠闲。

济州岛有一座民俗博物馆，保存着以1890年为基准的济州岛的民俗资料。博物馆里布置了100多个传统韩屋，把过去100多年间济州岛居民使用过的柱子、石头、钓鱼用品、农具、生活用品等展现出来，原汁原味地呈现济州岛的历史和风俗。朝鲜半岛的民谣、方言、传说、民俗表演等无形文化资料，在这里都保存得比较完整。2003年至2004年，这里还是电视剧《大长今》的拍摄地。孩子在博物馆里，可以了解100多年来朝鲜半岛的发展历史，也可以感受电视剧《大长今》的影视氛围，在游玩过程中学到知识。由此看来，济州岛是假期亲子游的必选海岛之一。

温馨提示

① 济州岛的石头属于自然遗产，游客不可以带出境，但购买的用石头制作的旅游产品是不受限制的。

② 韩国酒店一般不提供一次性用具，如牙膏、牙刷等，建议自带旅行装。

029

关键词：珊瑚　热带雨林　沙雕

位置：马尔代夫

最佳旅游时间：10月底至圣诞节

神仙珊瑚岛

去丛林探险

在印度洋上，有一个由阳光、沙滩、大海、椰树、热带鱼构成的天堂，那里的碧海蓝天、椰林树影一直令人眷恋。岛屿上有着淳朴、热情、友善的民风，在这个人间乐园中游客能忘却自我，自在地享受时间的流逝。这个如花环幻影般的岛屿，就是马尔代夫的神仙珊瑚岛。它的美丽非常值得游客去邂逅。或许不久的将来，伴随着全球变暖海水上升，这个岛屿就会消失。在这个美丽的伊甸园消失之前，家长带孩子去此地旅游，能让浪漫与快乐永远铭刻在内心深处，让孩子过上一个快乐又有意义的假期。

马尔代夫岛位于印度洋哈阿里夫环礁。游客可以先乘飞机抵达马尔代夫的马累机场，然后乘坐水上飞机，大约55分钟之后转乘20分钟的快艇就可以抵达神仙珊瑚岛。在飞机上俯瞰神仙珊瑚岛，它就像一串透着碧绿光芒的翡翠项链，镶嵌在印度洋蓝绿色的丝绒海面上。神仙珊瑚岛是一座大型的月牙形岛屿。它的独特之处在于珊瑚礁的构造。一个天然通道把海岛分割为两个截然不同的部分。清澈湛蓝、晶莹剔透、波光粼粼的蓝绿色海水环绕在岛屿的四周。

马尔代夫神仙珊瑚岛宁静优美的气质非常适合孩子。神仙珊瑚岛很宽阔，人比较少。岛上的树木葱郁茂密，形成了一道独特的大自然绿色风景线。在树林中间，是一座座风格古朴、原始、空间感很强的沙滩屋，它们就是岛上的旅社。这个岛屿只有50多间沙滩屋，人烟稀少，给人一种独占岛屿的自豪感。

家长可以带孩子去珊瑚岛的丛林探险。丛林中有许多稀有的植物、动物，是孩子未见

木桥连着小岛，傍晚的灯光与蔚蓝的海水连成一片，美艳无比

◎ 小朋友看到这美景高兴得要飞起来了

过的新奇世界。看到那些美丽的热带植物、可爱的动物，家长可以给孩子科普知识，满足孩子的求知欲和好奇心。

在沙滩上，孩子可以发现小蜥蜴、大鸟和小昆虫，还有一些在沙滩上下蛋的海龟，这些肯定会给孩子带来意想不到的体验。一波一波的海浪给沙滩送来不少宝贝。这些奇妙的宝贝也许是枯黄的海星，也许是小巧的海螺，也许是柔软的海参，也许是五颜六色的贝壳……家长可以在沙滩上利用这些大大小小、洁白无瑕或者有奇怪花纹的贝壳，给孩子上一次美术课：可以为贝壳画上漂亮的图案，或者贴上小钻石做成手机装饰品……这样能令孩子插上想象的翅膀，在自由的天空下尽情翱翔。

神仙珊瑚岛海滩的沙子柔软又细腻，适合做沙雕。家长可以与孩子一起，带着小桶、小铲子，在沙滩上给沙子来一个华丽的变身。看着孩子的小脚丫印在沙滩上，听着那刷刷的铲沙声，家长能感觉到孩子发自内心的快乐。孩子会发挥想象力，将沙子变为一栋简单的小屋子、某个卡通人物、城堡、船等沙雕作品，此时，沙子也仿佛有了魔力！

在神仙珊瑚岛，还有专门为孩子设立的儿童俱乐部，里面游戏项目众多。家长可以让孩子在儿童俱乐部与世界各国的小朋友们一起玩耍，培养孩子的交际能力。神仙珊瑚岛天堂般的美景和完善的娱乐设施使其成为假日亲子游的最佳选择之一。

温馨提示

❶ 必备防晒指数较高又防水的防晒霜，太阳帽、太阳镜以及晒后修复液亦不可缺少。

❷ 马尔代夫是信奉伊斯兰教的国家，不要轻易与当地女性有身体上的接触。

❸ 马尔代夫餐饮以西餐为主，大部分酒店不供应猪肉。

毛里求斯群岛
遗落在人间的伊甸园

关键词：多国文化　非洲海岛　海底珊瑚

位置：毛里求斯

最佳旅游时间：9月至11月

海边成排的椰子树

毛里求斯是一个坐落在印度洋西南方的东非岛国，被誉为"印度洋上的明珠"。它是一个拥有众多群岛的美丽国家，除了海洋风情的阳光和沙滩，还渗透着法国的浪漫、印度的妩媚和英国的优雅。吸引游客接踵而来的，是毛里求斯迷人的海滩、美丽的珊瑚礁、色彩斑斓的海洋生物、种类繁多的珍禽异兽以及多种文化风情。在假期，家长带孩子去毛里求斯旅游，岛上美丽的海景、繁多的野生动物、茂密的丛林、让人垂涎欲滴的美食、惊险的极限运动都能吸引孩子！骑着巨龟在海岛散步，品尝非洲大餐、法国大餐、印度咖喱，能给孩子与众不同的旅游体验，让孩子度过一个快乐的假期。

游客可以选择在香港乘坐毛里求斯航空公司班机前往该岛，只需大约10小时就可以抵达目的地。毛里求斯岛受特殊地质的影响，海水晶莹剔透，色彩层次分明，如宝石一样散发着瑰丽的光芒。近处的海水清澈似水晶，呈现通透明亮的碧绿色。远处的海水由湛蓝逐渐变幻为深蓝，色彩亮丽温柔，如同由蓝色丝绸制成的旗袍，散发着一种超凡脱俗的知性气质。游客可以尽情地在洁白的沙滩上散步，观赏美景，在湛蓝的海水中玩耍嬉闹。在夕阳落下时，金黄的余晖映衬着蔚蓝的海水。当人群逐渐散去，华灯初上，漫步在沙滩上，清爽温柔的海风令人忘却了一切尘世俗念，浑浊的心灵也变得纯净了。

在毛里求斯群岛，大部分公共海滩都有完善的安全设施，安全性高，家长可以放心地让孩子在安全的海域游泳。岛的北部以众多的水上运动闻名，如深海捕鱼、滑水、海上滑翔伞、风帆冲浪等。在岛的东部，被开发的海滩还很少，大多都保持着原始、淳朴的壮丽

美丽迷人的海岛落日

美景，是领略海洋自然风情的好去处。

在毛里求斯群岛，家长可以带着孩子坐玻璃船，领略风光旖旎的海底世界。坐在玻璃船上，透过船底中央镶嵌的玻璃，可以清晰地观赏海水中五彩斑斓的珊瑚。这些珊瑚有些如同树枝，有些如同蘑菇，一簇簇、一丛丛、成片成片地生长在海底，颜色有灰有白，迷离梦幻，恍如神话里的龙宫。透过明亮的玻璃，还可以看到慢慢移动的活珊瑚，它们晶莹剔透，如同开合的花朵，姿态优美。游弋在珊瑚丛中的热带鱼，色彩艳丽，尤其是蓝白相间、黑白相间、紫与黄相交的黑点彩条鱼，个头儿有鲤鱼那么大。阳光投射在湛蓝的海水里，映射在鱼鳞上，闪闪发光、星星点点……如此奇异的海底世界美不胜收！

毛里求斯群岛还有非洲原住民舞蹈、西方风格的建筑、印度美食，不同国家文化的交融，可以令孩子体验多国文化。

温馨提示

❶ 毛里求斯属亚热带海洋性气候，除了带夏装还需携带薄的长袖衬衫和外套。

❷ 中国游客去毛里求斯是免签证的，只需持有效的护照、返程机票、酒店预订单和充足资金，便可在当地办理落地签。

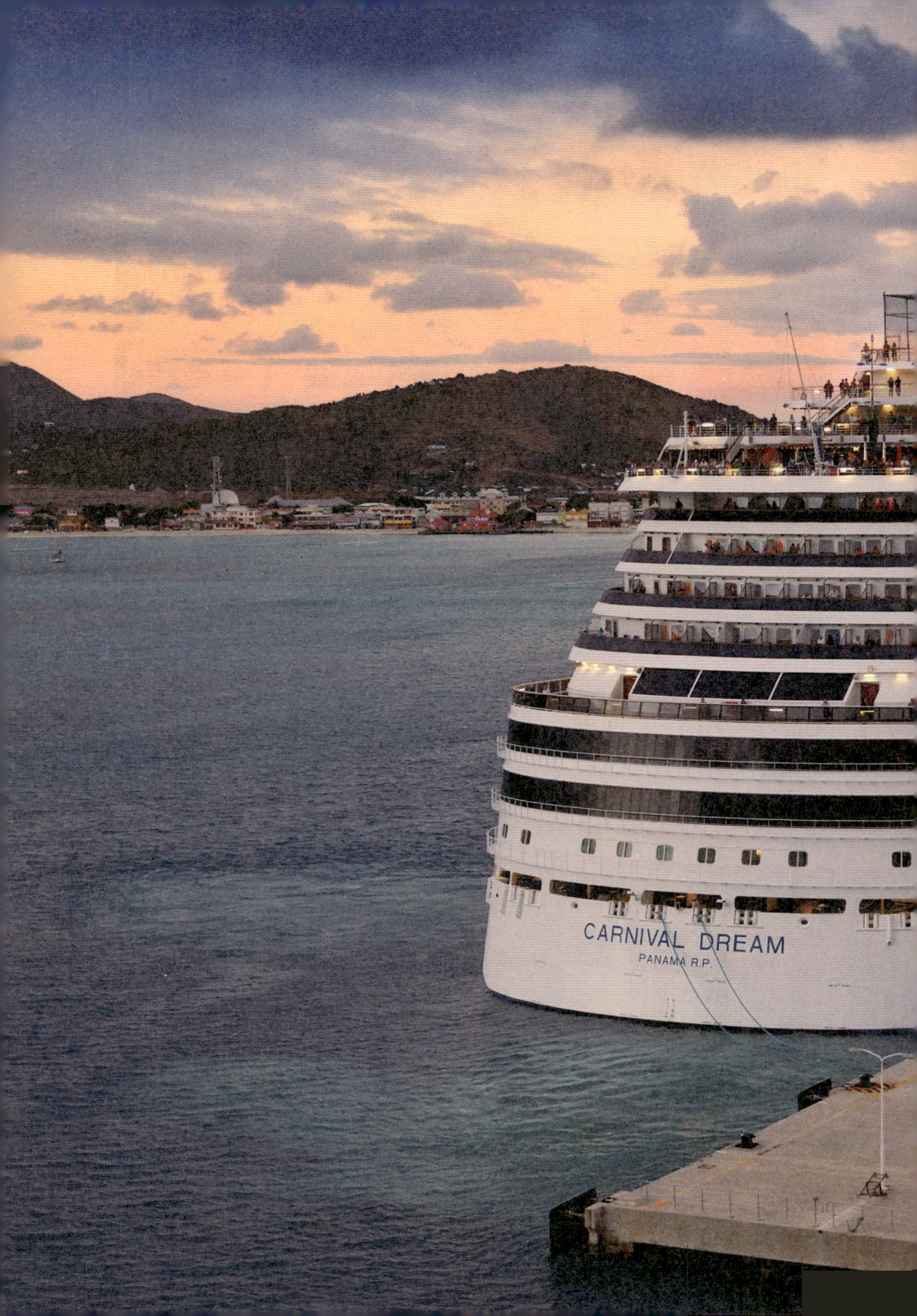
CARNIVAL DREAM
PANAMA R.P.

第四章

梦幻邮轮,学做勇敢睿智的航海家

驾着大船,
航行在万顷大海之上,
模仿哥伦布、达·伽马、
库克这些著名的航海家,
环游世界,探知未来,
劈波斩浪,
做一次真正的海上英雄,
这是每个孩子心中的航海家梦。
在世界一流的邮轮上,
梦幻般的情境、
一流的设施、至尊的服务,
一定能让孩子的航海家之梦成真。

"迪士尼梦想"号
迪士尼的动画梦想

关键词:梦想 童话 漂流岛
位置:美国佛罗里达州卡纳维拉尔港
最佳旅游时间:秋季和冬季

"迪士尼梦想"号造型奇特

"迪士尼梦想"号是迪士尼公司为全世界怀着童话梦想的孩子提供的豪华邮轮。邮轮上有孩子喜欢的超级梦幻的迪士尼乐园,还有为孩子营造的漂浮在海洋上的童话世界。与迪士尼公司的其他邮轮不同,"迪士尼梦想"号是最新、最大、设施最为豪华的邮轮,专门为携带小孩的家庭提供短期的海上度假体验,满足亲子游的各种需要。在设计上,"迪士尼梦想"号极力实现优雅的动画装修与奇异的动画幻想的完美结合,努力为孩子打造一艘最壮观的梦幻动画邮轮。在假期,家长带孩子登上"迪士尼梦想"号航行,给予孩子快乐的假期记忆,无疑是一次很明智的选择。

"迪士尼梦想"号邮轮长达340米,客舱数量达1 250个,排水量12.8万吨,拥有14个甲板,可以容纳乘客4 000人。整艘邮轮根据流行的动画装饰艺术设计,在中央大厅悬挂着一盏镀金的水晶灯,地上铺着手工制作的羊毛地毯,墙壁采用美丽高贵的大理石,仿皇宫墙壁,刻有迪士尼著名动画人物睡美人、贝尔公主、灰姑娘、白雪公主的手绘图像。色彩斑斓的童话情境设置令孩子恍若进入一个梦幻的童话世界中。邮轮上有专门为孩子设置的游泳池、美味可口的餐饮、原汁原味的迪士尼音乐剧、童话主题的餐厅,处处给予游客童话般的温馨享受。

"迪士尼梦想"号以美国佛罗里达州卡纳维拉尔港为母港,为游客提供3晚至5晚的巴哈马航程服务。邮轮停泊的地点主要是巴哈马首都拿骚、属于巴哈马共和国管辖的迪士尼私人岛屿"漂流岛"以及佛罗里达州的基韦斯特。

游客可以先乘飞机到美国的奥兰多机场,然后在奥兰多码头登上"迪士尼梦想"号邮轮。傍晚时刻,邮轮开航,第2天大约9:30抵达巴哈马首都拿骚。游客可以在拿骚下船观光。拿骚作为巴哈马的首都,也是整个国家最繁华的经济中心,那里有一条具有深厚历史文化的街道——港湾街。在港湾街上,错落有致地矗立着英国乔治国王时代的浅色建筑

在"迪士尼梦想"号顶层的露天泳池，游客玩得不亦乐乎

物、造型奇特的店铺、木质公寓。罗马时代的庞贝博物馆展览的文献、艺术品、画卷在向游客"讲述"巴哈马数百年来变迁的历史。

17:15，"迪士尼梦想"号起航离开拿骚，前往迪士尼公司专属的漂流岛。第3天大约8:30，邮轮抵达漂流岛，游客可以下船在岛上观光。迪士尼漂流岛以前叫戈尔达岛，是位于巴哈马北部地区阿巴科群岛的岛屿，被华特迪士尼公司购买之后，为该公司专有。同时，它也是世界邮轮业中唯一私人专属的岛屿。"迪士尼梦想"号邮轮直接停船靠岸，不需要任何小船接驳，游客就可以直接上岸。在迪士尼漂流岛上，时不时有迪士尼动画人物出现，与游客一起跳舞、做游戏或者合影。岛屿周围宝石蓝的海水、沙滩上又白又细的沙子、高高的茂密的椰子树，让游客获得愉悦的海滨风情体验。岛上还为游客供应各种免费餐饮，如热狗、自助式烧烤、风味薯条、牛肉汉堡、玉米棒、汽水和沙拉等。

在漂流岛吃完午餐，玩耍休憩之后，16:45起航回奥兰多。游客在邮轮上度过快乐的一晚，第4天抵达出发地奥兰多，梦幻愉悦的航程就这样结束了。在航程中，游客可以享受至尊的服务，体验童话般的旅行，感受美妙绝伦的风景。

温馨提示

❶ 在船上游客可以选择现金结账或信用卡结账的方式。

❷ 邮轮离开港口之前会安排救生演习，这是邮轮固定的安全项目。随着7声长笛音，所有游客需穿上救生衣到事先规定的区域，听从船员的指挥，井然有序地逃离到安全地带。

关键词：海盗 玛雅

位置：美国新奥尔良

最佳旅游时间：全年

"嘉年华梦想"号

巨大的水上乐园

"嘉年华梦想"号是美国嘉年华邮轮公司推出的第一艘梦想系列邮轮，首航时间是2009年，排水量约12万吨，邮轮长306米，可以搭乘游客大约3700人，是"嘉年华"系列邮轮中最大的一艘。在"嘉年华梦想"号邮轮上，可以玩有趣又刺激的游乐设施，观赏美丽的海景和璀璨的星空。每年的节假日或者暑假，"嘉年华梦想"号都会吸引世界各地的家庭来游玩，是亲子游的绝佳邮轮。

"嘉年华梦想"号设计得非常梦幻和别致，船尾如美丽的鲤鱼尾巴，船的中庭如钢琴按键，室外舞蹈俱乐部由闪烁的发光二极管装饰。"嘉年华梦想"号是一个水上旅行娱乐公园，到处都是充满乐趣的游乐设施。船舱是有特色的大厅，散发着梦幻、富丽堂皇、华美的气质。沿着大厅的螺旋形楼梯直上，可以观赏湛蓝的天空。3楼的大堂是游客服务中心、大堂吧、休闲座椅、上岸服务柜台，还有各种娱乐文体活动。在3楼到5楼的大堂楼梯上特意摆设有钢琴，钢琴的音乐声荡漾于大厅。在游玩设施上，邮轮也专门考虑了孩子们的需求。船上有惊险的100米水上滑梯，设有专门针对5个年龄组的主题营地和儿童活动区，以及专门面向15~17岁青少年、与美国可口可乐公司合作经营的无酒精DJ舞池。在船上，还有专门为家长准备的晚上托儿服务。在22:00至次日凌晨3:00，家长只需要花费6.75~10美元，就可以让孩子参加深夜儿童聚会活动，在玩的过程中孩子开心，家长也自由。

要抵达"嘉年华梦想"号邮轮的登船地点，游客可以先坐飞机到美国的新奥尔良。邮轮从新奥尔良起航，然后沿着密西西比河经墨西哥湾、开曼群岛、牙买

靠岸的"嘉年华梦想"号

邮轮上的游泳池是孩子们的乐园

加，驶往加勒比海。在墨西哥湾，"嘉年华梦想"号主要停靠在科苏梅尔。在科苏梅尔，游客可以看到40余处玛雅古迹。当"嘉年华梦想"号停在开曼群岛的时候，游客可以观赏绿海龟、鬣蜥、蜥蜴和青蛙。在岛国牙买加，游客可以观赏皇帝港的加勒比海盗文化。邮轮进入加勒比海后，将在伯利兹港口停泊。在伯利兹市，游客可以观赏热带丛林、沼泽、山地，还有包括爬行动物、哺乳动物、鸟类在内的多种野生动物，体验多姿多彩的中美洲文化！

之后，"嘉年华梦想"号邮轮抵达洪都拉斯的罗丹岛，这是邮轮旅行的重要地点。罗丹岛是1502年哥伦布首次抵达的目的地，是美洲十大旅游景点之一。在罗丹岛上，孩子可以观赏到茂密的热带雨林、艳丽的珊瑚礁、种类繁多的海洋生物、洁白的沙滩和清澈的海水。在岛上，孩子可以进行深潜和浮潜，观赏海底色彩斑斓的海洋生物和多姿多彩的珊瑚礁。在海边和浅海珊瑚岛上茂密的红树林中，可以观赏栖息的美丽海鸟。在海边，还可以参观历史遗留的海盗沉船，体验当年的海盗文化。

"嘉年华梦想"号最后抵达的重要城市是墨西哥的考斯特玛雅。在考斯特玛雅，孩子可以体验美洲的玛雅文化、中美洲独特的生活情调，饱览热带海滨城市美丽的风光。

当"嘉年华梦想"号返航时，留在孩子记忆里的，会是丰富多彩的中美洲文化体验、在旅途过程中积累的知识，以及快乐的人生经历。

温馨提示

船票可以在网上预订。

"海洋魅力"号

梦工厂的动画情节

关键词：城市社区　梦工厂　加勒比海

位置：美国迈阿密

最佳旅游时间：全年

豪华大气的"海洋魅力"号

"海洋魅力"号邮轮2008年2月开始建造，2010年10月28日完工。这是一艘堪称海上奇观的豪华邮轮，隶属于美国皇家加勒比邮轮公司，是世界上超大邮轮——"海洋绿洲"号的姐妹船。"海洋魅力"号邮轮长360米，高72米，宽47米，排水量为22万吨，比20世纪初的"泰坦尼克"号还要大5倍，拥有18层甲板与2 000多个客舱。在大厅两端一共有12台观光电梯，能快捷又方便地观赏海上美景。

"海洋魅力"号邮轮如同一座移动的海上城市，它模仿城市的社区修建设施，餐馆、商店、剧场、游乐场、高尔夫球场等生活娱乐设施应有尽有，给游客舒适的现代化都市享受。根据活动的主题，可以把邮轮划分为欢乐城、中央公园、游泳池、海上水疗、娱乐世界、健身中心、皇家大道、青少年活动区等功能区，满足不同年龄段游客的需要。在邮轮8层的露天中央公园里，栽培着各式花卉，流露出生机盎然的气息。

邮轮有专门为孩子设计的娱乐设施。这儿有专门的家庭户外娱乐区，家长与孩子在这里可以玩游戏，享受家庭团聚的快乐。这儿的欢乐城里面有旋转木马、篮球场、攀岩壁、为青少年设置的水疗、冲浪池以及梦工厂等娱乐设施，孩子能在这里玩得开心。邮轮还为需要独处的父母着想，为6个月以上孩子设置了托儿所。家长可以让大孩子参加主题舞会、DJ培训、手指画等活动，让专业人员照顾孩子，在邮轮上享受片刻的自我时光。

"海洋魅力"号邮轮令游客生活得非常舒适。邮轮专门设计了最先进的污水垃圾处理方案，尽量降低垃圾对海水和大气的污染。非常值得一提的是，邮轮上还有专门的婴儿用品购物区，家长可以在船上买到婴儿纸尿裤、婴儿有机食品、婴儿纸巾等，解决家长的各

邮轮上的华丽游泳区

种需求。

"海洋魅力"号从美国迈阿密市起航，目的地是美洲的加勒比海地区。途中停泊的第一个城市是墨西哥的科苏梅尔。科苏梅尔是美洲玛雅人的圣地，游客在这里可以饱览玛雅文化完整的古迹——图伦古城，在岩壁上可以欣赏一望无垠、湛蓝的加勒比海。

离开科苏梅尔之后，邮轮继续航行一天，游客可以在邮轮上享受完善的健身服务、水疗与按摩服务。之后，邮轮抵达的城市是牙买加的法尔茅斯。法尔茅斯有着非洲色彩、西班牙风格、英国传统三者相结合的独特文化，游客可以与友善好客、热情洋溢的当地人打交道，体验复合文化的魅力情调。

之后，邮轮继续航行，抵达的城市是南美洲海地的拉巴地。在拉巴地，游客可以欣赏原生态的海岸美景，体验丰富多彩的水上娱乐活动，欣赏生机勃勃的自然风光。离开这座城市之后，邮轮在海上巡游一天。游客可以去顶层甲板，坐在太阳椅上享受热情的加勒比海阳光。在夜幕降临时，游客可以观赏主剧场里的歌剧与戏剧，以及爵士情怀、冰上演出、脱口秀等表演活动。此外，游客还可以在露天特色餐厅、室内风情酒吧、舞池享受浪漫的夜生活，或者在皇家游乐场一试身手。

当邮轮抵达美国佛罗里达州的罗德岱堡时，这趟带给游客无限美好回忆的旅程就结束了。

温馨提示

在国外旅行时要注意自己的人身安全，并遵守当地的法律法规。

"挪威爱彼"号
海绵宝宝的微笑

关键词：地中海文化　浪漫　海绵宝宝

位置：西班牙巴塞罗那

最佳旅游时间：全年

"挪威爱彼"号邮轮是北美丽星邮轮集团的14艘五星级豪华邮轮之一。在"挪威爱彼"号邮轮上，游客仿佛置身于大型的海上主题乐园之中，有着非同凡响的愉悦体验。游客在这里可以获得绝佳的海上之旅的体验。在有阳台的客舱上，游客可以欣赏到风景如画的无敌海景。在邮轮上，设有适应不同年龄段的游乐设施与青少年儿童活动项目。在这里有一个大名鼎鼎、超刺激的水滑梯。孩子通过滑道可以冲进一个露天的大碗里，然后再继续向下冲到另一个滑道之中。此外，这里还有一个11米高的岩壁，可以供孩子享受刺激的攀岩游戏。最吸引孩子的，还是邮轮公司与尼克公司合作、在邮轮上矗立的海绵宝宝和朵拉卡通形象。海绵宝宝与朵拉为中国许多热爱动画的孩子熟悉，他们看到这两个可爱的卡通人物，一定会欣喜不已。

当"挪威爱彼"号邮轮在热带加勒比海上航行的时候，游客可以体验用冰块打造的Ice Bar（冰吧）的浪漫情调。在邮轮上还有许多传统的俱乐部、时髦夜店，以及最著名的火辣辣派对。白天，游客可以享受邮轮完善的娱乐设施带来的乐趣，如可以在大型水上乐园畅游，去软式网球场、复合运动中心、健身中心、攀岩场、保龄球馆等参加多种健身活动。游客还可以在世界级的水疗馆享受水疗服务，在保龄球道上锻炼臂力，在两层楼高的电玩区玩电子娱乐项目。

在交通方式的选择上，游客可以先乘飞机抵达西班牙的巴塞罗那，然后在港口登上邮轮。"挪威爱彼"号邮轮的航程是西班牙的巴塞罗那、法国的戛纳、意大利的那不勒斯。巴塞罗那位于地中海沿岸，是西班牙第二大城市，具有超凡活力。这座城市依山傍海，风景雄浑沧桑，是西

将要起航的邮轮

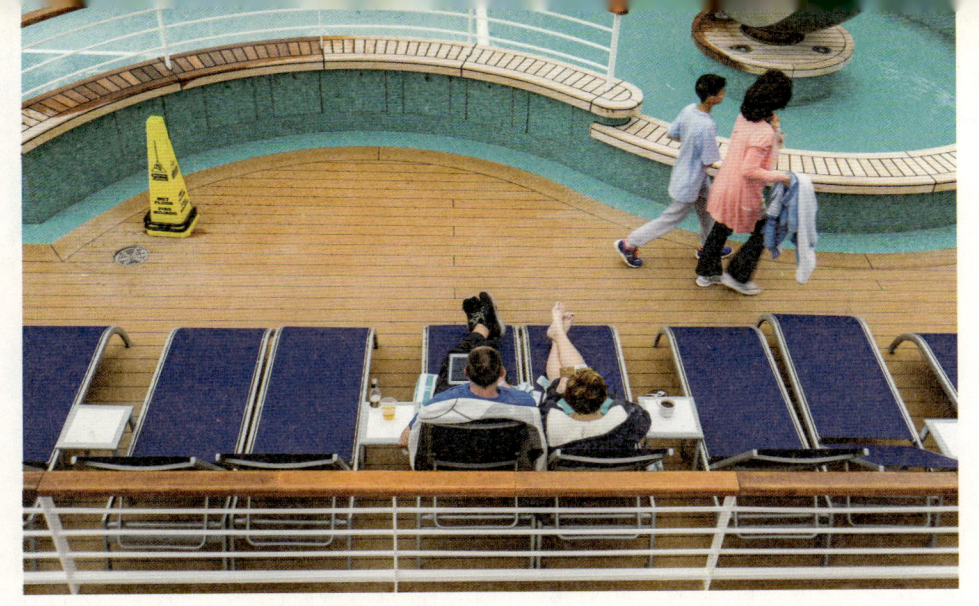

在邮轮游泳区休息的游客

班牙著名的艺术与文化中心。在老城区，游客可以观赏许多哥特式建筑与中世纪建筑遗址，可以享受地中海阳光明媚、鲜花盛开的景致以及温和宜人的城市气息。城市郊外著名的金色海滩所散发出的浪漫人文气质，更令游客恋恋不舍。游客还可以在这里品尝西班牙的特色小食和正宗的加泰罗尼亚美味佳肴，美景加美食一定会令游客难以忘怀。

"挪威爱彼"号邮轮的第二站是法国著名城市戛纳，这是一座拥有地中海明媚风光的休闲城市。这里有长达5 000米的沙滩，有永不凋谢的花朵，被法国人称作"大地的乐园"。游客漫步在城中，可以观赏蔚蓝天空下的白色楼房，以及在沙滩边矗立的一排排高大翠绿的棕榈树，两者交相辉映成一幅美丽的自然画卷。天性浪漫的法国人一直认为戛纳是绝美的避暑胜地，夏天凉爽的海风、冬天和煦的阳光令任何人都会恋上这个繁花盛开的天堂。

邮轮抵达的第三座城市是意大利的那不勒斯。那不勒斯是意大利南部第一大城市，也是一个散发着拉丁魅力的城市。在街巷中，游客可以倾听哀婉或者热烈的意大利民谣。远处的维苏威火山与碧海蓝天构成了一幅如诗如画的图景。在这里，家长可以对孩子讲述罗马神话中女妖塞壬的故事。塞壬以美妙的歌声迷惑来往的水手，致使他们坠身海底。后来她爱上了尤利西斯，为了爱情，她投入大海。女妖的身体被海浪冲到岸边，就成了那不勒斯湾。除此之外，游客还可以在这里品尝意大利独特的比萨和美酒，给味蕾以美妙的刺激。

当邮轮离开那不勒斯时，这次邮轮之旅就结束了。如此浪漫的地中海航行之旅，定会成为全家人的珍贵回忆。

> **温馨提示**
>
> 乘客应注意停泊港口的时间与船上的时间可能有差别，请依照船上的时间安排活动，避免误点。

关键词：冰川　北冰洋　野生动物
位置：加拿大温哥华
最佳旅游时间：夏季

"钻石公主"号
北国风光

"钻石公主"号是一艘体积庞大、设施完善的世界级豪华邮轮。邮轮长290米，高62.5米，排水量达11.6万吨，如同一座在海上漂浮的五星级酒店，吃、喝、玩、乐应有尽有。这艘豪华邮轮可以容纳乘客2 670位，一共有1 337间客舱，其中748间客舱附带私人露天阳台。游客不用走出客房，就可以在阳台上凭栏观赏海上的美景。船上有5个主餐厅，可以提供欧美风味菜肴、意大利风味菜肴、亚洲风味菜肴，满足不同乘客的口味需要。

邮轮上除了有面向不同年龄儿童开展的游戏活动，如专门的街舞培训、无酒精派对、比萨制作、化妆品课程等，最独特之处是可以让孩子领略北国风光，这也是"钻石公主"号吸引孩子游玩的卖点之一。邮轮的航行路线是从加拿大的温哥华到北冰洋的阿拉斯加，在7天的航程中，孩子能了解大自然的奥秘，学到丰富的知识，欣赏壮丽的北国风光。在航行过程中，孩子还可以游览世界上最独特的冰川湾国家公园。

游客可以先乘飞机抵达加拿大的温哥华，然后在港口搭乘这艘邮轮。在港口，远远眺望"钻石公主"号邮轮，它如同一座小山，乳白色的船身在阳光的照射下显得格外耀眼明艳。下午登上邮轮，18:00抵达世界著名的鲑鱼之都——美国阿拉斯加州的凯奇坎。邮轮停泊的时候，游客可以登岸观光，也可以登上邮轮公司的捕蟹船，尝试捕捉当地著名的阿拉斯加帝王蟹。如果孩子喜欢动物，家长可以带着孩子去探寻各种野生动物，如黑熊等。玩了一天，邮轮可能会在18:00起航。

第3天，"钻石公主"号邮轮可能抵达阿拉斯加州的首府朱诺。这一天，游客可以乘坐直升机在空中鸟瞰地面壮观的河流——门登霍普河。家长也可以与孩子在门登霍普河体验惊险刺激的漂流活动。喜欢悠闲的，可以乘坐邮轮上的水上飞机，观赏朱诺的万年冰；喜欢运动的，可以参加户外的烤鲑鱼团或者观鲸团，享受烧烤与观赏鲸鱼的快乐。

19:00左右邮轮起航，经过一晚的航行，在第4天5:30左右抵达史凯威。在这个城市，游客可以观赏世界上最精致的古董火车，它建造于19世纪的淘金热时期。在古董火车上，追随当年淘金者的步伐，在经过海拔高度900米的白色隘口时，领略地势险峻陡峭的山峰美景——风光旖旎的湖泊、郁郁葱葱的森林、覆盖着一片皑皑白雪的雪山，感受100多年前淘金者艰辛的人生经历。

造型奇特的"钻石公主"号

第4天20:30左右邮轮起航,然后在冰川湾国家公园里巡游。在这里,游客可以观赏阿拉斯加伟大的景观。冰川湾国家公园是一片遍布晶莹的蓝色冰块的山川,为了保护冰川湾美妙绝伦的自然风景,每天只有两艘邮轮被允许进入海湾。公园中有白雪皑皑的山脉、宁静的避风港与海滩、月牙儿状的深海湾、宽阔的淡水湖。家长可以让孩子观察狼、雷鸟、鲑鱼、秃头鹰、黑熊、棕熊、驼背鲸、虎鲸等动物,给孩子普及动物知识。第5天白天,阳光穿透云层,散落的冰山沐浴在一片洁白的光辉下,好一幅壮丽的美景图!

在饱览冰川美景之后,邮轮起程返航。邮轮为游客准备了美味佳肴,令游客有宾至如归的感觉。这段快乐的阿拉斯加之旅,定能让孩子受益终生。

温馨提示

北冰洋地区气候寒冷,需要多带衣服。

关键词：小食神　地中海　文艺复兴

位置：西班牙巴塞罗那

最佳旅游时间：全年

"新阿姆斯特丹"号

欧洲文化体验

"新阿姆斯特丹"号是采用先进的造船理念，集浪漫与完美为一体的新型豪华邮轮。邮轮采用新颖的设计方式，提供个性化的优质服务，适合全家一起出行。它的起航港口城市是西班牙的巴塞罗那，途经法国、意大利等国家的沿海港口城市，可以令游客领略欧洲文化，享受浪漫的假期。

在交通方式的选择上，游客可以乘飞机抵达西班牙的巴塞罗那。这艘邮轮的特别之处在于有专业大厨为孩子讲授适合的美食课程，并有主厨与美食家手把手教孩子制作各种可口的饭菜、精美的蛋糕甜点，让孩子过一把"食神小当家"的瘾。

"新阿姆斯特丹"号邮轮拥有夜间俱乐部、休闲娱乐厅、有现场钢琴演奏的酒吧等设施。邮轮顶层有一大一小两个游泳池，室内有可伸缩的温水泳池。邮轮尾部的顶层还专门模拟了露天绿洲，绿洲上设置了小型游泳池、网球场、篮球场等运动设施，能让孩子开展多种体育运动，提升身体素质。此外，邮轮上可口的饭菜也会触动孩子的味蕾，让孩子获得绝妙的美食享受。

邮轮从巴塞罗那起航的时间大约是16:00，第2天上午抵达法国普罗旺斯的马赛。在这个浪漫的魅力港口停泊，无疑给这次邮轮之旅增添了情调。游客可以欣赏马赛薰衣草的

希腊的科孚岛

大气的"新阿姆斯特丹"号邮轮

美景。17:00邮轮缓缓离港,前往下一个精彩目的地。

第3天8:00邮轮抵达摩纳哥的旅游胜地蒙特卡罗。摩纳哥的楼房依山而建,道路都是呈梯级状的山路,每一条街道都可以眺望美丽的地中海风光。18:00邮轮缓缓起航离开。

第4天,邮轮抵达意大利的佛罗伦萨。在这座城市,游客可以观赏文艺复兴时期遗留下来的古迹,感受古典的文化气息。20:00告别这个庄严与秩序、和谐与优美共存的城市,邮轮起航前往下一个目的地。

第5天7:00邮轮抵达罗马,19:00离开。第6天8:00邮轮抵达意大利的那不勒斯,这是意大利最美丽的海港城市之一。17:00邮轮起航,在第7天的10:00抵达意大利的西西里岛。白天,游客可以体会西西里岛简单、恬淡又富有趣味的世外桃源格调。18:00邮轮继续航行。第8天与第9天,游客可以在邮轮上享受至尊的服务。第10天8:00邮轮抵达希腊的卡塔科隆,这个港口城市是古代奥林匹克运动会的发源地。游客参观古迹之后,邮轮在17:00离开。第11天,邮轮抵达茜茜公主的挚爱——希腊的科孚岛。游客在岛上欣赏具有神话气质的美景之后,17:00邮轮继续航行,在第12天8:00抵达"亚得里亚海滨明珠"——克罗地亚的杜布罗夫尼克,16:00缓缓起航。第13天邮轮抵达的城市是意大利的威尼斯。在领略景色旖旎、古韵十足的历史名城风情之后,"新阿姆斯特丹"号的浪漫巡游之旅就画上了完美的句号。

如此美妙的旅程定会让孩子久久难忘。

温馨提示

此条航线需要办理西班牙签证。

"玛丽皇后"二号

璀璨的银河星空

关键词：大西洋　天文馆　高雅
位置：美国纽约
最佳旅游时间：全年

"玛丽皇后"二号是一艘隶属于英国卡纳德邮轮公司的豪华邮轮，拥有5个游泳池、15个餐厅和酒吧、1个赌场、1个舞池、1个天文馆、1个舞台。它独一无二的地方，就是拥有全世界唯一的海上天文馆。孩子在邮轮上，每个晚上都可以眺望浩瀚苍穹的闪烁群星，在璀璨银河的陪伴下安然入眠。家长带孩子去邮轮上度假，在快乐航行的过程中能让孩子学到书本以外的天文学知识，达到寓教于乐的目的。

"玛丽皇后"二号的航线通常位于大西洋，可以体验大西洋的海洋风情。游客可以乘飞机抵达美国纽约，从纽约港口坐邮轮。在港口观赏"玛丽皇后"二号邮轮的时候，游客会为它散发出的庄严与典雅的气质而折服。它的重要特征是文化韵味十足，仿佛一个艺术品陈列的殿堂，20步之内就有壁画、浮雕、油画水彩等艺术作品。在这些艺术作品中，有300件是专门邀请当代艺术家创作的。天文馆的弧形天幕，是迄今为止豪华邮轮上罕见的。在弧形天幕中藏着一个天文望远镜，孩子通过天文望远镜，可以观察浩瀚宇宙中的星星，神秘莫测的宇宙之美是非常震撼人心的。在观察过程中，孩子也学到了丰富的天文学知识。

"玛丽皇后"二号从纽约港起航，在航行的过程中，游客可以品尝邮轮餐厅提供的饕餮大餐。邮轮上的食物及正餐时的非酒精饮料都是免费供应给游客的。从清爽可口的小菜、丰富的正餐到风格多样的小吃，应有尽有，让游客享尽口服，给味蕾以美妙的刺激与享受。家长可以带着孩子在船上欣赏大西洋晶莹剔透的海水，可以在篮球

即将靠岸的"玛丽皇后"二号

美国哈佛大学美丽的校园景观

场、足球场、健身房锻炼，还可以用天文望远镜观测太空。

第2天，邮轮抵达的城市是加拿大的哈利法克斯。哈利法克斯是加拿大通向欧洲大陆重要的港口城市。这座城市气候宜人、风景秀丽，也是加拿大大西洋地区著名的运输、文化、经济、金融、研究中心。它既有大城市应有的便捷与繁华，也有小镇的友善与宁静。

之后，邮轮起航，接下来抵达的城市是美国马萨诸塞州的首府与最大的城市——波士顿，它也是新英格兰地区最大的城市。它具有古老的文化价值，被誉为"美国的雅典娜"。在这里，游客可以走访美国最古老的高等教育机构——哈佛大学，以及"世界理工大学之最"——麻省理工学院。

游览北美洲大西洋沿岸的主要城市之后，"玛丽皇后"二号返航回到起点纽约。在豪华邮轮上享受过丰富多彩的娱乐项目，观赏过精彩绝伦的节目，体验人生应有的快乐与喜悦之后，相信每个人都会感慨，不虚此行。

> **温馨提示**
>
> 邮轮上的饮食服务等各种服务需要支付小费，请务必注意。

"风神"号

典雅精致

关键词：水手　大西洋　绿洲

位置：葡萄牙里斯本

最佳旅游时间：全年

　　"风神"号邮轮是一艘很特别的邮轮。与拥有巨大螺旋桨、具备海上都市规模的巨型邮轮不同，它的特点是小巧玲珑、典雅精致，在小型奢侈邮轮排名中荣登榜首。"风神"号规模不大，载客量仅为312人，总吨位数是1.47万吨，船体长度为187米，甲板一共有6层。然而，"麻雀虽小，五脏俱全"，"风神"号邮轮上各种设施应有尽有。精美的船舱布置、奢华的簇绒床头架、漂亮的室内装潢、舒服的埃及棉床单，游客仿佛置身于一片美丽的"绿洲"之中。邮轮上还有齐全的体育运动项目，如皮划艇、潜水、帆船、浮潜等，非常适合10岁左右的孩子参与。在假期，家长可以带着孩子登上"风神"号，在邮轮上享受征服海洋的成就感，参观沿途的历史古迹，一定能令孩子度过充实又有意义的假期。

　　"风神"号的航行路线有2条：第一条是7晚8日的欧洲航线之旅；第二条是8晚9日的欧洲与非洲航线之旅。如果选第二条航线，游客可以游览大西洋沿岸欧洲与非洲国家的风情，是一个性价比非常高的航程。

　　选择第二条航线的游客可以乘飞机抵达葡萄牙的里斯本，在里斯本港口登上"风神"号。邮轮大约在17：00出发，第2天在海上，第3天8：00抵达摩洛哥的卡萨布兰卡。这一天游客可以参观卡萨布兰卡。卡萨布兰卡地处美丽的大西洋海岸，气候宜人、树木成荫，有着旖旎的海边风景。东方的白色立方体民居与现代化的摩洛哥住房赋予了这座城市别致的风韵。

　　之后，邮轮起航，游客在邮轮上度过第4天。第5天，邮轮抵达北非的阿加迪尔。阿加迪尔这座城市的特点是气候温和、风景优美，是摩洛哥少见的天然良港，也是令全世界无数游客心驰神往的旅游胜地。在这里，游客可以观赏既

邮轮经过美丽的卡萨布兰卡

◉ 西班牙的兰萨罗特岛

有民族风格,又吸收各国建筑艺术之长的城市建筑风情。在游客领略该城市的蓬勃生机之后,邮轮再次起航。

第6天,游客在邮轮上度过。除了参加邮轮上丰富多彩的娱乐项目,游客还可能有机会被船员邀请进驾驶室。在这里,家长可以让孩子与船员接触,并且体验掌舵的感觉。

第7天,邮轮将抵达西班牙的兰萨罗特。这是一个火山岛,土壤肥沃、植物繁茂,游客可以去火山或者葡萄园游玩,欣赏如诗如画的美景。

第8天,邮轮抵达西班牙的大加纳利岛。这也是一个火山岛,游客可以观赏岛上的动植物。第9天,邮轮抵达西班牙的戈梅拉岛,这里的风景美不胜收,有欧洲最漂亮的沙滩。最后邮轮抵达西班牙的圣克鲁斯-德特内里费,这里有温暖的阳光、奇艳的火山景观、宜人的气候,可以让游客度过快乐的时光。

在航行过程中,游客可以参观古迹、葡萄酒酿酒厂,享受免费的娱乐项目,如浮潜、风帆冲浪等。由此看来,"风神"号会给全家带来一段难忘的回忆。

> **温馨提示**
> 邮轮上的私人消费需要另付小费。

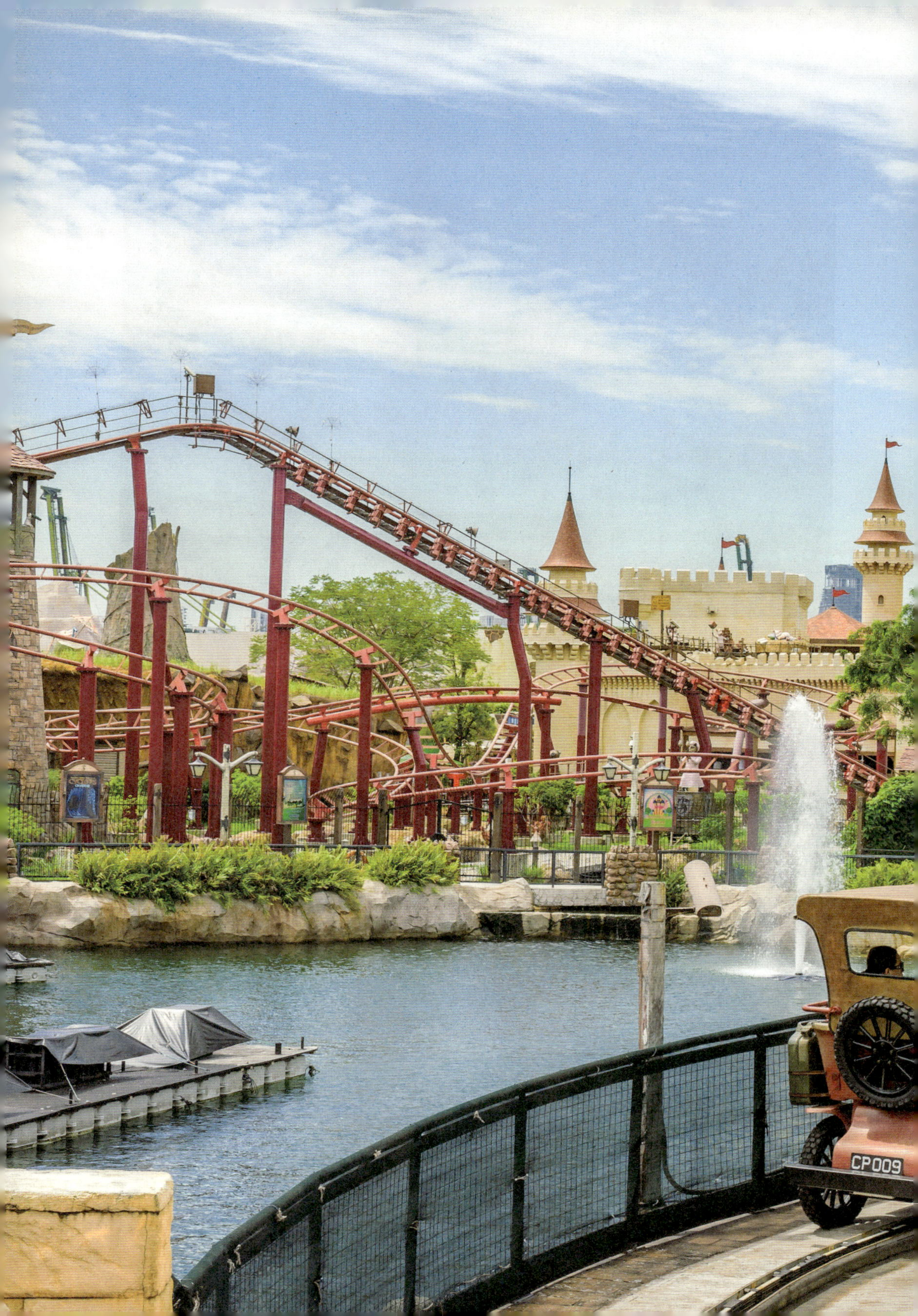
CP009

第五章

主题乐园，充满欢乐的笑声

一到假期，主题乐园便成了孩子们最喜欢的地方。主题乐园有令孩子欢乐至极的娱乐设施、梦幻的景致、热闹的主题公园文化。在游玩过程中，孩子能够亲近自然，感知世界，找回快乐的自己。主题公园可以成为帮助孩子成长的第二课堂，这里有陪伴孩子的最佳方式。这些都是在假期带孩子去主题乐园游玩的充足理由。

039

长隆欢乐世界
童真世界

关键词：儿童游乐　水世界　表演

位置：中国广州

最佳旅游时间：全年

游客在游乐园畅快地玩耍

　　广州的长隆欢乐世界位于广州市番禺区迎宾路，占地面积100多万平方米，拥有近70项游乐设施。长隆欢乐世界采用欧陆设计风格，注重游乐设施和自然生态环境的相互结合，引进国际一流的游乐设备，让游客在优美的自然环境中体会游乐项目带来的愉悦、放松、刺激，是一座非常值得在假期带孩子游玩的主题公园。

　　国内游客可以先坐火车或飞机抵达广州，然后坐地铁到长隆站，出E口有大巴直达长隆欢乐世界。整个长隆欢乐世界分为八大主题园区，分别是以儿童游乐项目为主的哈比王国、以中世纪欧洲风格为主的旋风岛、以惊险刺激设备为主的尖叫地带、以过山车为主题的彩虹湾、以水为主题的水上乐园、以观赏类项目为主的历险天地、以休闲为主题的白虎大街和中心演艺广场。

哈比王国是孩子的乐园。哈比王国有宝贝乐园、飞虎队、空中警察、欢乐跳跳车等30多个适合孩子的游乐项目。家长可以让孩子在这里尽情玩耍、开心大笑。长隆欢乐世界还设有全国最大的室内恒温儿童游乐城——开心儿童乐园。在开心儿童乐园中有泡泡大战、森林吉普车、勇敢救火队、小型海盗船等20个适合儿童游玩的游乐项目。

水上乐园是以水为主题的园区，除了有游泳池、水车大战的设备，还有水上碰碰船、海盗漂流、丛林漂流等游乐项目，一直都是夏季游客喜爱的避暑之地。

尖叫地带、历险天地、彩虹湾等主题区汇聚了当今世界最刺激、规模最大、科技含量最高的十环过山车、垂直过山车、摩托过山车、"U"形滑板、超级水站、超级大摆锤等顶尖游乐设施，还有国际特技剧场、四维影院两大世界顶级的精彩表演，一定会给游客非凡的体验。

中心演艺广场主要有荟萃世界六大巡游特色的精灵盛宴狂欢彩车大巡游、异国风情歌舞、杂技表演、欢乐剧场的大型魔术、乐斗竞技场的北美伐木竞技表演。在园区的主要休闲区域和白虎大街，有雕塑狂想曲、卡卡虎、乐队、高跷小丑等多项表演游戏，游客可以与演员一起互动娱乐。

此外，长隆欢乐世界还配置了齐全的餐饮购物设施。在园区里有椰林餐厅、哈比餐厅、古堡餐厅、夏威夷餐厅等中西风味的主题特色餐厅，还有蕴含浓郁东南亚特色的哈比美食街、彩虹湾美食街，以及十多家新鲜的蛋糕店、熟食厅，为游客提供卫生、新鲜、美味的食品和便利的服务。在长隆欢乐世界，还有几家主题商店，出售特色纪念品。

总之，在广州长隆欢乐世界可以体验众多亚洲顶尖游乐项目，享受世界顶尖游戏带来的刺激。家长与孩子在游乐场中欣赏无与伦比的精彩表演时，更能感受到游乐园世界级的品位和超凡魅力。

○ 游乐园的旋转滑梯是游客的最爱

> **温馨提示**
>
> ❶ 园区面积较大，建议穿着休闲鞋。
>
> ❷ 部分设施有身高及身体状况要求，请酌情参与。

关键词：古代科技　太空　地球

位置：中国上海

最佳旅游时间：全年

上海科技馆

梦幻科技

上海科技馆是由上海市政府投资兴建的一个重大的社会文化项目。上海科技馆的主题是"自然、科技、人"，宗旨是提高公众的科学素养，它是上海重要的休闲旅游基地和科普教育基地。整个科技馆有5个主要展馆（天地馆、生命馆、智慧馆、创造馆、未来馆）以及4D、球幕、立体巨幕3个影院。假期时，家长带孩子去上海科技馆参观，可以让孩子体验高科技，掌握书本上没有的知识，达到寓教于乐的亲子教育目的。

家长可以带着孩子先坐火车或者飞机抵达上海，然后从地铁2号线上海科技馆站7号或8号口出站，穿过下沉式广场，从6号门安检进入，便是上海科技馆的地下1层了。

乘坐电梯到达上海科技馆的1楼时，可以看到这里一边是生物万象和动物世界，另一边是彩虹儿童乐园。1楼的公共空间墙面被设为中国古代科技长廊。长廊墙壁上的浮雕以图文并茂的方式，生动地向游客展现了中国古代科学技术的发展历史。在生物万象和动物世界区，有展现五大洲野生动物原生态发展历史的动物世界特展、揭示地质变化的地壳探秘区、展现科学典型现象和基本原理的智慧之光展区。在彩虹儿童乐园，有让儿童亲自体验科学探索乐趣的展区，以及探索科技与创意关系的设计师摇篮区。

2楼一共有4个常设展区，分别是蜘蛛馆、机器人世界、信息时代、地球家园。2楼的走廊为院士风采长廊，张贴着为我国科技做出杰出贡献的两院院士的照片。蜘蛛馆中展览的是有关蜘蛛奇特生活方式的资

● 上海科技馆前的雕塑

博物馆购票处

料,地球家园展览的是提倡人与自然和谐统一、共生共荣的资料,机器人世界展览的是信息技术推动社会发生巨大变革的资料。

3楼一共有3个常设展区,依次是探索之光、人与健康、宇航天地。2楼和3楼之间是探索者长廊,主要以浮雕的形式介绍在人类文明史上做出伟大成绩的20位科学家及其成就。探索之光展区主要展览人类对生命秘密和物质秘密的探索历程。人与健康展区主要展览人类探索人体奥秘、传播健康理念的历程。宇航天地展区主要展览人类翱翔蓝天、探索太空奥秘的过程。

每周的双休日或者国家法定节假日13:30,在1楼的科普活动区域内会有生动有趣的科学知识小讲座,专门介绍自然科学知识,并有现场互动和答题活动,答对的小朋友可以获得奖品。上海科技馆浓郁的科技氛围,一定能让孩子在假期里有所收获。

温馨提示

❶ 建议先去3楼,从上往下参观。

❷ 在1楼的游客服务区有上海科技馆的导览手册,里面有展区地图、演出时间和推荐路线等介绍,进馆之前可以领一本,参考上面的路线。

关键词：动物　太阳　生命教育
位置：中国香港
最佳旅游时间：全年

诺亚方舟主题公园
科普世界

在香港，有一个集亲子活动、科普教育、游戏娱乐为一体的主题公园，它就是诺亚方舟主题公园。诺亚方舟主题公园是全球唯一一座以诺亚方舟为原型建造的公园。公园里的设施和景点非常适合亲子游。家长带着孩子在公园里面可以参加益智有趣的游戏活动，也可以到古朴的马湾村欣赏香港渔村的历史风貌。在游玩的过程中，可以对孩子开展动物、植物、科技等自然科学知识教育。

游客到香港后可以坐地铁在香港站E1口出，穿过国际金融中心商城，在中环2号码头搭乘去柏丽湾的轮渡，20分钟之后就可以到达诺亚方舟主题公园。游客只要站在青马大桥上，就可以观赏诺亚方舟主题公园的全貌——一艘仿古的大船，船的大小是按照远古资料对诺亚方舟的描述建的。

诺亚方舟主题公园1楼是方舟剧院和方舟多媒体博览馆；2楼是方舟生命教育馆和太阳馆；3楼是珍爱地球馆，是全香港第一个多元智能化儿童博物馆；顶楼是海景度假酒店。

在诺亚方舟主题公园门外，可以看到67对栩栩如生的动物雕塑。这些雕塑都是按照

诺亚方舟主题公园入口

诺亚方舟主题公园外景

真实的动物塑造的，家长在这里可以结合这些雕塑，对孩子讲述有关动物的知识。

在1楼的方舟多媒体博览馆里，家长可以带着孩子在4D影院观看解开大自然奥秘的影片。方舟多媒体博览馆里还展出了其他一些国家设计的诺亚方舟珍藏模型，旁边有工作人员解说。

2楼的方舟生命教育馆布置得非常精致可爱，有很多植物、动物的图像与相关介绍。方舟生命教育馆中还会举行一系列创新、互动、独特的游戏活动。游戏有利于孩子学习团队合作精神，体验挑战自我的快感。生命教育馆旁边是太阳馆，馆里有一个直径约350毫米、高几层楼的真空太阳望远镜。通过这个巨大的望远镜，孩子可以观察太阳表面的活动，真实又神奇。在这个过程中，孩子可以学习与太阳和各个行星有关的天文学知识。在太阳馆里，孩子还可以学到再生能源应用的相关知识，了解人们日常使用的能量是怎么产生的，对生活中常见的现象不再感到困惑。

3楼的珍爱地球馆一共有15个主题展览区，涉及通识教育、生命教育、多元智能教育，还设有丰富多彩的互动游戏，让孩子在愉悦的游戏中学到教育领域的知识。

香港诺亚方舟主题公园通过多元化的设施与活动，宣传以"爱"为主题的科学知识，对提高孩子的科学素养是非常有利的，它堪称假期亲子游的绝佳乐园。

温馨提示

❶ 平日55港元，星期六、星期日及公众假期65港元，3岁以下儿童免费。

❷ 诺亚方舟有度假村，环境不错，外面有海滩，但非常火爆，必须提前预订。

香港海洋公园

海洋教育

关键词：海洋百科全书　登山缆车　海洋生物

位置：中国香港

最佳旅游时间：全年

　　香港海洋公园是一座集机动游戏、海陆动物、大型表演为一体的世界级主题公园。公园风景旖旎多姿，是来香港的游客最喜欢的地方之一。香港海洋公园曾获"全球最佳主题公园"大奖。假期家长可以带孩子去香港海洋公园旅游，在游玩的过程中让孩子获得丰富多彩的海洋生物知识，达到寓教于乐的目的。

　　在交通方式的选择上，游客可以乘飞机直达香港，或者从深圳抵达香港。整个香港海洋公园可分为山上高峰乐园与山下海滨乐园两部分，有一条长约1 500米的登山缆车连接两个乐园。山上是香港海洋公园的主要部分，有海洋馆、海涛馆、海洋剧场、百鸟居。山下的香港海洋公园水上乐园，是亚洲第一个水上游乐中心。山下还有金鱼馆、花苑剧场和

香港海洋公园的海豚表演

海洋公园大门口的游客很多

仿历代建筑建造的集古村等。

游客可以在香港海洋公园山脚搭乘缆车，从下往上，在205米的高空欣赏香港南部海域迷人的风景。远处细沙闪烁着光芒，水面波光粼粼，仰望蓝天白云，是一种诗意的享受。在山上的乐园中，孩子可以玩富有特色的哈哈梦工厂、威威天地，挑战刺激的冲天摇摆船、极速之旅等。推荐玩这里的过山车，它是全世界速度最快、轨道最长的过山车之一，有一部分轨道架在海面上。建议玩的时候坐在左边的位置。坐过山车在海面飞跃的时候，有一种在海上飞翔的快感。另外一个非常值得体验的游戏项目是越矿飞车，它的轨道如同地球表面，有一些坡度和弯道，速度比较慢，从高处下落的游客有一种飘忽的感觉。

山下的海洋馆、鲨鱼馆、太平洋海岸等，以不同的方式展现了大海的神奇。这里的海洋馆是世界上最大的水族馆之一，根据珊瑚礁布局，分为潟湖和深湖两大部分。潟湖模仿缘礁设计，深湖根据堡礁设计，两个湖以海水连通。馆内饲养了400多种、5000多条海鱼，从体长不到2厘米的盐雀鲷到身长3米的豹纹鲨，应有尽有。水族馆专门设置了珊瑚和珊瑚礁展览，介绍珊瑚礁的具体形成过程。

📍 公园里的缆车

　　海涛馆是一个宽152米、长122米、深2.7米的巨型水池，里面设置多种人工海岸，适合不同的海洋动物生活。这里主要展出非洲毛海豹、美国加利福尼亚州海狮、爵士企鹅、史提拉海狮、汉堡企鹅等。此外，这里还有专门以海洋动物和海岸为主题的展览，向游客介绍各种海洋哺乳动物，海岸的成因和种类以及潮汐、海岸、海浪三者之间的关系，能让孩子学到许多教科书上没有的海洋生物知识。

　　在海洋剧场，每天都上演有趣的海狮表演、海豚表演、杀人鲸表演等，定能让一家人欢乐开怀。

温馨提示

到香港旅游，春季可以穿薄外套或毛衣。香港夏季炎热潮湿，有时会出现骤雨和雷电，应带些短衬衣、棉质衣物，还应准备好外套和雨具。秋季风和日丽，适宜穿衬衣、毛衣及轻便外衣。冬季干燥稍冷，应带一些套装、薄毛衣、大衣。

关键词：海洋 教育 生态

位置：中国台湾屏东县车城乡

最佳旅游时间：全年

垦丁海洋博物馆
海底世界百科全书

　　垦丁海洋博物馆位于中国台湾屏东县车城乡，地处垦丁公园西北角龟山山麓的临海地区，是一个以海洋生物为主题的大型博物馆。垦丁海洋博物馆有别于一般的水族馆，它注重博物馆的收集、典藏、教育和研究功能，让游客能更清晰、生动、形象地了解海洋生物文化。假期，家长带孩子去垦丁海洋博物馆参观，可以在游玩的过程中让孩子学到海洋生物知识，达到寓教于乐的目的。

　　游客可以先乘飞机抵达台湾的屏东机场，然后坐巴士，经过屏东客运站、车城，最后抵达垦丁海洋博物馆。垦丁海洋博物馆占地面积近97万平方米，主要展现"水"的特性和"水"的精神。馆内有珊瑚王国、台湾水域、世界水域三大主题展馆。整座海洋博物馆的建筑风格以海洋为主，令人一看到建筑物就想到生物与海洋的密切关系。游客中心波浪形的屋脊，如山又似水，是山与水的密切结合。亲水广场上矗立的鲸鱼雕像表达了人们对

垦丁海洋博物馆一角

◉ 垦丁海洋博物馆的浅海鱿鱼雕像

　　海洋生物的尊重。在大厅顶上站立的迎宾队伍，表达了水族生物对人类的友善。主建筑物屋顶的大波浪形状让人在远处就能感受到大海的呼唤。

　　珊瑚王国馆有一条长长的海底隧道，游客可以观赏在珊瑚丛林中自由玩耍的热带鱼群，包括小丑鱼、鲨鱼、金枪鱼等。这里还有专门的海洋哺乳类动物展示区，为游客介绍海洋哺乳类动物的基本生活习性。游客可以看到一头大白鲸，近距离观赏大白鲸的小眼睛、圆鼓鼓的嘴巴、憨态可掬的模样。

　　台湾水域馆主要展示了台湾本地水域的具体形成过程：高山上的雪融化后与滴落在溪流的雨水汇合，顺流而下，最后流到大海中。台湾水域馆还专门设置了一个儿童探索区，里面有开放的触摸池，有海星、海参之类的海洋生物可以让孩子触摸。家长可以让孩子近距离地接触海洋生物，了解海洋生物的习性和各种相关知识。

　　世界水域馆一共有两个部分：第一部分介绍古代海洋知识，用3D电影的方式讲述人类出现之前的古代生物；第二部分介绍南极和北极的生物，如企鹅等。

　　海洋博物馆建馆的宗旨是告诉世人应该保护海洋，保护生态环境。家长可以对孩子讲解保护生态环境对人类社会发展的重要意义，给孩子灌输环保理念。

温馨提示

❶ 入馆请注意服装仪容整齐，请勿穿拖鞋。

❷ 请勿携带宠物、危险物品进入展馆。

❸ 展馆内严禁使用闪光灯，严禁拍打展示玻璃窗，以免生物受到惊吓。

关键词：凯蒂猫　卡通　动漫

位置：日本东京市新宿区

最佳旅游时间：全年

Hello Kitty 乐园
女孩子的最爱

东京Hello Kitty乐园以女孩子喜欢的卡通形象——凯蒂猫（Kitty）为卖点。乐园众多有趣的娱乐设施、主题游戏、剧场演出，令游客恍如置身于童话世界，在梦幻空间中被温柔的粉色包围。很多人在乐园中，会觉得像被施了魔法一样，忘却了现实的种种烦恼，成了童话世界里快乐又纯真的公主或者王子。Hello Kitty乐园的童话梦幻色彩，值得家长在假期带孩子去体验一番。

Hello Kitty 乐园是孩子们的乐园

在交通方式的选择上，游客可以先乘飞机到日本的东京，然后在新宿坐电车，乘京王线或小田急线到多摩中心站下车。在Hello Kitty乐园，孩子都会感到惊喜，仿佛进了Hello Kitty的家。在乐园里，到处都是粉红可爱、头戴蝴蝶结的凯蒂猫形象，给孩子一种温馨与快乐的感觉。夏天，家长带孩子去Hello Kitty乐园，还可以观赏到绚丽多彩的烟花。这些烟花把童话乐园装点得分外妖娆、格外美丽，更令孩子留恋不舍。

乐园里除了女孩子们朝思暮想的凯蒂猫，还有酷企鹅、美乐蒂、大眼蛙等可爱的卡通明星形象，孩子可与之拥抱，这一点尤其受游客欢迎。

Hello Kitty乐园的全名是三丽欧彩虹乐园，乐园有4层楼高，设置了丰富多彩有趣的娱乐设施，如360度电影院、表演剧场等，每天都有精彩的现场歌舞表演。在舞台上，所有的三丽卡通明星都会登台亮相。乐园更是Hello Kitty商品的销售总部，在这里孩子可以看到与众不同、最新、最炫的Hello Kitty产品，能满足女孩子对Hello Kitty的拥有欲望。尤其是孩子买到限量版的Hello Kitty产品时，一定会特别骄傲。在2楼的Hello Kitty独家专卖店，卖的都是与Hello Kitty有关的产品，如收音机、电视机、吹风机、电脑用品、记事本、可爱信纸、全套文具等，一定会让孩子乐不思蜀。

在Hello Kitty乐园可以一张门票玩遍所有游乐项目。家长可以带着孩子入住Hello Kitty主题客房，体验公主般的梦幻感觉。Hello Kitty主题酒店是一个外形如欧式古堡的建筑物，拥有300间客房，Hello Kitty主题客房大约有40间。在Hello Kitty里面，有许多周边专卖店，专门售卖Hello Kitty服装、公仔玩具、配饰、小家电、化妆品、食品、餐具、箱包等千余种商品。这些商品都是正版授权的，70%是进口商品或限量版。

在Hello Kitty乐园里，每天都有盛大的花车巡游，上演以Hello Kitty为主角的歌舞剧。Hello Kitty歌舞秀中动人的剧情、温暖的演绎、愉悦的音乐将会融化观众的心。色彩斑斓的Hello Kitty乐园，一定会令孩子开心不已、陶醉不已。

温馨提示

门票分为入场券和通用券，价格依年龄而定，3岁以下的孩童可免费入场。

关键词：童话 冒险未来世界

位置：美国洛杉矶

最佳旅游时间：全年

045

迪士尼乐园
卡通人物的世界

　　美国有两个迪士尼乐园，一个是1955年建于加利福尼亚州洛杉矶的迪士尼乐园，另一个是1971年建于佛罗里达州奥兰多的迪士尼乐园。其中，洛杉矶迪士尼乐园是世界上第一座迪士尼乐园，由美国著名动画大师沃华特·迪士尼创建，被誉为"世界上最快乐的地方"。在这座迪士尼主题公园中，可以欣赏到白雪公主、唐老鸭、米老鼠、七个小矮人等可爱的卡通人物的现场表演。在假期，家长带孩子去美国加利福尼亚州的洛杉矶

洛杉矶迪士尼乐园风景优美

迪士尼乐园旅游，能给孩子原汁原味的童话体验，让孩子拥有一个快乐的假期。

在交通方式的选择上，游客可以乘飞机抵达洛杉矶国际机场，然后从机场直接搭乘去往迪士尼乐园的巴士。洛杉矶的迪士尼乐园分为主街、未来王国、拓荒者之地、梦幻乐园、动物王国、米奇卡通城、冒险乐园、新奥尔良广场8个主题园区。

迪士尼乐园是模仿100多年前的美国景观建造的。乐园的一草一木都很有古韵，洋溢着色彩缤纷的童话格调。游客进入迪士尼乐园的第1站是主街，它相当于穿梭在各个园区的"时光隧道"。主街也是迪士尼乐园商店、服务设施、餐饮店铺最为齐全的地带。在这里，还可以观赏迪士尼的花车游行。

第2站是未来王国。这个园区是1998年建成的，以超越和想象为主题，展现的是未来的世界。在这个园区，游客可以乘高速火箭到未来世界，体验高尖端科技；可以坐在新地标"太空轨道车"上，体验飞速奔驰的快感；可以体验3D立体电影翻天覆地的感觉。

第3站是拓荒者之地。拓荒者之地里的边疆世界游戏背景取材于美国的开垦时代，表现的是移民开垦荒地的精神。这个园区最热门的游戏是"大霹雳火车"。火车在恐龙肋骨和红石头密集的河床上穿行，还有巨石滚滚而来的山崩危险。游客有一种时光倒流的感觉，仿佛回到了100多年前的美国密西西比河流域，与开垦者共同探索未知世界。

第4站是梦幻乐园。这一园区的游乐设施最多，都是童话故事的格调。在乐园正中央矗立的是睡美人城堡，这也是整个迪士尼乐园的地标和象征。最经典的游戏是小小世界，一定会令孩子欢笑不已。

第5站是动物王国。这个园区最经典的游戏是飞溅山。游客坐在小木船上，在室内和室外流域迂回前进，最后在瀑布上呈90度方向垂直冲下。游客尖叫不已，把紧张气氛渲染到极致。

第6站是米奇卡通城。在这个园区，孩子可以参观米老鼠米奇和米妮的家，并且可以与它们合影。

第7站是冒险乐园。在这里，娱乐游戏的背景是富有野性的非洲丛林，给人在非洲丛林探险的感觉。

第8站是新奥尔良广场。这个园区的游戏背景是路易斯安那州的新奥尔良市。法国浪漫情调的露天咖啡座、Blue Bayou餐厅、"鬼魅大楼"等，能给孩子快乐至极的体验。

无论在哪个园区，孩子们都能得到梦幻般的童话体验和感受，可以说，加利福尼亚州洛杉矶的迪士尼乐园是假期亲子游的绝佳场所。

温馨提示

迪士尼的开放时间随季节变化而不同，旺季时为9:00至午夜，淡季时为9:00至20:00。

关键词：积木　微观模型　造型
位置：德国金茨堡
最佳旅游时间：全年

046

金茨堡乐高乐园
孩子成长的体验

金茨堡乐高乐园位于德国的巴伐利亚州，是全世界第4座乐高王国。乐园中的景观是用大约5 000万块乐高积木堆砌成的。无论孩子是扮演小小的探险家、寻宝者、过山勇士，还是扮演骑士、发明家、海盗，都能在这儿寻找到发自内心的满满的快乐，家长也可以获得非同一般的体验。

在交通方式的选择上，游客可以先乘飞机抵达德国的慕尼黑机场，然后在机场外面

金茨堡乐高乐园中的足球场由乐高积木搭建而成

乘坐到金茨堡乐高乐园的接驳车，经过大约1.5小时的车程就可以抵达目的地。一进入乐高乐园，映入游客眼帘的是标语——"扮演好你的角色"，标语意在告诉人们做最好的自己。

走进园区，游客首先来到的是微缩景观世界，在这里可以找到世界主要城市和风景区的微缩模型，如柏林、慕尼黑、法兰克福、威尼斯等城市的模型。模型做得非常精致、逼真，有汽车、小船在街道、河面上穿行。在模型街道的旁边，还有按钮，按一下会有特别的反应，如机场大门会打开，舞池上出现人们跳舞的身姿，林荫道上出现盆景、结满果实的梨树……在微缩模型中，每一个人物、每一架飞机、每一辆车、每一条街道，都是用一小块一小块乐高积木搭建起来的。孩子可以在这里饱览世界各个国家城市的风情，增长见识。

紧接着，是第2个园区——海盗区。这个园区都是与海盗有关的水上娱乐项目。孩子可以乘坐海盗船，用船上安装的水枪进行水战，体验战争的刺激感。在冒险岛项目中，游客可以体验动物王国的奇妙、埃及金字塔的神秘。

在第3个园区——乐高星球上，家长与孩子可以参观乐高工厂，体验各种乐高机械的乐趣。孩子还可以随意堆砌乐高积木，在动手实践的过程中培养丰富的想象力。如孩子可以扮演一个小小的发明家，用积木搭建想象的物体，让想象变为现实，感受搭建积木带来的各种乐趣。在这个园区也可以玩最经典的游戏——过山车和水上项目，它们非常刺激，令人难以忘怀。

在金茨堡乐高乐园随处可见由乐高积木搭建的模型，这些模型形象生动、逼真、有趣，极具吸引力。乐高乐园还有8个迷人的冒险区、别出心裁的现场表演、游玩项目、驾驶项目、度假村，足以让每一个孩子用心去体验一番。

金茨堡乐高乐园的饮食服务、纪念品也非常受游客的欢迎。园区里有咖啡厅、餐厅、甜品店，每一份食物的摆盘都是卡通化和富有色彩的，深受孩子喜爱。乐园纪念品商店出售的钥匙挂、乐高玩具等纪念品有趣可爱，非常值得乐高迷购买。集寓教于乐与休闲娱乐为一体，是金茨堡乐高乐园独一无二的优势，不妨带上孩子去体验一番。

温馨提示

从国内乘飞机到德国，一般降落在法兰克福或者慕尼黑机场，下了飞机可以先用银联卡在机场的ATM机上提取欧元备用，省去换汇烦恼。

关键词：童话 动物 魔法

位置：美国奥兰多

最佳旅游时间：秋、冬、春三季

奥兰多迪士尼乐园
玩乐天堂

  奥兰多迪士尼乐园位于美国佛罗里达州，是全世界面积最大的迪士尼乐园，也是迪士尼的总部所在地。这座公园占地面积达到124平方千米，相当于新加坡面积的1/5。奥兰多迪士尼乐园一共有4座超大型主题乐园、3座水上乐园、32家度假饭店、784个露营地。奥兰多迪士尼乐园有丰富多彩的游乐设施，无论家长还是孩子都能够怡然自乐，留下快乐的回忆。

  游客可以先乘飞机到美国佛罗里达州的奥兰多机场，然后在奥兰多机场坐111路公交车直接到奥兰多迪士尼乐园。奥兰多迪士尼乐园有魔术王国、好莱坞影城、动物王国和未来世界4个主题乐园，同时还拥有环球影城和奥兰多海洋世界这两个并不属于迪士尼但同

奥兰多迪士尼乐园的入口

奥兰多迪士尼乐园风景优美

样好玩的主题公园，其中4个迪士尼主题公园是比较适合家庭亲子游的。根据耗费时间的多少和人气的高低，建议孩子按以下顺序游玩：魔术王国、未来世界、好莱坞影城、动物王国。推荐一天玩一个主题公园，这样才能玩得透彻、玩得深入，每个娱乐项目都尽情享受。

由于主题公园人比较多，为了节省排队时间，游客可以在网上下载排队神器——迪士尼乐园的APP。这款APP可以帮游客检索所有游乐项目的排队时间，可以避开高峰期。为了节省时间，还应该巧妙地使用免排队的快速通道。有了它，本来需要排一两个小时的游乐项目5分钟就可以玩上了。

奥兰多迪士尼乐园中的好莱坞影城不大，是以片场来划分的。在这个乐园里，游客可以用看表演、拍电影的方式度过轻松有趣的一天。由于表演的时间比较长，且不是随时都有，应该把握好观看的时间。如飞车特技场次很少，而一场表演需要30～40分钟，把时间算准才能把所有片场的表演看完。

在动物王国主要是观赏种类繁多的动物，观看动物表演，以及玩一些娱乐项目。孩子可以乘坐吉普车穿越仿非洲丛林建的野生园区，近距离观赏羚羊、长颈鹿、斑马、狮子等。

未来世界分为未来世界和世界博览两个区域，如果之前已经去过其他的迪士尼乐园，此部分可以省略。

魔术王国是整个乐园最经典的童话园区，特别受小孩子欢迎，在这里可以与迪士尼动画中的白雪公主、米老鼠、唐老鸭等经典角色合照留影。这里还有哈利·波特的魔法王国，孩子可以体验神秘的魔法世界。

总之，奥兰多迪士尼乐园是一座由童话编织的梦幻公园，只要童心依然在，这儿就是梦想的天堂。它的特色决定了它是假期亲子游的最佳主题公园之一。

温馨提示

奥兰多迪士尼乐园的游客数量很多，建议避开旅游高峰期（感恩节、圣诞节、新年等）。

关键词：好莱坞 古埃及 马达加斯加

位置：新加坡

最佳旅游时间：秋、冬、春三季

新加坡环球影城
梦幻仙境

　　新加坡环球影城于2010年3月18日正式对外开放，有各种游乐设施、迷人的景点、惊险刺激的娱乐项目，适合亲子游。

　　游客可以先乘飞机抵达新加坡，然后乘坐公交车在怡丰城下车，再搭乘圣陶沙名胜世界（RWS）8路公交车抵达圣淘沙岛炮兵大道8号的环球影城。新加坡环球影城设有7个电影主题区，分别是好莱坞主题区、纽约主题区、科幻城市主题区、古埃及主题区、失落的世界主题区、遥远王国主题区和马达加斯加主题区。

　　好莱坞主题区的背景是著名的好莱坞潘塔基剧院，游客在这里可以体验20世纪美国的复古情怀。这里有著名的好莱坞星光大道，夜晚会有绚烂的焰火表演，芝麻街小剧场

环球影城内景

环球影城内的恐龙造型生动形象

　　会为观众呈现载歌载舞的表演，各种爆笑情节一定会令游客开怀不已。走在街道上，还可以看见性感女星"梦露"与游客打招呼。

　　纽约主题区有纽约市著名的建筑物、炫丽的霓虹灯。在街道上，游客可以品尝地道的纽约比萨、传统的纽约烧烤美食。在电影场景中，游客可以体验飓风强大的破坏力，感受著名电影大师史蒂文·斯皮尔伯格作品中独有的电影特效。在芝麻街可以观赏小孩子们最喜爱的、全球首创的意大利面太空战，一定会令孩子欢腾不已！

　　科幻城市主题区是一个科幻的未来世界，人气超高。在这里，游客可以体验许多刺激好玩的游戏。最有名的游戏是变形金刚3D虚拟过山车，没体验过这个项目就相当于没有来过环球影城。此外，这里还有太空堡垒卡拉狄加双轨（红蓝）过山车，它是亚洲目前为止最高的双轨过山车。坐在过山车上，游客会感觉对面的列车要向自己冲过来。还有一部分轨道建在湖面上，可以观赏湖面风景。

　　古埃及主题区仿建了古老的神殿，游客可以体验古埃及鼎盛时期的辉煌。在这儿，最经典的项目是木乃伊复仇记以及寻宝奇兵。

　　失落的世界主题区可以分为侏罗纪公园与未来水世界两部分。在侏罗纪公园，孩子可

环球影城内的"环球"标识

以在茂密的原始热带雨林中探知远古时代恐龙世界的奇妙。未来水世界有剧场表演，还有侏罗纪河流探险，可以体验在茂密的原始热带雨林中漂流的快感。

遥远王国主题区是全世界第一个史瑞克王国。在这里，无论是在浪漫的罗密欧大街上散步，还是坐下喝咖啡，都是非常惬意的。

马达加斯加主题区有狮子王亚历克斯、长颈鹿麦尔曼、斑马马蒂、河马格洛丽娅等动画形象，是小朋友和动画迷的最爱。

新加坡环球影城的任何一个主题区，都独具特色、别出心裁，给予游客的体验都是丰富多彩的。

> **温馨提示**
>
> ❶ 在新加坡，打车要到出租车停靠站。
> ❷ 在新加坡，大部分餐厅不提供免费饮水，需要自己购买。

皮拉图斯山吊索公园

孩子素质拓展基地

关键词：绳索　挑战　高空
位置：瑞士皮拉图斯山
最佳旅游时间：初夏

  瑞士的皮拉图斯山吊索公园是2005年修建的，也是瑞士最大的探险公园。皮拉图斯山吊索公园有瑞士最长的夏季旱地雪橇滑道，还有山地自行车线路、多家餐厅、健步山路、野炊点、儿童乐园等，可以全方位锻炼儿童的体力、耐力、臂力、柔韧性……在假期，家长可以带孩子去瑞士的皮拉图斯山吊索公园游玩，在各种游乐项目中锻炼孩子的身体素质，让孩子健康和快乐。

  游客可以先乘飞机到瑞士著名的旅游城市卢塞恩，然后从卢塞恩坐船前往皮拉图斯山吊索公园。公园中除了那些巍峨的群山，最吸引游客的就是山间独特的小径。站在小径上眺望远处连绵不断的青山，俯瞰脚下的山路，会有一种战胜自我的成就感。同时，这里的小径也能锻炼孩子的胆量、培养孩子的自信心。在小径上走一走，就会明白人生即使艰难，只要永不放弃，就能一直走下去，并且取得成功。

  目前，皮拉图斯山吊索公园的平台超过27个，并且开辟了3条全新的小径，这些小径分为不同的难度等级，并且拥有全新要素，对于绳索爱好者来说是一种全新的挑战。在公园里，还有一条专门面向8岁以上儿童（身高120厘米以上）的林间小径、一条专门针对身高130厘米以上儿童的中等难度小径，是专门用来锻炼孩子胆量的。皮拉图斯山吊索公园绳索项目的参与者不需要拥有很特别的技能，却需要思想高度集中、反应敏捷、意志力坚强。孩子走绳索的时候，公园的工作人员会做好安全指导工作。在绳栓系上去之后，参加者应该做好互相检查与自检工作，这样才能令自己玩得开心、玩得安全、玩得放心。

  皮拉图斯山吊索公园是不收任何附加费的，游客可以参加许多体能锻炼项目。这里有全年为游客开放的索

皮拉图斯山上的吊索在云雾中忽隐忽现

穿行在山水间的小火车是吊索公园的一大景观

道和空中全景吊舱升降机，家长可以带着孩子坐在升降机里，俯瞰山中的美景，如连绵起伏的山脉、依附着山脉建立的房子、郁郁葱葱的树林，体验大自然鬼斧神工之奇妙，开拓孩子视野，让孩子增长见识。

在初夏干燥的天气里，家长还可以带孩子进入瑞士最长的夏季滑道，体验在长达1 350米的索道中那份极速滑行的超级快感。这条闪闪发光的钢质滑道起点在海拔1 415米的弗莱克穆恩塔格中。滑道中众多巧妙的弯道、嵌入式助推启动方式、极为刺激的凹陷，让游客获得难以忘怀、惊险而有趣的体验。

温馨提示
建议8岁以上并且身高超过120厘米的孩子参加。

050

关键词：太阳谷传说 "时光之桥"
位置：南非约翰内斯堡
最佳旅游时间：全年

太阳城
美丽的"失落之城"

太阳城位于南非第一大城市约翰内斯堡的西北方，处于南非与博茨瓦纳的边境地带，以豪华完善的设备、美不胜收的景色吸引了世人的关注。太阳城的建造者是南非的亿万富翁梭尔·科斯纳。他以古老的中非太阳谷传说为蓝本，在非洲原始丛林中设计了这座城。太阳城就如同它的名字一样，是一个洋溢着太阳般热情的度假城市。在假期，家长带孩子去南非的太阳城旅游，一定会给孩子留下浪漫又绚丽的记忆。

在交通方式的选择上，游客可以乘飞机抵达南非的约翰内斯堡，然后从约翰内斯堡坐班车走国道抵达太阳城。太阳城坐落在热带雨林中，三面环山。它有着金碧辉煌的外表，里面设有高尔夫球场、骑马场、豪华酒店、水上乐园，以及丰富多彩的室内娱乐项目，能为游客提供舒适的假日享受。塔楼间盘旋的鸟儿、林中嬉戏的猴子、茂密的丛林，使太阳城宛如一座优美和谐的人间天堂，成为非洲最著名的度假胜地之一。

太阳城中每一样景物都是根据中非传说中太阳谷的模样建造的，随处可以看到在地震中破裂倒塌的巨门、石柱，给人一种误入时光隧道，走入古代社会的错觉。其中，最令游客觉得刺激的是"时光之桥"。这是一座人行桥，长30多米，桥的两侧是豹子、大象、狮子等动物的雕像。每隔1小时桥上就会有"轰隆轰隆"的巨大响声发出，桥身左右晃动，喷射出白色的气体，营造出一种火山爆发、山崩地裂的氛围。科斯纳设计"时光之桥"是为了告诉人们，美丽的"失落之城"曾遭遇一场大地

◉ 太阳城雄伟壮观的建筑

太阳城里的巨型大象雕塑

震，并被随之而来的火山岩浆淹没。

在太阳城中，最著名的是失落之城高尔夫球场。与非洲处处灌木丛生的景象截然不同，这儿的高尔夫球场绿草茵茵，美得令人窒息。最独特的是在球道上有野生动物雕像，尤其是危机四伏的第13洞——在水池中潜伏着多条鳄鱼，张着可怕的大嘴，等待因游客失误而掉落在水中的小白球……

太阳城还有美丽的人造海滩。夏季时海滩上人山人海，游客可以感受近2米高的大浪，在5条不同坡度的水滑梯中享受在浪花中颠簸的快感。其中，最刺激的是从20多米高的小山顶垂直而下的水滑梯，游客尖叫着滑下来之后需要很长时间才能缓过神来。

在太阳城中有一条距离地面四五米高的观光火车隧道。在观光隧道中，随着火车缓慢前进，靠窗的游客可以欣赏太阳城的全貌：远处是波光粼粼的人工碧湖，湖面上是冲浪的人们。更遥远的地方是野生动物保护区，隐隐约约可以看到大象和长颈鹿的影子。在太阳城里，还有直升机为游客提供空中观赏美景的服务，让游客在高空中俯瞰整座太阳城的风貌。如此壮丽而又气势磅礴的景致，一定会令孩子开心不已。

温馨提示

❶ 太阳城所在地区早晚温差较大，室外活动可随身携带一件外套。

❷ 信用卡在南非通用，不必随身携带大量现金。

第五章 主题乐园，充满欢乐的笑声

051

欧洲主题公园

微缩欧洲一日游

关键词：欧洲文化　西班牙　角斗士

位置：德国鲁斯特

最佳旅游时间：全年

　　欧洲主题公园是欧洲第二大主题公园，坐落在德国鲁斯特风景如画的湖边森林中。公园里有着紧张刺激的探险游戏、扣人心弦的娱乐项目、新鲜奇特的旅游体验，游乐项目老少皆宜，是亲子游的理想公园。这里有12个欧洲主题区，如同一个微缩的欧洲世界，让游客能在1日之内饱览欧洲历史文化和地理风貌。在假期，家长带孩子去欧洲主题公园旅游，让孩子在1日内走遍欧洲，对丰富孩子的知识、增长孩子的见识是非常有益的。

　　在交通方式的选择上，游客可以先乘飞机抵达德国的首都柏林，然后从柏林坐火车抵达鲁斯特市。公园在湖边森林里，最具标志性的建筑物是一座中世纪的古堡。整个园区由12个以欧洲不同国家为主题的小公园构成。游览从微缩的法国开始，然后迈进微缩的西班牙、荷兰、德国、葡萄牙等国家，在这些微缩国家之间穿梭，体验不同国家的建筑风格、文化、风俗、民情……

　　在各个小公园中，游客可以观赏欧洲主要国家著名的城镇、闻名遐迩的景点、历史悠久的古迹的微缩景观。这些景观小巧玲珑，却又生动、形象、逼真，令游客真实领略欧洲的历史文化风貌。家长在游玩过程中可以借由这些微缩景观对孩子讲述欧洲历史文化知识，给孩子上一堂生动的历史课。

　　在西班牙景观区，游客可以观赏西班牙骑术，领略独特的西班牙斗牛文化，或者欣赏西班牙的弗拉明戈舞蹈。这种舞蹈来自西班牙南部安达卢西亚地区，融合了音乐、歌曲、舞蹈3种艺术的精华。弗拉明戈舞的形成深受居住在安达卢西亚地区的犹太人与摩尔人的影响，并吸收了吉卜赛舞蹈的精华，是现代西班牙文化的代表。华美的弗拉明戈舞蹈表演，一定会令游客如痴如醉，获得艺术的熏陶。

　　在希腊景观区，游客可以看到

欧洲主题公园附近的建筑物

公园内的天际线酒店

斯巴达克角斗士的演出，场面气势恢宏，展现了2 000多年前古希腊角斗士的角斗。这项演出每年吸引将近3万人前来观赏，让游客对古希腊文化有了深刻的了解。

欧洲主题公园最吸引人的是惊险刺激的游乐项目。在法国区，有一个游乐项目叫欧洲卫星，它拥有欧洲最大的钢制"之"字形回旋滑道。游客乘坐一辆小火车在黑暗中前行，之后有"9、8、7、6……"的倒计时，数到0的时候，游客以为会有妖怪出现，然而什么都没有。游客感觉到的是火车突然加速，身体出现突转的现象，然后又是一个突然的急转弯——这时候，游客才知道自己坐在过山车上。小火车在"之"字形回旋滑道的运转，给游客不同凡响的惊险刺激感受。

欧洲主题公园还有一个欧洲最大最惊险的过山车——银星。整个过山车设备高达73米，最高时速可以达到130千米/小时。当过山车慢慢向上爬升的时候，游客的身体紧张度慢慢增加，然后在一瞬间过山车急剧下坠，之后又爬上一个陡坡。这个过程是高速体验与失重体验的完美结合。在另一个室内过山车项目中，过山车在28米的高度以80千米的时速迅速向下俯冲，直接将游客甩进一个漆黑的洞里，在这个过程中过山车在轴上不停地翻转，令游客觉得惊险刺激又销魂。整个过程将持续7分钟。

一句话，带孩子去欧洲主题公园吧！让他们在玩中学知识，并用银铃般的笑声点燃对人生的希望。

温馨提示

德国法兰克福时间比北京时间晚6小时，需要注意时差。

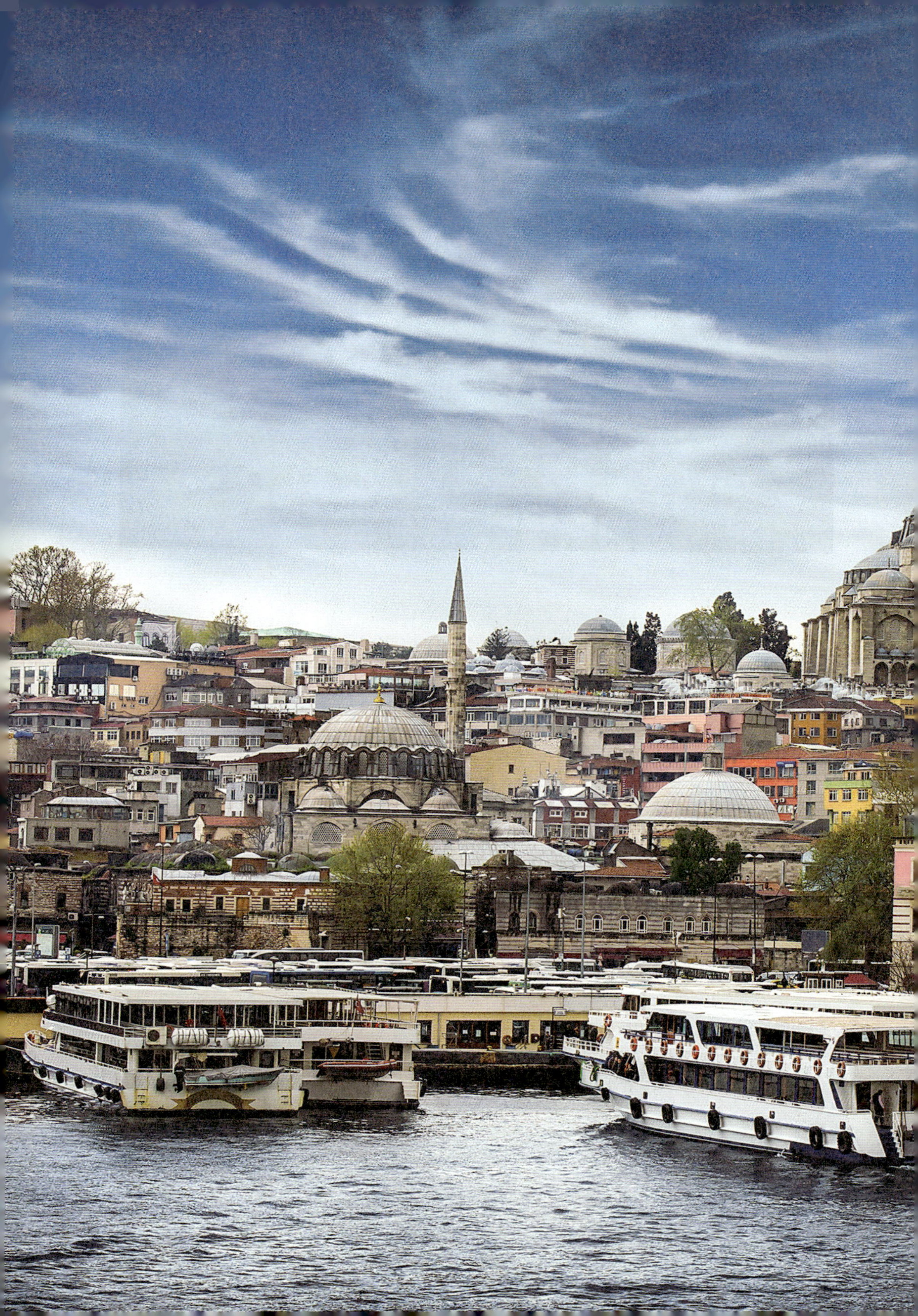

第六章

奇幻魔都，探索风情各异的都市文明

探索未知世界，
是孩子与生俱来的本性。
家长永远都不要忽视
在孩子小小身躯之内隐藏着
一颗探索未知世界的好奇心。
在这个世界上，
有许多风格各异的城市，
它们散发着千姿百态的文化风情
以及独具特色的异域风情，
一定会令孩子开阔视野，
满足那颗躁动的好奇心，
给予孩子温暖美好的旅游体验，
令孩子快乐成长。
这里有世界著名都市的景致，
是为家长带着好奇的孩子
去远方旅游而准备的，
让说走就走的旅游梦变为现实。

052

洛杉矶
天使之城

关键词：好莱坞　迪士尼　西部

位置：美国洛杉矶

最佳旅游时间：全年

洛杉矶是一座位于美国西海岸的著名城市，世人称之为"天使之城"。它是美国第二大城市，仅次于纽约。洛杉矶一直以大都市的豪华气派、旖旎的自然风光闻名，是美国西海岸一座璀璨夺目、风景秀丽的海滨城市。在假期，家长可以带孩子去美国洛杉矶旅游，饱览城市如诗如画的美景，领略美国西部的文化氛围，达到寓教于乐的亲子教育目的。

在交通方式的选择上，游客可以乘飞机抵达美国洛杉矶的国际机场。一下飞机，游客就会喜欢上这座城市灿烂的阳光、繁华的街道、茂密的棕榈林、细致的沙滩、清新的海风、峰秀地灵的比弗利山庄……在洛杉矶郊区，房屋都是一家一户的小住宅，千千万万栋造型精巧、风格各异、色彩淡雅的庭院式建筑矗立在平地山丘上，在市中心却矗立着摩天大楼，这种现代与田园相交融的风格是洛杉矶独有的城市气息。在这儿，有举世闻名的迪士尼乐园、享誉世界的影视娱乐基地好莱坞、振奋着篮球迷的NBA美国湖人队主场等。可以说，工业与金融、文化与娱乐、现代与田园交融的气质使这个城市成为美国城市群中的佼佼者。

在洛杉矶，家长可以带孩子去好莱坞参观迪士尼动画片的拍摄现场，一定会让身为动画迷的孩子欣喜不已！实际上，如果说洛杉矶是美国加利福尼亚州的皇冠，好莱坞就是皇冠上最璀璨的一颗钻石。正是好莱坞使这个繁华都市明艳照人、熠熠生辉，散发着迷人的魅力。好莱坞云集了世界诸多顶级的巨星，更是造就了一代又一代新星的"梦工厂"。家长与孩子走在好莱坞大街上，可能会遇到正在拍摄电影的剧组。幸运的话，孩子可以看到自己喜欢的电影明星，可以与明星拍照留影。走在布满明星们足印、手印的星光大道上，会接触到许多真假难辨的"明星大腕"。这些"明星大腕"可能是普通人化妆扮演的，却因专业的化妆术而

洛杉矶的格利菲斯公园风景优美

日落时分的好莱坞大道

真假难辨。最令游客觉得大饱眼福的是在好莱坞街道上随处可见肌肉发达、英气逼人的帅哥，或者相貌姣好、婀娜多姿的美女。豪车名品与帅哥美女使好莱坞散发着高贵与奢侈、豪华与风情的气息，这一切令游客心醉不已！

家长还可以带孩子去洛杉矶的格利菲斯公园参观，这也是北美最大的城市公园。公园建在好莱坞的山顶上，拥有声名显赫的格利菲斯天文台，视野开阔。白天，在天文台通过望远镜可以看到洛杉矶的城市风貌；夜晚，可以眺望霓虹灯渲染的五光十色的街景和万家灯火。在公园里还有高尔夫球场、动物园、博物馆、火车、登山步道等。家长可以与孩子在公园露营，欣赏美丽的自然景观和壮丽的地形风貌，使心灵回归到自然的宁静氛围之中。

此外，美国洛杉矶圣塔莫尼卡海滩的美景和"科技之城"硅谷也是非常著名的。总之，洛杉矶洋溢着的梦想与激情、繁华与宁静、美丽与大气的城市气质，决定了它是假期亲子游必选城市之一。

温馨提示

1. 洛杉矶严格控制吸烟，大部分的餐厅、写字楼和酒吧均禁止吸烟。请严格遵守，否则会收到警察的罚单。
2. 美国各地区和中国有时差，抵达后请校对时间，以免因误时而影响行程。

伦敦
趣味无穷

关键词：白金汉宫　伦敦塔
位置：英国伦敦
最佳旅游时间：7月至8月

泰晤士河边的大本钟壮观美丽

伦敦是大不列颠及北爱尔兰联合王国（简称英国）的首都，与美国纽约一起并列成为世界上最大的金融中心，也是驰名世界的旅游胜地。它位于英格兰东南部平原上，跨越泰晤士河。众多的博物馆和名胜景点、多元化的大都市文化氛围，历史与现代、浪漫与现实的情怀，使伦敦尤具吸引力。在假期，家长带孩子去英国首都伦敦旅游，感受昔日大英帝国的辉煌历史，无疑是一个很明智的选择。

伦敦作为世界著名的大都市，交通发达，乘飞机可以直达。走在伦敦，任何人都会喜欢上这座城市散发的英伦气息。伦敦作为世界著名的旅游城市，交通非常便利，只要拥有一张地铁券就可以把全城跑遍，游尽城内的一切风景名胜。白天，家长与孩子可以去参观具有浓郁文化气息的塔桥、博物馆、王宫、古迹……累了的时候，可以坐在公园的石凳上休憩，或者在餐厅里喝下午茶打发时光。到了夜晚，伦敦的音乐会、歌舞秀、酒馆、夜总会等，会把人的情绪带入高潮。这里还是欧洲著名的购物中心，最快乐的事情是在周末市集购物。与精雕细琢的购物橱窗和豪华百货公司不同，市集里散发着浓郁的民间气息。在熙熙攘攘的市集中，人们可以找到维多利亚时代的古董、精致的手工艺品、叛逆前卫的朋克行头……

伦敦的旅游景点比较多，家长可以带孩子去参观著名的名胜景区，尤其是标志性景点白金汉宫。白金汉宫就是英国的王宫，是一座大约有4层楼高的正方形围院建筑，建在威斯敏斯特城内。可以坐地铁在St. James's Park（圣詹姆斯公园）站或Victoria（维多利亚）站下，走到购物广场西南角就是白金汉宫。整座王宫有音乐厅、典礼厅、画廊、宴会厅等600余间房，拥有面积辽阔的御花园。花园鲜花繁多、花团锦簇，美不胜收。在宫前

伦敦摩天轮也叫伦敦眼，是伦敦的城市名片

广场高高的大理石台上，胜利女神的金像在阳光下光彩熠熠。宫殿正门富丽堂皇，外面栅栏的金色装饰庄重威严。透过栅栏，可以看到围墙里近卫军士兵纹丝不动地站立着。每年4月至9月，11:30至12:00白金汉宫的皇家卫队都会举行换岗仪式，其所展现的高贵王室气象经常吸引路人围观。每年的八九月间，白金汉宫对外开放，普通民众都可以进入，宫殿南侧的女王美术馆和皇家马厩也是对外开放的。

塔山上的伦敦塔是伦敦一座标志性的宫殿和要塞，现在是武器和王冠的展览地，里面藏有英国著名的维多利亚女王和伊丽莎白二世的王冠，光彩夺目的王冠是英国王室高贵优雅风采的象征。坐落在泰晤士河边的威斯敏斯特宫，占地面积3万多平方米，是历史最悠久的哥特式建筑。它曾是英国国王的宫殿，现在是英国议会的所在地。威斯敏斯特宫西南角是高达100米、全石结构的维多利亚塔。宫殿东北角是一座97米高的钟楼，上面著名的大本钟重达21吨，表盘直径7米，钟摆重150多千克。此外，家长还可以带孩子去伦敦的海德公园，那里有著名的"演讲者之角"，也叫"自由论坛"。在这里，孩子可以学习英语，了解英国历史，感受英国的文化氛围。

伦敦以深厚的历史文化底蕴、色彩斑斓的城市格调、雄伟的风姿屹立在世界城市之林。它的高贵与优雅使其成为假期亲子游的必选都市之一。

> **温馨提示**
> 7月至8月是伦敦旅游旺季，此时酒店爆满，房价上涨，连旁听议会辩论的席位也会很抢手。因此，前往伦敦一定要提前做好准备。

关键词：古罗马文化　斗兽场　沧桑

位置：意大利罗马

最佳旅游时间：4月至9月

罗马
神奇世界

意大利首都罗马是一座有2 500余年历史的古城。它是当今意大利的政治、历史、文化、交通中心，也是古罗马灿烂文化的发祥地，有着辉煌的文明历史。罗马既有摩天大楼式的现代化建筑物，也有镌刻着历史沧桑的古迹。"罗马不是一天建成的！""条条大路通罗马！"这些流传至今的谚语都足以证明古罗马文化在人类文明史上的影响力。除了悠久的历史和深厚的文化底蕴，这儿交通发达，经济繁荣，文化昌盛，人们生活富足，在世界上是非常罕见的。在假日，家长带孩子去这座古老又时尚的城市旅游，可以在现代化气息中追溯逝去的沧桑古韵，给孩子别具风味的旅游体验，让孩子过上一个有意义的假期。

罗马作为一座现代化大都市，交通发达，游客可以从国内乘飞机直达该城市。徜徉于卢比孔河畔，可以隐约看到凯撒大帝在卢比孔河畔踌躇的影子，回味那义无反顾的英雄气魄。漫步在罗马的大街小巷，萦绕在脑海的是拥有甜美笑容的赫本，邂逅罗马时代留下来的浪漫。在现代化的高楼大厦中，更能感受到费里尼的《甜蜜的生活》中描绘的现代罗马的生活状态，在剧中有一句经典台词表达了罗马城市的气质："我喜欢罗马，它有错综复杂的特质。"罗马的复合气质，更体现在其一年四季魅力之不同。春秋时节，或繁花盛开，或果实满枝，天气晴朗，风和日丽，是罗马最美丽的季节。7月至8月，盛夏的罗马如同阳光一样热情似火。冬日的罗马，细雨霏霏，如同一个忧郁的少女。四季不同的风情让游客的感受也各不相同。

罗马是一座闻名遐迩的文化名城和艺术宝库。在罗马的古城区，古代建筑物和艺术珍品占整个古城区面积的40%。整体来看，罗马古城如同一座巨大的露天历史博物馆，矗立着举世瞩目的历史古迹，如凯旋门、帝国元老院、万神殿、记功柱、大竞技场等，还有文艺复兴时期流传至今的精美建筑和艺术珍品。当今的罗马，也

罗马斗兽场是罗马最伟大的建筑，也是罗马的象征

罗马圣彼得教堂

是世界天主教的中心。城市里一共有7所天主教大学和700多座教堂与修道院，被市区包围的梵蒂冈城国是天主教教廷的驻地，设置有宫殿、教堂、博物馆、大学和图书馆等。这座饱含历史沧桑的古城如同一座典藏丰富的历史博物馆，颠覆着人们对历史和现实的众多认知。

家长一定要带孩子去罗马最具有代表性的景点——斗兽场参观。斗兽场是一座圆形竞技场，从诞生的那一天到现在，一直是罗马的象征。在这里，可以看到古罗马建筑最伟大和最基本的结构——拱券结构。一系列的拱券、恰到好处的椭圆形构件，使整座建筑物非常坚固。竞技场有宽敞的走廊和阶梯，设计有80个拱门，在拱门入口处标有清晰的数字，能让观众找到自己的位置。在10分钟之内能让5万人迅速坐定于剧场，这在今天也是一种先进的设计方式。竞技场也有非常合理的功能性设计，角斗士的进出和休息、猛兽关押的地方、死伤者的抬出，都有清晰明显的线路。西方谚语"何时有大斗兽场，何时就有罗马，当大斗兽场倒塌之时，也是罗马灭亡之日"证明了斗兽场建筑对罗马的意义。即使在今天，游客站在圆形竞技场的遗迹上，依然可以依稀感受到2 000多年前观众疯狂的、地动山摇般的呐喊声。在这里，家长可以讲述古罗马的历史，给孩子上一堂生动的历史课。

温馨提示

意大利人忌讳数字"13"。凡住房号、剧院座位号等都不准有13的字样。无论男士、女士都不得穿短裤、短裙或无袖衬衫到教堂或天主教博物馆参观。

055

圣彼得堡
西方的窗口

关键词：文化　白夜　涅瓦河
位置：俄罗斯圣彼得堡
最佳旅游时间：6月至9月

圣彼得堡修道院门前的马车

俄罗斯的圣彼得堡位于波罗的海沿岸与涅瓦河口，是一座节奏舒缓、内敛又富有内涵的城市。城市里雄伟的堤岸，令人想起法国巴黎的浪漫建筑；城市优雅的布局，使人联想起西欧迷人的首都：称它为"西方的窗口"是名副其实的。涅瓦河上由一条条运河和拱桥交错连接的100多座岛屿展现出秀丽的风光，被德国伟大诗人歌德誉为"东方的威尼斯"。在城市街道上，一座座有着金色圆顶和尖塔的普通建筑物、色彩艳丽的宫殿、烛光摇曳的教堂，是其作为曾经的首都留下的痕迹。最具魅力的，还是城市浓郁的文化气息。它是俄罗斯文化的发源地之一，柴可夫斯基、普希金、拉赫玛尼诺夫都以这里为起点，用浪漫且富有情调的文学和音乐去征服人的心灵，进而征服世界。现在，它还是世界游吟作家和时尚摄影师的留恋之地。在假期，家长带孩子去这座被俄国大文豪陀思妥耶夫斯基誉为"世界上最抽象和最有思想的城市"旅游，可以让孩子获得俄罗斯文化的体验，让孩子度过快乐的假期。

在交通方式的选择上，游客可以选择乘飞机或者火车到圣彼得堡。徜徉在圣彼得堡的街道上，游客可以欣赏这里建筑物的气势恢宏、装饰的富丽堂皇，感受俄罗斯的豪华与气势。事实上，这座宏伟的城市修建于1703年，是俄罗斯帝国萌芽时期的首都，当时沙皇彼得大帝在规划城市建筑的蓝图上，主张既要与欧洲大都市一致，又要保持俄罗斯独特的风格面貌。这使得这座城市具有西欧与俄罗斯的古典风情。走在街上，仿佛处在一幅幅古老童话书的插画之中。

在圣彼得堡，名胜古迹多如繁星，旧船、冬宫、亚历山大凯旋柱等著名建筑物在梦幻

◉ 莫伊卡河边的圣艾萨克大教堂奇美无比

天空下静静地伫立着，让游客饱览它们迷人的风采。家长可以带着孩子乘坐涅瓦河上的水翼船，经过市区，抵达圣彼得堡中心区的涅瓦大街。俄国著名的契诃夫、陀思妥耶夫斯基、托尔斯泰等作家的小说里都闪烁着这条大街的光辉。街道两旁是艺术品一样精致的建筑物，它们大多建于18—19世纪，建筑师很多来自法国和意大利等国家。涅瓦河的右岸是圣彼得堡著名的古建筑——彼得堡罗要塞。它是彼得大帝1703年在兔子岛上修建的，之后几经扩建，形成了今天墙高12米、厚2.4～4米的六棱体古堡。在要塞中有圣彼得大教堂、钟楼、圣彼得门、彼得大帝的船屋、造币厂、兵工厂、克龙维尔克炮楼、十二月革命党人纪念碑等建筑物，非常具有历史价值和教育意义。

在彼得堡罗要塞中，最有名的是圣彼得大教堂。教堂在1703年建成，有一座122米高的尖顶钟楼，它也是全城最高的建筑物。圣彼得大教堂是俄国沙皇的墓地，俄罗斯末代皇帝尼古拉二世及其家族成员也于1998年安葬于此。家长可以讲述沙皇俄国的历史，为孩子上一堂生动的历史课。

6月、7月，游客在圣彼得堡还可以观赏北极圈罕见的白夜景观。这座城市位于北纬60度，属于高纬度地区。每年6月、7月，太阳落到地平线下，但余光还在，再加上大气散射的作用，使夜晚不能完全黑下来。游客可以观赏落日余晖与晚霞交相辉映的美景，体验一天长达20多个小时都是白天的奇景，参加圣彼得堡庆祝白夜的文化艺术活动。圣彼得堡独特的城市气质一定能给孩子留下深刻的记忆。

温馨提示

到圣彼得堡有必要带上一件外套或毛衣，在没有阳光的地方久待会觉得比较冷，春、秋、冬三季的穿衣原则可参考中国北方。

056

关键词：调色板　手工艺者

位置：墨西哥瓦哈卡州

最佳旅游时间：7月下旬至8月上旬

瓦哈卡
五彩斑斓

美丽的瓦哈卡女子载歌载舞，庆祝瓜达卢佩圣母瞻仰日

瓦哈卡，全名叫瓦哈卡-德华雷斯，是墨西哥南部著名的城市，也是墨西哥最具活力、最美丽的城市之一。它有着悠久的历史和深厚的文化底蕴，是著名印第安人总统华雷斯的故乡。城市里遗留了西班牙殖民时代色彩斑斓的建筑物和历史文化遗址。这里还是著名的玉米发源地，每年7月最后一个星期都会举办玉米节，庆祝玉米丰收。在假期，家长带孩子去墨西哥的瓦哈卡旅游，可以让孩子获得丰富多彩的文化体验。

在交通方式的选择上，游客可以先乘飞机抵达旧金山或洛杉矶，然后转机抵达墨西哥的首都墨西哥城，在汽车北站坐车，经6小时到达瓦哈卡。瓦哈卡的大街仿佛是大自然的一块水彩画调色板，只见街道的房子外观颜色都是赤橙黄绿青蓝紫，只要能说出来的颜色，都可以在大街小巷的墙壁上寻找到。这些建筑物的颜色是高度饱和的，各种颜色互相点缀、交织，亮眼却不刺眼，和谐地与艳阳、碧空、绿树、红花互相搭配，如同一幅水彩画，令人赏心悦目，仿佛行走在梦幻的童话世界中。

瓦哈卡会聚了世界顶尖的艺术家，汇集了最好的工艺品。中心广场是佐卡罗广场，横贯广场的是两条流经古城区的河流，四周覆盖着高耸茂密的树木，整个古城区沿着中心广场辐射开来。广场上有著名的音乐台，广场下是小市场。中心广场北面是17世纪遗留下来的主座教堂，南面矗立着瓦哈卡政府的办公大楼，东面是充满着瓦哈卡风情的步行观光街。广场四周还有各式饭店、餐厅和咖啡馆，有罗望子、辣椒口味的手工雪糕，精致的墨西哥菜，美味的意大利比萨等令人垂涎三尺的美食。在街上品尝美食，还能欣赏街头艺人

📍 瓦哈卡街头一景

吹拉弹唱，动听悦耳的旋律使仙子听了也会下凡。

　　游客在古城区漫步的时候，随处可以见到殖民时代遗留下的建筑物、博物馆、街心公园，仿佛回到了十七八世纪。城市中由数百种特色植物构成的植物园是一个蕴含新鲜氧气的"绿肺"。这里空气清新，使游客有一种漫步在森林的感觉。古城区杰出的建筑和独特的气质使它在1987年被联合国教科文组织列入《人类非物质文化遗产名录》，2013年被《旅游》杂志评选为"全球十大文化遗产"之首。

　　瓦哈卡城里有许多具有特色的民俗文化。这里居住着许多手艺高超的手工艺人，这些手工艺人最擅长的是木雕。家长可以带着孩子去这些手工艺人家里观摩绚丽木雕的制作过程。这些手工艺人继承祖辈留下的手工艺术，传承祖辈留下来的文化，一直在用传统的方法制作木雕。孩子观赏手工艺人精湛的手工艺术时，也会潜移默化地获得文化熏陶。

> **温馨提示**
>
> 墨西哥官方语言是西班牙语，在瓦哈卡等中型城市人们也说西班牙语。

057

温哥华
悠闲世界

关键词：加拿大广场　斯坦利公园　休闲

位置：加拿大温哥华

最佳旅游时间：4月至9月

温哥华是加拿大不列颠哥伦比亚省低陆平原地区的一座海滨城市，也是加拿大西部第一大城市。它三面环山，一面傍海，南面受暖流和太平洋季风的影响，东北部有巨大的屏障——北美大陆的落基山脉挡住寒流，终年天气温润、气候温和，环境舒适宜人，是世界上最适宜居住的城市之一。长期以来，温哥华的自然环境一直深受各国游客的喜爱，旅游业是这座城市发展的重要经济支柱。在假期，家长带着孩子去加拿大的温哥华旅游，可以让孩子度过一个欢乐的假期。

在交通方式的选择上，游客可以选择乘飞机抵达温哥华。温哥华虽然与中国的黑龙江同处于高纬度地区，却没有黑龙江那份严寒，而是终年温暖。走在街道上，游客会被这儿集都市文明与自然美景为一体的气质吸引。在这儿，游客可以观赏大型的公园、迷人的湖边小路、现代化的建筑物、完美的传统建筑物。城市建筑物之间有绿化带，绿地占据了整座城市80%的面积，看来这座城市"最适合居住"的名号是当之无愧的。

游客可以在这座城市的"巨大的天然氧吧"——斯坦利公园游玩。斯坦利公园有着茂密的红杉树森林、世界上最长的临海步道、印第安图腾群、温哥华水族馆。公园里有一条大约9 000米长的傍海小径，孩子可以在这里进行跑步、骑车、溜冰等各种活动。在公园的山顶，游客可以眺望与金融区相毗邻的高楼大厦、格劳斯山、狮门桥、海湾全景。游客也可以到森林深处去领会古塘残莲美景，在海边的露天游泳池里嬉戏玩闹。在温哥华水族馆，可以观赏8 000多种海洋生物，以及罕见的杀人鲸。

故宫是北京的标志性建筑物，而温哥华的标志性建筑物是加拿大广场。在加拿大广场有温哥华世贸中心、泛太平洋酒店等。其中，最引人注目的是停泊

温哥华夜色迷人

风景优美的斯坦利公园

在海港的众多巨型邮轮——这里是北美西海岸的一个重要码头。广场上有一个IMAX剧场，剧场采用超高速摄影的方式，让观众在观赏影片时产生一种身临其境的快感。广场上还矗立着一艘令人赞叹不已的由舰艇组成的航行船，这栋复合式建筑物是温哥华举办各种大型国际会议的主要场所。在这栋航行船建筑物的顶部有一个由5组玻璃纤维构成的白帆，它是代表温哥华城市形象的地标之一。

家长还可以带孩子游览世界上最高的步行吊桥——卡皮拉诺吊桥。卡皮拉诺吊桥是当地居民用厚木板和麻绳搭建起来的，桥下是湍急的卡皮拉诺河。风吹过山谷的时候，吊桥会摇摆并发出声音，与人的笑声颇为相似，因此也叫"笑桥"。站在吊桥上，游客可以一览远处的雪山、近处的河谷和森林的美景，幸运的话可以观赏到由河流水汽搭建起来的绚烂彩虹。温哥华有着众多迷人的景点、悠闲的城市文化气息，是假期亲子游的必选城市之一。

> **温馨提示**
>
> ❶ 温哥华公共场所是不可以随意吸烟的，需要到指定地方吸烟，否则会被罚款，且罚款金额很高。
>
> ❷ 温哥华夏天的紫外线强烈，应带好高指数防晒霜、帽子、墨镜，做好防晒准备。

哥本哈根
古老与现代

关键词：童话古堡

位置：丹麦哥本哈根

最佳旅游时间：4月至9月

哥本哈根是丹麦的首都、最大的港口、最大的城市，也是其政治、文化、经济、交通中心。哥本哈根是一座整洁美观的城市，历史文化底蕴深厚。在城市里矗立着新兴的大工业企业，中世纪遗留下来的古老建筑物，散发着童话气质的皇宫、古堡、童话等建筑。这座古老与神奇、传统与现代、工业与艺术三组风格交相辉映的城市以独具特色的气质被联合国人类住区规划署（简称联合国人居署）选为"最适合居住的城市"之一。在假期，家长带孩子去哥本哈根旅游，一定会给孩子留下快乐的假期记忆。

在交通方式的选择上，游客可以乘飞机抵达哥本哈根。哥本哈根充满激情和活力，艺术气息浓郁，这里的建筑物充分展现了古代艺术、古典艺术、缤纷现代艺术三种艺术风格。走在街道上，游客能观赏到带有童话气质的皇宫与古堡、庄园与乡村，寻找到沉淀了

美人鱼雕像是哥本哈根的标志性景观

哥本哈根如诗如画

悠久历史古韵的皇宫、诉说着皇族传奇的阿美琳堡宫，体会到路易斯安那博物馆、阿肯艺术中心、国家博物馆等艺术博物馆的现代艺术风格。

"五月晴光照太清，四郎岛上话牛耕；樱花吐艳梨花素，泉水喷去海水平。湾畔人鱼疑入梦，馆中雕塑浑如生；北欧风物今观遍，民情最美数丹京。"这是我国著名文学家郭沫若赞美哥本哈根城市的诗。诗歌歌颂了哥本哈根春暖花开、阳光明媚的春天景色，尤其赞美了海边一座美人鱼雕像的美丽。这座美人鱼雕像就是位于市中心东北部长堤公园的小美人鱼铜像。这座人身鱼尾的美人鱼铜像坐在海边一块巨大的花岗岩石上。铜像高约1.5米，基石直径约1.8米，是丹麦雕刻家爱德华·艾瑞克森根据安徒生的童话《海的女儿》铸塑的。从远处看，这个美人鱼神情恬静娴雅、悠闲自在。然而走近这座铜像，却会看到其忧郁、冥思苦想的神情，似乎对某事百思不得其解……小美人鱼栩栩如生，散发出动人的魅力和迷人的风情，成为哥本哈根的标志。

哥本哈根街头的安徒生雕像

家长还可以带着孩子去哥本哈根最大的聚会广场——市政厅广场参观。这里有一座高达105.6米的钟楼,登上钟楼可以俯瞰整个城市的风貌。钟楼内有一座制作精密的天文钟,可以准确报时并显示行星的具体位置。在市政厅附近,有一座安徒生手拿童话书、侧头望着对面公园的铜像。在这里,家长可以对孩子讲述丹麦的历史,以及著名童话大师安徒生在哥本哈根的创作经历,使孩子受到童话文学的熏陶。

哥本哈根是一座洋溢着童话色彩的城市。除了著名的旅游景点,还有令人垂涎三尺、胃口大开的美食,如脆皮烤猪肉、马铃薯炖牛肉等,都是名菜。最具有特色的美食,当数开放式三明治。它营养丰富,口味众多,讲究食物外观和口味的完美结合,让游客难以抵制其诱惑。

哥本哈根的娱乐活动也是五花八门、丰富多彩的。游客可以观赏到皇家芭蕾舞团的演出、街头酒吧的音乐秀、新年夜与圣诞夜的各种主题活动、趣伏里公园精彩的焰火表演等。哥本哈根独特的城市气质,决定了它是假期亲子游的最佳城市之一。

温馨提示

丹麦属温带海洋性气候,比较冷。初春、秋、冬季需穿着厚实、保暖的衣服。秋季或春季去玩还需要携带厚风衣或棉衣。夏季可穿比较轻薄的衣物,如长袖T恤、牛仔裤。

关键词：中世纪　历史感　清真寺
位置：土耳其伊斯坦布尔
最佳旅游时间：4月至7月和秋天

伊斯坦布尔
传奇故事多

　　伊斯坦布尔是土耳其最大的港口和城市。它横跨亚欧两大洲，不仅是土耳其的经济、文化中心和前首都，也是世界著名的国际大都市、闻名天下的旅游胜地。它有着悠久的历史和深厚的文化底蕴，前身是古代拜占庭帝国（东罗马帝国）的首都君士坦丁堡。在假期，家长可以带孩子去伊斯坦布尔旅游。这座充满了信仰、野心与骄傲，散发着无与伦比的魅力的城市一定会使孩子获得极佳的旅游体验。

　　伊斯坦布尔是繁华的大都市，交通便利，游客可以乘飞机抵达这座城市。漫步在伊斯坦布尔的街道上，任何人都会叹服这里沧桑古迹的繁多。满街都是古色古香的建筑群，使人仿佛闯进了《一千零一夜》的传奇故事中，又如同坠落在中世纪的时空万花筒里。游客徜徉在迷宫般的街头小巷间、蜿蜒起伏的海岸天际线交汇处、现代华美的建筑与历史苍凉的废墟之间，甚至在长椅上闲坐享受太阳斑驳光影的时候，心里会充盈着故事的戏剧感和历史的沧桑感。

　　伊斯坦布尔的历史古迹主要集中在老城。那里高低错落地分布着罗马帝国时代遗留的圆形拱顶和高耸尖塔的建筑物。其中有东罗马帝国时代遗留下来的、有着1 500年历史的圣索菲亚大教堂，土耳其奥斯曼帝国的王府托普卡帕宫，世界上独一无二的蓝色清真寺……这些历史遗留的建筑物以壮丽的外表和醇厚的历史底蕴震撼着每一位游客的心灵。家

伊斯坦布尔散发着无与伦比的魅力

集市上琳琅满目的商品吸引着大量的游客

　　长可以带孩子去参观比较有代表性的建筑物，如圣索菲亚大教堂。它是拜占庭帝国最大的教堂，曾经是伊斯兰教的清真寺，现在作为博物馆供游客参观。大教堂精美的建筑外表极具历史沧桑感。游客在这里不仅可以感受美丽的建筑风格，也可以体验东罗马帝国时代的拜占庭文化。在这里，家长还可以给孩子讲述东罗马帝国的历史，在历史与现实融合的情境中，让孩子学到书本上没有的知识。

　　在伊斯坦布尔繁多的景点中，还有一个惊艳出众的建筑物，那就是蓝色清真寺。蓝色清真寺的外墙是蓝白亮点的瓷砖。当阳光照在建筑物的彩色玻璃上，然后光线折射在瓷砖上，会有奇异的色彩斑斓的光辉产生，十分美丽。

　　博斯普鲁斯海峡也很著名，那里有木头造的别墅、简单朴素的石头堡垒、豪华的大理石宫殿、乡村气息的小渔村、典雅的欧式住房，给人一种传统文化与现代文化、贵族文化与朴素文化并存的感觉。

🔸 伊斯坦布尔的一条街道

  在伊斯坦布尔，游客可以参加丰富多彩的娱乐活动，如电影、歌剧、芭蕾、音乐会等。人们可以在酒吧或者夜总会边吃边观赏传统的土耳其歌曲和现代的肚皮舞，别有一番情调。街道上有许多奥斯曼帝国时代和拜占庭时代建筑风格的饭店，游客可以在这里享受中世纪的风情，度过快乐的一夜。家长还可以带着孩子去博斯普鲁斯海峡的艾米诺努。在这里，孩子可以换上奥斯曼帝国时期渔夫的服装，坐上有着那个时代风格的小渔船。在历史怀古的情调中，品尝新鲜的美食，享受惬意的人生。

> **温馨提示**
>
> ❶ 进入土耳其时，贵重物品和价值超过 15 000 美元的物品都必须在所有人的护照上登记，以便离境时核对。
>
> ❷ 未经特别允许，不得携带利器（包括露营用刀）和武器入境。

关键词：大航海时代　贝伦塔

位置：葡萄牙里斯本

最佳旅游时间：5月至10月

里斯本

大航海时代的辉煌重现

里斯本是葡萄牙的首都，也是葡萄牙的第一大海港城市。它位于欧洲大陆的最西端，北边是辛特拉山，南临塔古斯河，一年四季气候宜人、风和日丽。最特别的还是它拥有里斯本人称作"稻草海"的自然美景：在夕阳西下的时候，清澈的塔古斯河河水流到大海的入海口处，西边的万丈金光斜照在海面上，使这一片河面与海面闪烁着万丈金光，形成了一处令人赞叹的自然风景。此外，里斯本还是国际化都市和欧洲著名的旅游城市。葡萄牙流行一句俗语："没看过里斯本的人，等于没有见过美景。"可以看出里斯本城市的魅力之大。在假期，家长带孩子去葡萄牙里斯本旅游，一定会给孩子多姿多彩的旅游体验，留下快乐的假期记忆。

里斯本交通比较发达，游客可以乘飞机抵达该城市。行走在里斯本的街道上，游客可以感受到城市散发出来的"大航海时代"的文化气息。在这个满载着航海英豪金戈铁马、气吞山河、征服世界梦想故事的城里，却充满了电车叮叮当当的声音。徘徊在历史古迹中，会以为这座城市是欧洲沧桑历史的尘封一角，充盈着一箩筐饱经风霜的老故事。然而，一个个前卫的餐厅和新颖时尚的酒店，却使游客感受到它依然处在欧洲时尚文化的前端。里斯本就是一个汇集着山的终结、海的开端，旧时代与新世界交汇的城市。在这里，萦绕在游客记忆里的，永远是"大航海时代"的黄金历史和活力四射的欧洲文化风情。

里斯本有许多纪念碑和纪念塔，大多数是16世纪航海时代修建的，如矗立在大西洋岸边、始建于16世纪的贝伦塔是葡萄牙辉煌时代的见证。在大航海时代，它是航海家的起点，现在它是里斯本最上镜的一个风景区。涨潮时贝伦塔漂浮在水面上，景色迷人。贝伦塔前面的热罗尼莫斯修道院是16世纪初流行的曼努埃尔建筑风格的典型代表，它外表宏伟气魄，雕刻精美华丽。在修道院附近有宏伟壮观、造型优美的航海纪念碑。远远眺望，航海纪念碑如同在碧波万顷中航行的巨型帆船，它纪念的是当时葡萄牙著名航海家不畏艰险、探知世界、搏击风浪的壮举。航海纪念碑上的浮雕记录了当时葡萄牙航海家周游世界的历程。在航海纪念碑广场的水泥地上有一幅巨大的世界地图，清晰地标记了葡萄牙航海家远航世界的地点、年代和著名的航线，让游客对"大航海时代"葡萄牙人的航海历程有一个清晰的了解。

家长可以带着孩子，去参观里斯本最壮丽的天然港口——太加斯河港口。在这个港口

贝伦塔景色优美，建筑古朴典雅

中，太加斯河流向大西洋，形成了"槁之海"。16世纪，葡萄牙著名航海家就在此出发周游世界。傍晚，里斯本令人骄傲的教堂、宫殿、跨越7座小山的老街在夕阳的余晖中露出了金碧辉煌的笑容。虽然山上老街也在慢慢褪去颜色，但依然会令人记住葡萄牙黄金时代的辉煌。在这里，家长可以对孩子讲述葡萄牙航海家在"大航海时代"的壮举，为孩子上一堂生动的历史课！

里斯本有着浪漫的现代欧洲文化风情。在古老的"诗人学会"咖啡屋里，喝上一杯美味的浓缩咖啡，尝尝新鲜的刺身龙虾，听着里斯本人称为"思乡曲"的甜美忧郁的"法多"悲歌，留给你的是异国别致的情调。在这里，还有许多葡萄牙人自豪的小吃葡式蛋挞，费用也绝对低于欧洲其他国家。带孩子来里斯本，一定能度过一个美好的假期。

温馨提示

里斯本气候温和，夏季游览时穿着轻便舒适的衣物，夜间加穿一件薄外套即可。白天日照强烈，要注意防暑和防晒。

新加坡
花园城邦

关键词：鱼尾狮　动物园　文化精髓
位置：新加坡
最佳旅游时间：除9月外皆宜

在马来半岛南端、马六甲海峡尖端、浩瀚的印度洋上，有一个如明珠一样散发着璀璨光芒的城邦国家，那就是东南亚的岛国——新加坡。昔日的新加坡只是一个小渔村。在第二次世界大战后，经过数十年的发展，它已变为一座绿意葱茏、摩天大楼林立的繁华国际大都市。在新加坡，建筑与艺术、文化与美食获得了完美的融合，多种元素使这个城市散发着多姿多彩的非凡活力。它流露出的美丽与繁荣一直令人赞叹不已，有着"花园城市"的美称。作为一座魅力四射的动感之都，它是亚洲最重要的金融、服务和航运中心之一。假期家长带孩子去新加坡旅游，其"和而不同"的多元文化一定会给孩子愉快的旅游体验，留下快乐的假期记忆。

在交通方式的选择上，游客可以乘飞机抵达新加坡。在新加坡，中西文化精粹和多元文化风情一定会令游客获得超值的享受。如果喜欢现代化都市的动感，可以在城中繁华的购物中心、餐厅、博物馆、娱乐胜地徜徉，那里的华灯璀璨和熙来攘往的人群一定会使你流连忘返。如果喜欢访古怀旧，寻觅时光流逝、年华逝去的沧桑古韵，可以去小印度、牛车水、甘榜格南等地点感受中西方文化的精髓。如果喜欢悠闲情调，可以去驳船码头或者克拉码头参加派对活动，在多姿多彩的活动中放松心情，让心灵回归自然的宁静。北部热带雨林中的夜间动物园是来新加坡进行亲子游的首选景点。夜幕降临，在滨海湾上散步，可以与地标金沙酒店合影。坐在高高的摩天轮轿厢里，可以一览新加坡整个滨海湾的美景。可以说，新加坡的每一处细节，都令游客感受到这个城邦国家悉心经营的崭新格调，令人觉得不虚此行。

新加坡的标志性建筑物是坐落在新加坡河畔的鱼尾狮。鱼尾狮也是新加坡的象征，它是一座高达8米、重达40吨的

新加坡动物园的猴山是孩子们最喜爱的去处

🔵 鱼尾狮像是新加坡的标志性建筑

狮头鱼尾的雕像，从狮头的口里喷出汩汩清泉。在鱼尾狮背面，有一小块场地，上面矗立着4块石碑，碑上文字记载着鱼尾狮成为新加坡象征的经历。紧挨着石碑的是一座小鱼尾狮像。夜晚游客登上鱼尾狮俯瞰海港，在千万盏闪烁的灯火中，船影在海面清风中朦胧出现，一派迷人的岛国风光。

新加坡的圣淘沙岛延续了"花园城市"的风情。游客走在圣淘沙岛海滩，可以发现一片郁郁葱葱的美景。在这里，游客可以沐浴温暖清爽的海风，在海滩上赤足行走，在37米高的鱼尾狮塔上欣赏新加坡的城市风情，在梦幻岛体验游戏，拥有非同凡响的体验。无论是白天还是黑夜，圣淘沙岛都会时时刻刻传递美丽与快乐，令游客陶醉在岛上的快乐时光中。四面环海的圣淘沙岛有3个著名的海滩——西乐索海滩、巴拉湾海滩与丹戎海滩，那里也有茂密的椰树林。婆娑的树影、稀稀落落的茅亭、柔滑细腻的沙滩、明亮清澈的海水，不仅增添了海岛的妩媚南洋风情，还吸引了无数水上运动爱好者前来旅游。

位于新加坡北部万里湖路的新加坡动物园是世界十大动物园之一。动物园中哺乳类动物、鸟类和爬行类动物总数超过3 000只。家长可以带孩子乘坐迷你蒸汽火车畅游整座动物园，在游玩过程中对孩子讲述动物百科知识，欣赏海狮和大象精彩的表演，让孩子度过一个快乐的假期。种种理由都足以表明，新加坡是假期亲子游的必选都市之一。

> **温馨提示**
>
> ❶ 游客在餐厅、酒店消费时，须付10%的服务费与7%的消费税。
>
> ❷ 大排档或小吃店不收取服务费和消费税。
>
> ❸ 在参观庙宇和清真寺时，衣着应端庄，胳膊和腿要有衣物遮盖。

马斯喀特
年轻人的探险胜地

关键词：马托拉集市　米拉尼古堡　阿拉伯文化

位置：阿曼马斯喀特

最佳旅游时间：12月至次年3月

耸立在海岸边的马斯喀特风景秀丽

马斯喀特是中东国家阿曼的首都。这座城市地处波斯湾通向印度洋的要冲，东南濒临阿拉伯海，东北临近阿曼湾，依山临海，三面环山。秀丽的风景、神秘的气质、博大精深的阿拉伯文化遗产吸引着众多游客前来观光。在历史上，马斯喀特是古代中国与阿拉伯国家开展贸易活动的一个重要港口，是通往欧洲丝绸之路、途经阿拉伯半岛的一个港口城市。假期家长带孩子去这座古都旅游，一定会给孩子梦幻般的神秘体验，让孩子度过快乐的假期。

在交通方式的选择上，游客可以先乘飞机到香港，然后从香港乘飞机到马斯喀特；也可以先乘飞机到迪拜或者多哈，然后乘飞机抵达马斯喀特。徜徉在马斯喀特的大街小巷中，可以观察到这里的建筑物大多数是典型的阿拉伯风格，典雅辉煌的外表、恢宏的气势，如《一千零一夜》中描述的皇宫一样富丽堂皇。建筑物里面是金碧辉煌的装饰品，点缀着精美高雅的工艺品。在不知名的小巷里，游客可以闻到空气里弥散着阿拉伯特有的乳香味。路上脚步轻轻的男子或者女子都带着彩色头巾，眼睛里散发出神秘莫测的光芒，令人恍若置身于阿拉伯的传奇故事《一千零一夜》的世界中。

游客可以去马斯喀特的马托拉集市，那里依然保留着1 000多年前阿拉伯文化的风韵。在集市可以嗅到一股奇异的香气，令人产生心醉神迷的感觉，那是阿曼闻名遐迩的乳香和其他香料混合的味道。这种香料在600多年前被郑和的船队带回专供皇帝使用，如今普通老百姓也能享受。密布在集市中的小巷如迷宫一样曲曲折折，两旁鳞次栉比的店铺，铺面商品的摆设还保留着中世纪的风格。在商店的桌子上，摆放着一个个

皇家歌剧院典雅恢宏

大盆，里面盛满由银戒指、硬币、玛瑙、贝壳、珍珠、宝石吊坠、骆驼骨、绿松石等制成的精美饰品。地面上摆放着大小不一、闪烁着铜质光芒的阿拉伯油灯，铜锈斑斑的神秘气质使人产生联想：如果用手轻轻拂拭，会不会有巨人精灵飘落在眼前呢？店铺的墙上挂着一把把阿曼弯刀。银质刀鞘、用象牙或者犀牛角制成的弯刀象征着勇气，佩戴弯刀也是阿曼男子成年的标志。现在阿曼男人出席公共场合，阿曼弯刀是必备的装饰。在屋檐下垂吊着由温润的黄琥珀、鲜艳的红珊瑚等制成的一串串项链，悬挂的大珠小珠把店铺渲染得绚烂多姿。

马斯喀特的最东部是古城区，整个城市就是由此发展起来的。在城区里挺立着壮丽的王宫，窄小的巷子深处是传统的阿拉伯小屋，一段古迹斑斑的城墙和两座古老的城门环绕在周围。古城区依山傍海，峭拔多姿的山势与海水交相辉映，蔚为壮观。这里还保存着16世纪葡萄牙殖民者修建的约雷力古堡和米拉尼古堡。家长可以带着孩子参观气势恢宏的古堡，并且讲述关于米拉尼古堡的传奇故事：17世纪古堡的一个葡萄牙长官看上了一个印度教供应商的女儿，这个供应商充分利用长官爱好美色的心理，把堡垒原有的粮草和弹药搬走，然后向当时的苏丹通风报信，帮助苏丹军队一举拿下这座毫无抵抗能力的城堡，最后把葡萄牙军队赶出了马斯喀特。

温馨提示

4月至10月平均气温在40摄氏度以上，需穿着凉爽透气的衣物。

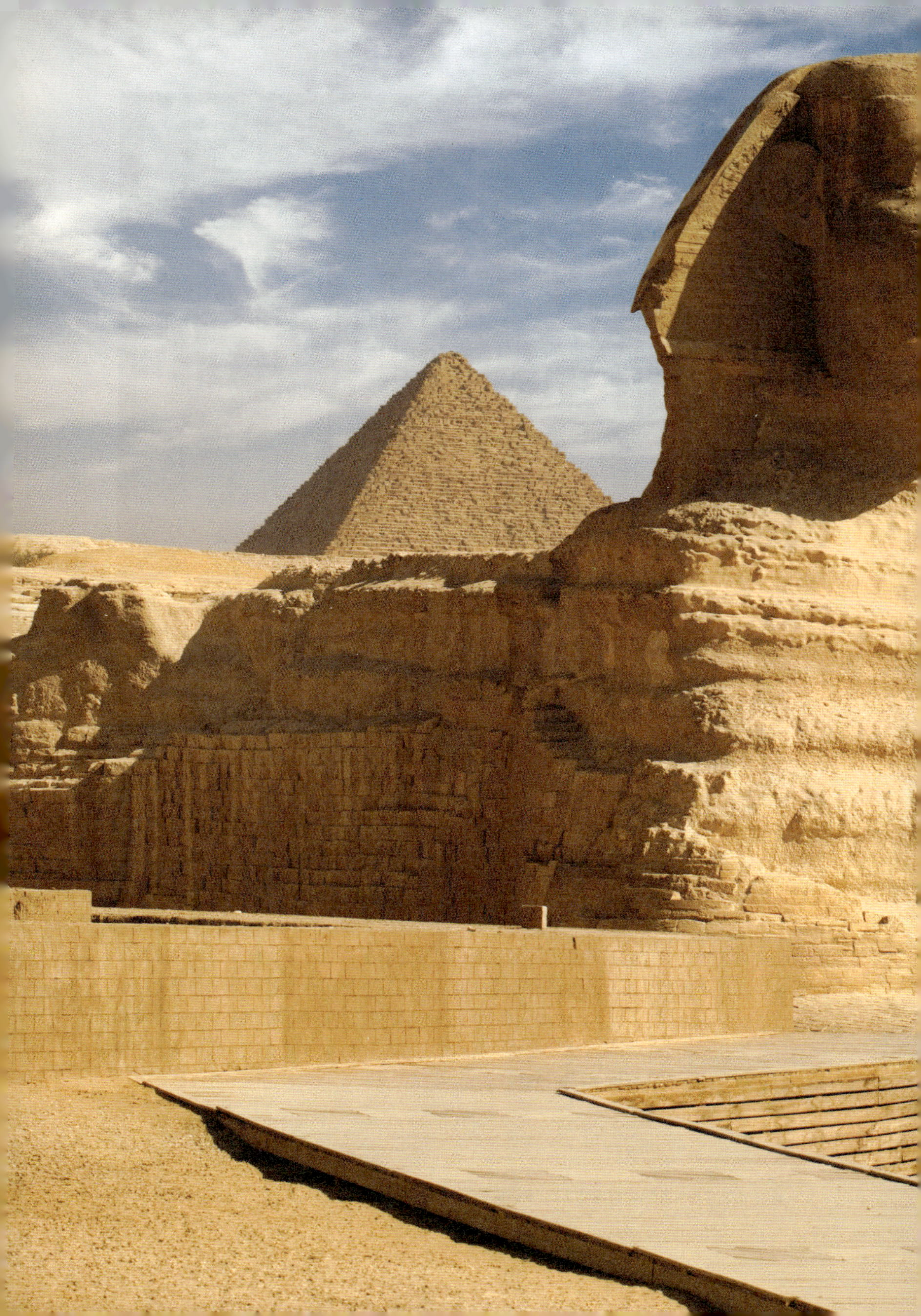

第七章

沧桑古迹，追忆历史风韵

世界历史源远流长，博大精深，密布在地球上如繁星一样多的历史古迹记载着人类源远流长的历史文化，是人类智慧的结晶。漫步在沧桑古迹前，仿佛穿越时空，感受昔日人类文明的辉煌，吸收人类文明智慧的精髓，感叹逝去岁月的那一份沧桑！不仅如此，历史古迹的熏陶，更能令孩子增长智慧，增长阅历，丰富知识，这是金钱买不来的财富。这里有绝佳的历史古迹旅游方案，适合亲子旅行。

秦始皇兵马俑
历史的澎湃

关键词：兵马俑　武器　历史
位置：中国西安
最佳旅游时间：全年

位于中国陕西省西安市临潼区东5千米下河村的秦始皇陵墓，有一组规模宏大的陪葬坑，坑中气势澎湃的兵马俑是"世界八大奇迹"之一。这些兵马俑是当时秦王朝强大军队的缩影，一共有3个大小不一的坑，分别为一号坑、二号坑、三号坑。这些兵马俑与真人、真马大小相似。根据身份，出土的各类陶俑被分为军吏俑和武士俑。这些兵马俑的服饰、神态、冠带千姿百态，各不一致，没有一张相同的脸。在假期，家长带孩子去这个历史古迹旅游，追溯我国2 000多年前的古代文明，对提高孩子文化素质是非常有益处的。

在交通方式的选择上，游客可以乘飞机、火车或经高速公路抵达西安市。在西安火车站东广场，可以乘坐公交车抵达景区。当游客站在一号坑前的时候，会被兵马俑雄伟的气势所震撼，那是一种难以用文字表达的感觉。一号坑规模最大，呈长方形，是一个由步兵与战车构成的主力军阵。在俑坑的南北两侧和西端，排列着一列分别面向北边、南边、西边的横队，这是军队的翼卫与后卫。强大的主力士兵、精锐的前锋、灵活的侧翼，使士兵队列散发出一种排山倒海的气势。端详这些兵马俑，会感觉现代与古代的距离忽然消失了，一种神秘的力量将游客带到2 000多年前战马嘶鸣、震耳欲聋的古战场。兵马俑军容严整、披坚执锐、气势雄伟，更令人联想到秦始皇统治的秦军所向披靡，横扫大地，战胜六国的威武和强大。这些兵马俑身材高大，身高都在1.8米左右，表情形象逼真，千姿百态，展现了我国古代劳动人民雕塑技术水平的高超。可以说，兵马俑是我国古代劳动人民智慧的结晶，是世界的一个奇迹，更是中国人的骄傲！

秦始皇兵马俑

秦始皇兵马俑是世界文化遗产之一

  兵马俑分为武士俑和军吏俑两大类。军吏俑分低级、中级、高级3类。兵马俑中属于士兵级别的都不戴冠，戴冠的是军吏。普通军吏戴的冠与将军戴的冠又是有区别的。士兵级别的兵马俑分为骑兵、步兵、车兵3类。根据作战的实际需要，不同兵种的武士配备的武器装备也是各异的。如此浩大的兵马俑工程，可以使人领略到当时秦始皇的霸气。

  一号坑的北侧是二号坑，平面呈曲尺形状，这是秦俑坑的精华所在。它的发现揭开了古代军长排列之谜。三号坑是唯一一个没有被大火焚烧过的坑，出土的陶俑彩绘残存比较多，颜色较为鲜艳。

  兵马俑是世界雕塑艺术文化的宝库，为中华民族灿烂文化增添了色彩，也为世界艺术史补充了光辉的一章。在兵马俑坑内出土的青铜兵器，有剑、戟、矛、弯刀和大量的箭头、弩机等。研究表明，这些兵器在经过铬化处理之后，虽然在土里埋葬了2 000多年，依然刀锋锐利、闪闪发光，证明了当时已经拥有高超的冶炼技术，这也是世界冶金史上的一个奇迹。在这里，家长可以对孩子讲述秦始皇的故事，培养孩子的民族自豪感和民族自信心，达到爱国教育的目的。

> **温馨提示**
>
>   西安的气候较为干燥，游客应注意补水，在夏天时防止中暑。

064

关键词：长城　古代战场　巨龙
位置：中国北京
最佳旅游时间：4月至10月

八达岭长城
历史的沧桑

　　说到长城，人们常会想到毛泽东的一句话："不到长城非好汉。"万里长城是中华民族的象征，也是现在世界上最为宏伟的古代军事防御工程。万里长城始建于越国时代，一直持续到明代。其中，八达岭长城是万里长城的精华之处，也是明代长城最杰出、最具有代表性的地段。它在1987年被联合国列入世界文化遗产，景色之壮观、地位之显赫、名声之悠远，是历史上任何地段的长城都难以比拟的。假期家长带孩子去北京的八达岭长城旅游，追忆中华民族浩瀚璀璨的文化，对于提高孩子的文化素质是非常有益的。

　　北京作为中国的首都，交通发达。游客可以乘飞机、火车、大巴抵达，在北京有直通八达岭的巴士和公交车。这里山峦重叠、崇山峻岭、险峰繁多、地势险要，所以一直是兵家必争之地。八达岭长城随着山峰的走势，如巨龙一样蜿蜒起伏盘绕。长城的城墙

长城景色优美，游人如织

长城是中国古代的军事工程，如今已成为著名的旅游景点

高大坚固，城台密集。城台的上层可以用来射击、瞭望、燃放烟火。城台的下层可以休息、住人、存放武器等。烽火台是长城重要的组成部分，每隔三四千米就有一座烽火台。白天遇到敌情的时候可以在烽火台燃烟，夜间则放火，把情况迅速转报给指挥机构，可以说是进可攻、退可守。

八达岭长城不仅历史悠久，风光也独好。登上八达岭长城顶端，饱览长城威武的雄姿，可以看到眼前的长城顺着山势扶摇而上，在山中蜿蜒起伏，雄伟壮丽、气势磅礴，宛如一条在空中准备腾飞的巨龙。长城四时的风景也是不同的。赵朴初先生曾赋诗曰："最是春花铺锦，夏绿叠云，展向天边去，神往青冥。漫道红衰翠减，爱丹林浓染，秋气澄清。更冬来莽莽雪岭，玉龙腾春，风光尽收方寸。"把长城四时美景描绘得淋漓尽致。

长城上的缆车

家长和孩子可以站在八达岭长城的顶端，追溯长城悠久的历史。古时候，八达岭是北京的重要屏障，在这绵延万里的长城画卷上，浮现的是一幅幅血溅沙场的壮烈风景图。如果把长城比喻为五线谱，那么谱写在上面的就是一首首摄人魂魄、声动山河的悲怆曲子。长城的美，令人脑中浮现的都是怀古的幽思。长城城墙上斑驳沧桑的痕迹令人联想起过去战场上的战鼓与厮杀声响，更勾起人们对为了保家卫国肝脑涂地、血溅城墙的将士们的怀念……

在壮观雄伟的八达岭长城上，游客还可以观赏众多令人回味无穷的古迹，如壮美的北五楼、北八楼，风格迥异的敌楼等。八达岭长城作为万里长城的杰出代表，如同一座历史丰碑，传承着中华民族"龙"的精神，散发着中华民族的智慧，彰显着中华民族独特的风采。

长城现在已失去了古代防御的功能，然而作为一种文化象征，其已成为中华民族一个博大精深的露天历史博物馆。国内游客来长城不仅仅是为了瞻仰古迹，更是表达对中华民族文明的崇敬，而八达岭长城又是游客来北京的必去景点。每年登长城观光旅游的外国游客达到上万人。登长城的外国元首近400位。长城的壮丽美景和历史价值值得家长与孩子共同体验。

温馨提示

八达岭长城地势较高，处于风口，应多穿一些衣服。长城上部分地段坡度很大，最好穿运动鞋。

065

关键词：自由女神　纽约　冠冕

位置：美国纽约

最佳旅游时间：全年

自由女神
自由的追求

自由女神像

在美国纽约海港内自由岛的哈得孙河附近矗立着一座象征美国精神的建筑物——自由女神像。它是1876年法国为了纪念美国独立战争胜利100周年赠送给美国的礼物。假期家长带孩子去美国纽约旅游，参观自由女神像，感受西方文化，能够增加孩子的阅历，提高孩子的文化素质。

在交通方式的选择上，游客可以乘飞机抵达美国的纽约，然后坐巴士抵达纽约海港的自由岛。自由女神像高46米，加上底座总高93米。环绕在女神周围的是星星状的围墙，这个围墙建于19世纪早期，是炮台的一部分，在1812年战争中用来保卫纽约。

自由女神脚上散落的是已经断裂的专制锁链，右脚微微抬起，作行进的状态，整体动作象征摆脱了枷锁的束缚，挺身前行。女神双唇紧闭，佩戴着光芒四射的皇冠。她身披罗马式样的宽松长袍，神态刚毅，气质高贵，给人一种凛然不可侵犯的感觉。女神体态丰盈端庄，如同一位古希腊时代的美女，亲切又自然。她右手高擎着一把象征自由的火炬；左手紧紧握着一本《独立宣言》。在夜幕降临的时候，女神像基座的灯光朝上照射，灯光中的女神雕塑宛如一座淡青色的玉雕。女神冠冕窗孔中发射出的灯光，如同女神发出的一串金黄色的光辉，为纽约热闹又喧嚣的大都市增添了一处宏伟壮观的夜景。

100多年来，这座端庄优雅的自由女神像一直传达着美国人民争取民主、追求自由的理想和愿望，也是美利坚民族和美法人民友谊的象征。在这里，家长可以对孩子讲述自由女神像的故事。这座艺术雕像是由法国著名雕塑家巴托尔迪创作的。女神形象来源于他17岁的时候在巴黎街头亲眼看见的激动人心的一幕：1851年，法国国王路易·波拿巴发动政变，意图推翻法兰西第二共和国的政权。这一天，忠于民主共和的共和党人在巴黎街头构筑了防御工事，与政变发动者展开了激烈的巷战。在黄昏时刻，一位忠于共和政权的法国年轻姑娘手持一把燃烧着的火炬，高喊着"前进"，越过了障碍物，最后中弹牺牲。虽然这位姑娘牺牲了，但她那高擎火炬奋勇前进的形象却铭刻在雕塑家的心中，成为追求自由的象征。这尊自由女神像形态以巴托尔迪的妻子为原型，面容取自他慈祥的母亲。

游客可以从铜像底部乘坐电梯直达基座的顶端，然后沿着女神像内部的171级盘旋式阶梯直达头部的冠冕之处。在冠冕处可通过窗口眺望纽约的风景。南部是一望无际的纽约湾，水面波光潋滟，甚是美丽。在东部可以瞭望到有"钢铁巴比伦"之称、高楼大厦林立的曼哈顿岛，在北部可以欣赏逶迤向远方的哈得孙河……如此美妙绝伦的风景一定会让孩子获得审美的愉悦感，让孩子体验到美国文化的风情。自由女神像极具艺术性，是非常值得去参观的。

温馨提示

进自由女神像只允许带小钱包和相机袋（安检时会查），可在自由岛的礼品店租储物柜（1美元/2小时）。

关键词：浪漫主义 铁娘子 爱国主义

位置：法国巴黎

最佳旅游时间：全年

埃菲尔铁塔
文化的浪漫

在世界著名的浪漫之都——法国巴黎的塞纳河畔屹立着一座雄伟的建筑物，那就是埃菲尔铁塔。埃菲尔铁塔又叫巴黎铁塔，与纽约的帝国大厦、东京的电视塔一起被誉为世界知名的三大建筑物，是世界上第一座钢铁结构的高塔，也是现代巴黎的象征。历经百年风雨，埃菲尔铁塔风采依旧。假期家长可以带孩子去法国巴黎旅游，在浪漫之都体验这个被法国人称作"铁娘子"的特色景点，无疑是一个明智的选择。

巴黎作为世界著名的大都市，交通发达，游客可以乘飞机抵达这座城市，然后乘坐地铁6号线抵达埃菲尔铁塔站，或者乘坐大区全块铁（RER）C线到Champ de Mars（战神广场站）。乘坐42、69、72、82、87路公交车也能到埃菲尔铁塔。埃菲尔铁塔就像一个

塞纳河畔的埃菲尔铁塔直冲云霄，风景优美

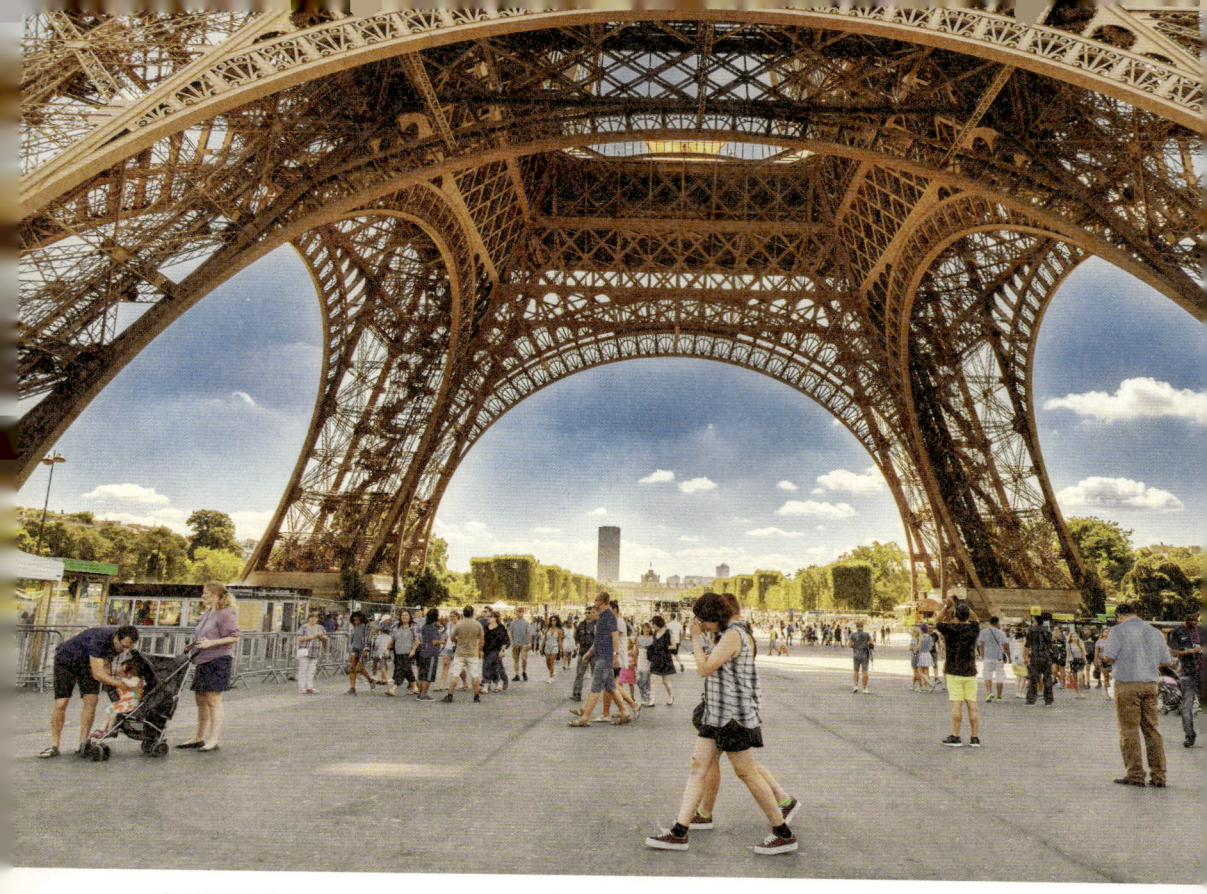

● 铁塔下的游客

钢铁巨人，高高矗立在市中心塞纳河畔的战神广场上。埃菲尔铁塔的壮观、精美、大气是无法用言语形容的。铁塔有着不需要修饰的简单的外形结构，与周围空旷的环境更能和谐搭配，使得无论是雨雪纷飞还是艳阳高照，埃菲尔铁塔都能傲然独立。它是巴黎的脊梁，更为巴黎注入了鲜活的血液和灵魂。

埃菲尔铁塔高达320米，设计新颖独特，建筑时使用了7 000吨钢铁、1.2万个金属部件，250万个形状各异、大小不同的铆钉把这些庞杂零碎的部件连为一体。塔上铭刻着72位科学家的名字。从塔座到塔顶，埃菲尔铁搭一共有1 711级阶梯，现已安装电梯，游客可以选择乘电梯或者爬阶梯的方式上铁塔。

法国人都说："埃菲尔铁塔是首都的瞭望台。"事实的确如此。整座铁塔设有上、中、下3个瞭望台。每个瞭望台都有不同的视野，带给游客的是相异的风景和情趣。每层瞭望台都设有酒吧和饭馆，游客可以品尝巴黎的美食。最底层的瞭望台最大，里面设有餐厅、电影厅、会议厅、邮局、商店等服务设施。熙熙攘攘的人群使人几乎忘记了自己是在57米的高空。

在最底层的瞭望台，游客可以观赏附近的美景。在晴朗的天空下，广场北面的夏洛宫、水花四溅的水池、静静流淌的塞纳河、法兰西古老的军校建筑、战神广场的大草坪，

世界著名的卢浮宫

构成了一幅和谐优美的风景画。

在中层瞭望台，游客可以观赏到白色圣心大教堂的美景、绿荫里卢浮宫的身影、淡黄色凯旋门城楼的身姿，多种颜色搭配，色彩斑斓。傍晚时分，华灯初上，夜色如画，繁灯如锦，街灯交织如网，如雨后珠粒，晶莹剔透，令人陶醉在这一片灯光渲染的世界中。

在最高层的瞭望台，游客可以观赏蔚蓝的天空下阳光辉映的景象。嘈杂热闹的巴黎一下宁静下来，变成了一幅纵横交错的巨大地图。条条小巷和纵横交错的街道画出了宽窄不同的线，繁华庞大的巴黎尽收眼底。在晴朗的日子里，人们眺望远方，视野可以达到6 000米之外。

在最高的瞭望台，家长可以对孩子讲述埃菲尔铁塔的故事。它修建于1889年5月15日，由著名设计师古斯塔夫·埃菲尔为世界博览会开幕式剪彩所设计。人们为了纪念他对法国巴黎的这一贡献，还特别在广场为他塑造了一座半身铜像。

> **温馨提示**
>
> 登顶的方式有爬阶梯和乘电梯两种。塔楼分3层，离地面115米的中层眺望台是眺望巴黎的最佳位置。

宙斯神像
天神的传说

关键词：古希腊神话　宙斯
位置：希腊雅典
最佳旅游时间：全年

　　宙斯是古希腊神话传说中的众神之王，是主管奥林匹斯的神。希腊雅典宙斯神庙里的宙斯神像是当今世界最大的室内雕像。宙斯雕像背后是一段源远流长的古希腊文化史。假期家长带孩子去希腊雅典的宙斯神庙旅游，观摩这一座举世瞩目的雕像，能给孩子带来非同凡响的文化体验，达到寓教于乐的目的。

　　在交通方式的选择上，游客可以乘飞机抵达希腊的雅典，然后从雅典坐地铁2号线，在雅典卫城站下车。当游客抵达宙斯神庙，可以看到这里是一片黄澄澄的丘陵。在古希腊时代这里是清冽的溪水和青山翠谷，只是因为历史上的地震才改变了地貌。在宙斯神庙入口处，游客可以观赏气势恢宏的标志性建筑——哈德良拱门。它是古罗马时代著名的欢迎远征将军归来的凯旋门，由公元131年占领古希腊的古罗马皇帝哈德良建造。哈德良拱门把希腊市区分为新市区和老市区两个部分。

　　走进哈德良拱门，就能看到雅典的代表和象征。在哈德良拱门的南侧是举世瞩目的宙斯神庙，远处就是帕特农神殿。整个宙斯神庙的殿顶是用大理石建的，表面由铺上灰泥的石灰岩构成。在建筑风格上，它原先仿伊奥尼亚，后来改用了科林斯柱式的风格，并且采用大理石建造。神庙原先一共有104根科林斯柱，每个石柱高达17.25米，顶端直径是1.3米，现在104根柱子仅存13根。

　　走入大厅，游客可以观赏位于中央的宙斯神像，整座神像与所披的长袍都是由黄金制作而成的。宙斯神像坐在用杉木制成的宏伟宝座上，宝座上装饰着象牙、黄金、乌木和各种珍贵的宝石。宙斯头上戴着一个由橄榄编织而成的花环。他的右手握着一个由黄金和象牙制成的、带着皇冠的胜利女神雕像，左手持权杖，上面停留着一只鹰。宙斯所坐

希腊宙斯神庙的女神柱雕塑

大理石宙斯雕像

的宝座装饰着胜利女神、狮身人面像以及其他神话人物。整座神像有4层楼高，宙斯的头部几乎顶着天花板。庙宇西边的"人"字形檐下装饰着许多雕像，一派地道的雅典文化风格。

在宙斯神像前，家长可以对孩子讲述以宙斯为代表的古希腊神话故事。神话传说中的宙斯是克洛诺斯与瑞亚所生的最小的一个儿子。克洛诺斯在推翻父亲之后，得知他的儿子也会推翻自己的统治，于是想把自己的孩子都吞进肚子。瑞亚因为母爱，不忍心看到儿子遭遇厄运，于是用一块石头冒充宙斯给丈夫吞下。宙斯长大后，联合兄弟姐妹一起对抗父亲，一番激烈斗争之后，在祖母大地女神的帮助下终于战胜父亲。之后，宙斯和两个哥哥波塞冬、哈迪斯掌握天界、海界、冥界，木星的拉丁名也来源于他的名字。虽然是神话，但也反映了古希腊时代王位权力斗争的残酷与激烈。

之后，家长可以告诉孩子，由于时间久远，真正的宙斯神庙和宙斯神像早在战乱期间就被大火摧毁了，现在看到的是后人修建的。在顶端宝座的宙斯像也不是古希腊神话的面孔，已化为耶稣的形象。通过参观神庙，孩子身临其境地了解一段源远流长的欧洲文化史，这对学习历史、拓展知识面、增长见识是非常有益的。

温馨提示

雅典是世界四大文明古都之一，建议在出行前大致了解这个城市悠久的历史，熟悉一下几个著名天神的名字，这样在参观古迹时更容易产生兴趣。

关键词：罗德斯　神话　巨人
位置：希腊爱琴海的罗德斯岛
最佳旅游时间：全年

罗德斯岛巨像
神的战斗

在欧洲风景如画的爱琴海东南端，距离亚洲大陆约20千米的地方，有一座美丽又富饶的岛屿，那就是散发着神话气质的罗德斯岛。罗德斯岛是古希腊神话中人们崇敬的太阳神阿波罗所在的岛屿，岛上清泉潺潺，河流纵横交错，岸边肥沃的土地上种植着艳丽的鲜花与茂密的果树林，保留着中世纪的文化遗风。小岛的闻名，不在于它的富庶，却在于罗德斯港入口处曾经矗立着的一座希腊太阳神赫利俄斯的青铜铸像，这是"世界八大奇迹"中最为神秘的一个。在假期，家长带孩子去希腊的罗德斯岛旅游，感受其散发的高贵神秘气质，追溯2 000多年前的古希腊文化，一定会让孩子度过充实又有意义的假期。

在交通方式的选择上，游客可以乘飞机抵达希腊的首都雅典，然后从雅典坐轮渡抵达罗德斯岛。这儿是希腊群岛中最热闹、最繁华、最苍翠的小岛，天气格外晴美。在漫长的沙滩上，游客可以悠然地享受地中海的海洋风情。这个历史悠久的小岛上古迹繁

罗德斯岛美丽的落日奇观

多，在岸边和码头上有数十处蔚为大观的古朴雕像。其中，面对浩瀚大海碧波的，是在码头两座圆石柱上昂首挺立的两只铜雕小鹿。在这里，家长可以告诉孩子，这个地方曾经矗立着由著名的雕塑家哈利塔斯雕铸的罗德斯巨人铜像。铜像外表包裹着青铜，之后作为港口的灯塔。雕像中间填充的是铁和各种石头，使其更为坚固。这座巨大铜像自从诞生之后，便命运坎坷，矗立50多年之后，在公元前227年的大地震中轰然倒下。巨人铜像的下落是一个谜，有人说沉入海底了，有人说被海盗偷走了，还有人说铜像被熔化改为其他用途了。公元654年，罗德斯岛被阿拉伯人占领之后，入侵者把遗迹向叙利亚运送了不少，这更增加了古迹考察工作的困难。

○ 罗德斯巨人想象图

　　因为它的遗落和丢失，人们考证雕像模样的工作变得更为困难。关于它的位置和外观，众说纷纭。有些古典学者主张，巨大的雕像大多数是矗立在神庙旁边的。然而罗德斯岛的太阳神庙却挺立在城中央的山丘上，旁边没有一丝巨像的痕迹。对于巨像的样貌，有些学者主张它是手持火把，两腿岔开站在港口两岸的，过往船只从双脚中间穿过，它是当时希腊人寻求太阳神庇护的象征。然而这一说法并不科学，以巨像的高度和港口的阔度，这种建筑结构是非常不合理的。因为巨像需要达到250米高才能跨越港口，而无论是采用石块还是金属来建造，跨立的巨像都是很难承受巨大的张力和冬季的强风的。

　　罗德斯岛还有其他著名的历史古迹。在距海平面120米的悬崖边缘，可以观赏古希腊雅典卫城。在卫城上可以欣赏美妙绝伦的海湾景色与宽阔的大海。然后，可以去雅典娜神庙，感受古希腊神庙的氛围。此外，家长还可以带着孩子去岛上的"狩猎区"打猎，在游戏过程中享受捕猎的快乐。或者在这里乘坐小毛驴，游览古城山地，享受别具风格的希腊文化风情。在岛上，家长可以在闲暇的时候对孩子讲述罗德斯岛的历史和古希腊神话中的罗德斯岛：如这里是军事要塞、兵家必争之地，历史上著名的罗德斯岛保卫战就发生在这里。通过这种寓教于乐的方式，孩子可以学到教科书中没有的知识，获得生动的历史教育。

温馨提示

罗德斯岛是海岛，出行之前应看好天气预报，携带合适的衣物。

金字塔
法老的微笑

关键词：胡夫金字塔　神秘　狮身人面像

位置：埃及开罗

最佳旅游时间：全年

　　在北非广袤无垠的撒哈拉大沙漠里，挺拔着人类文明史上最伟大的建筑之一——埃及金字塔。埃及金字塔在沙漠中屹立了4 500多年，是最有影响力和最持久的古埃及文明的象征。它的存在给人类留下了许多耐人寻味的千古谜题，如相传其是古埃及最高统治者法老的陵墓，然而考古学家没有在里面发现法老的木乃伊。它兴建于古埃及的古王国时期，陵墓的基座是正方形的，四面是4个相等的三角形（方锥形），是"世界八大奇迹"之一。假期家长带孩子去埃及旅游，领略金字塔神秘的气质，感受古埃及的文化情调，是一件非常有意义的事情。

　　在交通方式的选择上，游客可以乘飞机抵达埃及的首都开罗，然后坐巴士抵达郊外的吉萨，就可以看到这处震撼人心的古迹。直挺在荒凉沙漠中的巨大、冰冷又孤寂的金字塔群，是逝去的古埃及历史的化石。这些金字塔沉默着，代表昔日曾经辉煌却永远消失的古埃及文明。几千年来，这些金字塔高高矗立在蓝天白云与满目黄沙之间，是一处蔚为壮观的景色。金字塔庞大的建筑物所蕴含的宏伟精神为世人所叹服。在金字塔前，任何赞美它的文字和语言都是苍白无力的。

　　矗立在沙漠金字塔群中的举世闻名的胡夫金字塔是为古埃及第四王朝法老胡夫而建的金字塔，是目前世界上最高、规模最大的埃及金字塔。它原高146.59米，相当于40层楼高。由于几千年来日晒雨淋与风化剥蚀，现在它只有138米高。塔基呈正方形，每边长约232米。胡夫金字塔由230万块磨光的石灰岩砌成，平均算来每块岩石重量有2.5吨，石块之间接合严密，一张纸都插不进去。金字塔里一共有3处墓室，其中第3处墓室是安葬法老胡夫的，世人称作"国

金字塔是世界上最伟大的建筑物之一

著名的狮身人面像

王墓室"。游客可以走进金字塔，体验塔内法老墓室奢侈华丽的格调。需要注意的是，金字塔里面非常热，闷热的空气使人有一种窒息的感觉，不宜长时间停留。

之后，游客可以观赏哈夫拉金字塔。哈夫拉金字塔是为胡夫的儿子哈夫拉修建的陵墓，大约建于公元前2650年，比胡夫金字塔大约低3米，建筑形式更加壮观完美。哈夫拉金字塔前有附属的建筑和充满传奇色彩的狮身人面像。狮身人面像蹲伏在哈夫拉金字塔前，面向东方。它高达20米，长约57米，一个耳朵就有2米长，人面的肖像就是参照哈夫拉法老雕塑的。整个雕像除了狮爪之外，其余都是由一块天然石头雕刻而成的。人面象征着法老拥有人的智慧，狮身象征着法老强壮威武的体魄。整座雕像经历了4 500多年的岁月，风化得非常严重，面部严重破损，但依然可以窥视其流露出来的雄威气质。在这里，家长可以对孩子讲述古埃及法老、金字塔的故事，让孩子了解金字塔的数字密码之谜、法老诅咒之谜、运输之谜、建筑之谜等，让金字塔变得更加神秘并具有吸引力，更能激发孩子探究真理的欲望。

还有一座金字塔是胡夫的孙子孟考拉的陵墓，虽然不如前两座金字塔辉煌，但也值得观赏。

温馨提示

埃及风沙较大，阳光较强，需要携带太阳镜、遮阳帽、防晒霜等。

070

阿耳忒弥斯神庙

中古文明的宏伟

关键词：阿耳忒弥斯女神　古希腊文物

位置：土耳其伊兹密尔

最佳旅游时间：秋季

◎ 落日下的阿耳忒弥斯神庙

　　阿耳忒弥斯神庙位于土耳其伊兹密尔以南50千米的古城以弗所，被称为"世界八大奇迹"之一。以弗所是古代爱奥尼亚地区的都市之一。当时，以弗所物质繁荣，精神文化昌盛，涌现出无数杰出的诗人、哲学家。阿耳忒弥斯神庙是古希腊人民为了表示对神话传说中的狩猎女神——阿耳忒弥斯女神的虔诚爱戴修建的。在假期，家长带孩子去这座举世闻名的阿耳忒弥斯神庙旅游，能让孩子感受浓郁的古希腊文化氛围，这对扩展孩子的知识面、增长阅历是非常有利的。

　　在交通方式的选择上，游客可以乘飞机抵达土耳其的第三大城市伊兹密尔，然后坐巴士抵达阿耳忒弥斯神庙。漫步在阿耳忒弥斯神庙中，有一种走入古希腊时代的恍惚感觉。虽然这儿已经变成了一处残垣断壁的遗迹，却给人一种艺术美的震撼。阿耳忒弥斯女神是古希腊神话中著名的狩猎女神。狩猎对于古代人来说，是一种流行的休闲娱乐项目，也是养家糊口的主要手段之一。人们都希望这位美丽的狩猎女神能保佑自己丰衣足

◉ 阿耳忒弥斯神庙是"世界八大奇迹"之一

食,过上富庶的生活,所以建了这个如此精美庞大的神庙。在神庙中,游客可以观赏阿耳忒弥斯神庙缜密精巧的建筑、合理布局的公共设施、精美的人体雕刻,感叹人类艺术才能的杰出、智慧的高超、文明的伟大。

阿耳忒弥斯神庙是古希腊时期世界上最大的大理石建筑,占地面积达6 050平方米,超过一个足球场。整个神庙最显著的是内部的两排大理石立柱,柱子至少有106根,高度为12~18米。在华美的神庙中央安放着一个"U"形祭坛,游客可以观赏近代考古学家在废墟中挖掘出来的阿耳忒弥斯女神雕像。整座女神雕像静静地伫立着,散发着一种正直、优雅、纯洁、气派、庄重的气质。据说,公元前5世纪古希腊著名史学家希罗多德第一次看到建成的阿耳忒弥斯神庙就不停地赞叹:"与金字塔不相上下!"历史学家也赞美它"结合了古希腊艺术与亚洲的财富"。

在这里,家长可以对孩子讲述阿耳忒弥斯神庙的历史。它经历过7次重建,可以说是一个多灾多难的建筑物。神庙最早建于公元前550年,由当时著名的留地亚的克雷索斯王提议,建筑师萨摩斯、乔西宏及其儿子梅塔杰那斯共同修建。5世纪前期,东罗马帝国的奥德修斯二世是一名狂热的基督徒,他下令焚烧神殿,阿耳忒弥斯神庙就这样消失了。直到1836年,英国业余旅游家兼考古学家约翰·图特伍德在寻找阿耳忒弥斯神庙的过程中,在大英博物馆的资助下进行挖掘,才使这个神殿的风采重现于世。在此,家长可以告诉孩子保护历史古迹对传承民族的历史文化的重要性,对孩子开展保护文物的教育。

阿耳忒弥斯神庙的气质和教育意义,决定了它是假期亲子游的最佳历史古迹之一。

温馨提示

土耳其居民大多信奉伊斯兰教,请务必尊重当地的宗教信仰和风俗习惯。

摩索拉斯陵墓

探寻中世纪文化

关键词：古希腊　东方风格　宏伟　精美

位置：土耳其博德鲁姆

最佳旅游时间：全年

摩索拉斯陵墓内的微缩景观

在土耳其西南方的博德鲁姆（旧称哈利卡纳苏斯）矗立着一座闻名世界、堪称"世界八大奇迹"之一的古迹，它就是摩索拉斯陵墓。摩索拉斯曾经是波斯帝国加利亚省的总督，在波斯帝国衰落的形势下，他不断扩充自己的势力，最后终于摆脱了帝国强有力的控制，实现了国土的独立。为了炫耀财富和宣扬威力，摩索拉斯设计了自己的陵墓。公元前353年，摩索拉斯因病去世，他的王后阿提米西亚继承王位，并根据丈夫生前设计的图纸修建了这座举世瞩目的陵墓。这座陵墓也是古希腊陵墓最杰出的代表。假期家长带孩子去这座精美的古迹旅游，在异国情调中感受昔日历史，对孩子学习知识是非常有益处的。

在交通方式的选择上，游客可以先乘飞机抵达土耳其的伊斯坦布尔，然后坐火车抵达博德鲁姆，再转巴士抵达目的地。陵墓底部是一个长方体，大约长40米，宽30米，高45米。古迹整体由白色大理石构造，墩座墙的高度是20米，柱子高度为12米，金字塔有7米之高。最顶部是一座高达6米的马车雕像，4匹马拉着一架古代战车。马车旁边围着牢固的墩座墙，在墙上装饰着一些石像。摩索拉斯陵墓由当时的伯亚克西斯、李奥查理斯、史卡帕斯和提莫西亚斯4位著名雕刻家负责，每位雕刻家承担陵墓的一部分工程。当时的作家曾用生动的文笔描绘过摩索拉斯陵墓，说它如银白云团高悬于城市上空，美不胜收。

◉ 摩索拉斯陵墓残留的古迹

摩索拉斯陵墓充分表达了当时国王向往豪华与威严的观念。在陵墓的建设过程中，当时的女王阿提米西亚征求了众多希腊建筑师和雕刻家的意见。除了完美表达丈夫生前的意愿之外，建筑物还要融汇希腊文化风格与东方特色，这样才是女王希望建成的具有创造性的宏伟建筑。摩索拉斯陵墓确实体现了古希腊爱奥尼亚式建筑活泼精致、柔和俊秀的特点，也积极吸收了古代东方各种优秀的艺术传统，集希腊和东方建筑风格于一体，呈现出繁华宏大的特点，成为后来许多壮丽气派陵墓的典范代表。

3世纪时，摩索拉斯陵墓毁于一场大地震。现在英国伦敦的大英博物馆保存着陵墓的星星雕刻。这座在历史风云变幻过程中被毁掉的豪华瑰丽的陵墓也有许多实际用途。15世纪初，哈利卡纳苏斯被外敌侵占。新的统治者为了建设巨大的城堡做防御，就把摩索拉斯陵墓的一些石头当作建筑材料来使用，这使得陵墓残存的遗迹变得更少。陵墓被毁，但值得庆幸的是陵墓的雕塑都还在，这使得世人对陵墓的形状和外观都有全面的认识与了解（虽然它们被保存在英国伦敦的大英博物馆中）。游客在残存的废墟遗址中，可以依稀辨认和欣赏古代中东文明的光彩。在这里，全家人定能度过一个有意义的假期。

温馨提示

土耳其人服装比较传统，妇女进清真寺应戴头巾，无论男女都不应穿短裤。

072

吴哥窟
佛教文化的魅力

关键词：须弥山金刚坛　高棉　宝塔

位置：柬埔寨暹粒

最佳旅游时间：11月至次年4月

　　吴哥窟是佛教古迹，位于柬埔寨暹粒市北6千米的地方，它的原名是"Vrah Vishnulok"，意思为"毗湿奴的神殿"。它是由寺庙、宫殿、城堡、花园组建的完整城市，以精细的浮雕和宏伟的建筑闻名于世。它与埃及的金字塔、中国的长城、印度尼西亚的婆罗浮屠寺并称为"古代东方的四大奇迹"。1992年，联合国教科文组织把吴哥窟列为世界文化遗产。它有着悠久的历史文化传统，曾经是古高棉王国的首都。在假期，家长带孩子去柬埔寨的吴哥窟旅游，探索沉淀在历史古迹中的沧桑，领略昔日高棉王国文化的繁荣，是一件很有意义的事情。

　　在交通方式的选择上，游客可以乘飞机抵达柬埔寨的暹粒-吴哥国际机场，也可以先乘飞机到柬埔寨的首都金边，然后乘长途汽车或由水路搭快艇到暹粒市。在暹粒市可坐巴士抵达离市中心最近的古迹——吴哥窟。吴哥窟分为"大吴哥"和"小吴哥"两处地方，各种建筑物600座，占地面积310平方千米，包括4座神庙建筑。虽历经千年，通过残存的一柱一墙，仍可以窥见古代高棉王国精湛的雕刻工艺。鬼斧神工的雕刻技术令人佩服不已，吴哥窟"雕刻出来的王城"这一美誉就是由此而来的。

　　家长可以带着孩子乘坐热气球，从空中俯瞰吴哥窟的全景：一圈明亮如镜的护城河环绕一处呈长方形的、长着郁郁葱葱树木的绿洲，绿洲正中的建筑就是吴哥窟著名的庙宇——印度教风格的须弥山金刚坛。整座吴哥窟坐东朝西，横穿护城河的是一道正西向正东的长堤，长堤直通寺庙的西大门。在金字塔式寺庙的最高层，矗立着5座宝塔，柬埔寨国

吴哥窟寺庙内巨大的雕像

吴哥窟美丽壮观

旗上的图案就来源于此。宝塔类似骰子的五点梅花，比较小的4个宝塔排成四隅，大宝塔巍然矗立于正中，这与印度金刚宝座式的布局是非常相似的。须弥山金刚坛的每一层都环绕着回廊，这是典型的吴哥窟建筑风格。须弥山金刚坛的台阶非常陡峭，需要手脚并用才能攀登，这也代表着人类需要经历许多艰辛才能最终到达目的地。家长也可以借此教育孩子，成功是需要努力才能达到的。

在吴哥窟雏形浮现的建筑上，游客可以欣赏精美绝伦的雕刻艺术：裸露上身、佩戴华丽的头冠、雍容华贵的天女雕像。有些天女翩翩起舞，有些天女拈花微笑，雕刻艺术的精巧、姿态的优美实在令人佩服不已。在那些微细又神活的雕塑中，流动着鲜活的生机——这一切都是如此逼真与亲切，仿佛已逝去的历史脉搏就在它们的身上跳动。在这里，家长可以对孩子讲述柬埔寨高棉王朝的历史故事。如吴哥窟是由一个叫吉蔑（今名高棉）的东南亚民族建立。802年，阇耶跋摩二世建立了辉煌的高棉帝国，帝国繁荣昌盛达600年之久。后来，它忽然消失了，文化一下子中断。很多历史学家难以考证曾拥有100万人口的城市为何忽然消失，因为即使外敌入侵也不能使一个民族全部消失。到现在为止这都是无法解开的谜团。后来，法国著名生物学家亨利·穆奥来到这里，这座掩埋在丛林里的古城才被世人发现。如此神秘又沧桑的古迹，一定会激发孩子的求知欲望，亲子游的目的也就潜移默化地达到了。

温馨提示

❶ 柬埔寨气温比较高，最好穿浅色、宽松、透气性好的衣裤。

❷ 天气炎热，大量出汗会带走身体中的盐分，喝淡盐水有利于身体健康。

亚历山大港灯塔
地中海文明之奇迹

关键词：灯塔 埃及 地中海
位置：埃及亚历山大港
最佳旅游时间：全年

位于埃及亚历山大港口的亚历山大港灯塔，是"世界八大奇迹"之一。这座灯塔从修建开始，就有一种睥睨四方的王者气势，成为古代世界"辉煌"与"奇迹"的代名词。灯塔在夜晚发出的亮光曾经照亮了整个亚历山大港，为海上来往的船只指引方向。这座古代灯塔虽然已不复存在，但其散发的高贵气质一直令人向往。它不仅仅是建筑学上的奇迹，更是埃及最后一个王朝——托勒密王朝雄厚国力的象征。在假期，家长带孩子去这座灯塔遗址旅游，让孩子感受2 000多年前地中海那段波澜壮阔的历史，无疑是一个很明智的选择。

在交通方式的选择上，游客可以乘飞机抵达埃及的开罗机场，然后转车抵达亚历山大港。在这个世界著名的避暑胜地，游客可以坐巴士直达城外的法洛斯岛，观赏这座举世瞩目的灯塔。

亚历山大港灯塔建在一个离岛7米的大礁石上，礁石在海浪起伏的过程中时而隐没时而出现。灯塔好似在大海中拔地而起的一座摩天大楼，在海浪冲刷拍打中巍然屹立。灯塔建于公元前280年，高120米，加上塔基，整体高度为135米。塔楼一共由3层构成，第1层高大约60米，呈方形结构，里面有300多个大小不一的房间，用作工作人员睡寝、机房和燃料库。第2层为八角形结构，整体高15米。第3层为圆形结构，上面有一个圆顶灯楼，围绕着8根高约8米的石柱。在灯楼上，游客可以观赏一座高达7米的铜像——希腊神话中的海神波塞冬面朝大海站立，为灯塔增加了神话艺术色

亚历山大灯塔复原图

亚历山大港

彩。整座灯塔的建筑材料是铜和花岗岩等，灯的燃料是木材和橄榄油。当时设计师灵活应用镜子反光的原理，使在远处航行的海船都能眺望塔上的灯光，据此导航，给舵手安全感。

巍峨的亚历山大港灯塔在建成之后，火炬就日夜不息地燃烧，一到夜幕降临灯塔便灯火通明，兢兢业业地为进入港口的船只导航。在2 000多年前，它是世界上最高的建筑物。然而经数次地震之后，1435年灯塔已完全毁坏。1480年人们在废墟上修筑城堡，并且以国王卡特巴的名字命名。1966年，这座灯塔改为埃及航海博物馆，通过油画、模型、壁画展览，介绍1万多年前埃及的造船史与航海史。现在亚历山大港灯塔与开罗古城堡并列为埃及中世纪遗留的两大古建筑。

亚历山大港灯塔在公元前281年建成，从火炬点燃算起，一直到公元641年阿拉伯大军占领埃及，火焰才最终熄灭。熊熊的火炬燃烧了近1 000年，是人类历史上的奇迹。在这里，家长可以对孩子讲述亚历山大港灯塔的来源。公元前280年，一个月黑风高的秋天深夜，一艘埃及的皇家喜船在进入亚历山大港口的时候触礁沉没。不幸的是，船上载的埃及王朝的皇亲国戚以及新娘全部葬身于海底。这一灾难震动了埃及朝野，国王托勒密二世立即动用大量人力、物力与财力修建了这座举世瞩目的灯塔。通过游览，孩子能了解地中海2 000多年前的沧桑历史，这对其提高文化素质是非常有益的。

> **温馨提示**
>
> 埃及是一个收小费的国家，在餐厅、酒店等服务场所要给服务人员小费，在机场遇到"热心"的大叔帮你提行李，也要给小费。

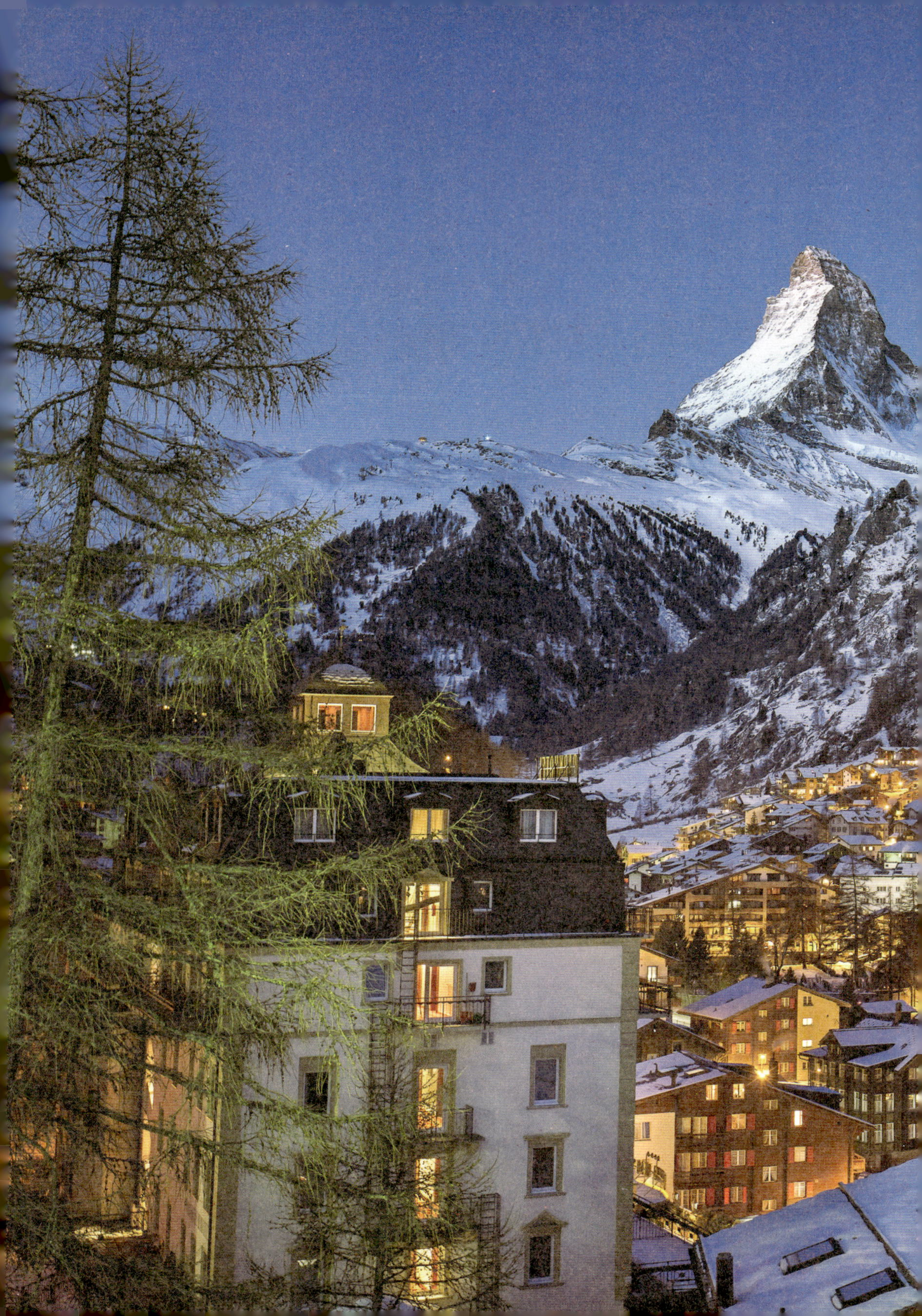

第八章

秀美山光，扑入大自然的怀抱

险峻的山峰、茂密的山林、崎岖的山路、神秘莫测的世界，这是崇山峻岭带给世界的美景。登上风景秀丽的山巅，孩子能锻炼身体素质，享受"会当凌绝顶，一览众山小"的成就感，更能培养"欲穷千里目，更上一层楼"的博大胸襟。

这里为读者准备了世界著名的山峰旅游方案，适合家长在假日带孩子去领略杰出的山光风景，来一场说走就走的旅行。

074

九寨沟
美丽的童话世界

关键词：湖泊　瀑布　藏族文化
位置：中国四川省阿坝藏族羌族自治州
最佳旅游时间：10月

　　九寨沟拥有世界罕见的、国内唯一的高山湖泊群，被世人称为"童话世界"与"人间仙境"。那儿的崇山峻岭配合着碧波涟漪的湖水，散发着赤、橙、黄、绿、青、蓝、紫的梦幻色彩，如同一位美丽的仙女，瞬间融化你的心。假期家长可以带孩子去四川九寨沟旅游，在童话仙境中给予孩子色彩斑斓的旅游体验，让孩子度过快乐的假期。

　　在交通方式的选择上，游客可以乘飞机抵达九寨黄龙机场，或者在成都坐大巴抵达九寨沟。九寨沟是一个群山峻岭的世界，这儿层层叠叠都是山，有些山戴着厚厚的白帽子，在明亮干净的阳光下，如雪膏凝脂一样温润。蜿蜒于山间的是道不尽的绿，那种绿与原始森林的浓绿不同，是微微柔和的绿，令人心旷神怡。映衬着高原的，是无比纯净可爱的湛蓝天空。九寨沟气候宜人，冬天无严寒，夏季凉爽，四季风景各有千秋：春天时百花盛开，争奇斗艳；夏天时雨量丰沛，青山翠谷幽湖姿态万千；金秋红叶尽染山林；冬天时白雪皑皑，一派素女风情。

　　九寨沟的群山，以翠湖、叠瀑、彩林、雪峰、藏情、蓝冰"六绝"闻名遐迩。九寨沟的主沟呈"Y"字形，总长50余千米，有数十座高插云霄的山峰，峰顶终年白雪皑皑。

　　在河谷地带，呈梯形分布着114个大小不一的湖泊、17个瀑布群、47眼泉水、5处钙化滩、11段湍流。这儿的湖泊常年都是色彩斑斓、碧绿清澈的，阳光使湖面呈现橙、绿、黄、青、紫等多重绚丽夺目的色彩。风和日丽的晴天，可以观赏倒映在湖面上的蓝天、白云、雪山的倩影，水光微微浮翠，如画卷一般美丽，并伴随着季节幻化出迥异的风韵和色彩。水一直是九寨沟画卷中的主角，穿插在森林和浅滩之间的溪水，如项链一样碧绿晶莹剔透，甚至有"九寨归来不看

九寨沟风景优美

九寨沟的瀑布壮观美丽

水"的说法。

九寨沟气势宏伟和色彩斑斓的瀑布更使游客目不暇接。当湖水越过堤坝，穿过丛林，就形成了浩浩荡荡的叠瀑。瀑布水面舒卷飘逸，常常幻化出绚丽的彩虹。宽50米、高70余米的熊猫海瀑布，一共分3级跌宕而出，壮观旖旎。树正瀑布从树林中飞跃而出，无数水流直落，长达25米，在悬崖峭壁间飞珠溅玉，如万马奔腾，长啸不已。点缀在湖群之间如繁星一样的树正瀑布，令人流连忘返。

九寨沟拥有丰富的动植物资源。在面积300平方千米的原始森林中分布着3 553种原生物种，有白垩纪末、第三纪初的孑遗植物独叶草、箭竹、星叶草等。原始森林的环境适宜动物繁衍生息，这里有脊椎动物313种、无脊椎动物693种，珍稀动物包括羚羊、小熊猫、大熊猫、金丝猴等，一定会让游客进入一个神奇的动物世界。

九寨沟有历史悠久的藏族文化。这里有栈道、藏族村寨、石磨坊、经幡等，因有9个古老的藏族村寨而得名"九寨沟"。家长可以带着孩子去拜访藏族村落，喝羊奶，吃青稞饼，观赏藏族歌舞，感受浓郁又神秘的藏族文化。九寨沟童话世界般的风情定能为孩子留下美好的回忆。

温馨提示

九寨沟属高海拔地区，不宜剧烈运动，不宜饮酒，多食蔬菜、水果。预防高原反应，应备好常用药品，最好能配备小型氧气瓶。

075

黄山
手牵手的悠闲时光

关键词：奇松　日出　怪石

位置：中国黄山

最佳旅游时间：全年

黄山迎客松是安徽的标志性景物

　　黄山是国家级风景名胜区，AAAAA级旅游景区，我国十大名山之一，位于安徽省南部黄山市境内（景区由市直辖）。黄山又名黟山，由于山峰岩石呈现青黑色，远远望去如苍黛而出名。因为传说轩辕黄帝曾在这里炼丹，所以又叫"黄山"。黄山风景秀美，在民间流传着"五岳归来不看山，黄山归来不看岳"的说法。在假期，家长带孩子去这座举世瞩目的名山旅游，一定会给孩子带来快乐的旅游体验。

　　黄山交通便利。游客可以乘飞机、火车、大巴抵达安徽省的黄山市。黄山有2个大门，即南大门和北大门。黄山景区分为温泉、玉屏、北海、松谷、云谷、白云、西海大峡谷等景区。美丽的景色大多在峡谷或者高峰，尤其是云雾使景色更为秀丽。在1 800多米的高峰眺望风景，可以观赏青松和怪石在悬崖奇峰上争奇斗艳，峰壑间雾气弥散，岩壁上霞彩流光。黄山超凡脱俗的品质和雄壮威武的气概使游客赞叹不已！

　　黄山值得观赏和体验的景色是奇松、怪石、云海、黄山温泉、奇峰、西海大峡谷、日出、日落、佛光。奇松是"黄山四绝"之首。黄山的松树大多数生长在悬崖峭壁之间，风姿绰约，别具特色。黄山怪石大多数是花岗岩经历风化剥蚀、日晒雨淋、流水冲刷等形成的。比较有代表性的怪石是梦笔生花、猴子观海、飞来石、鳌鱼驮金龟等。黄山的云海，奇艳惊人。山峦间穿行的漫天云雾和层层积云，随风飘移，时不时做上升下坠、回旋舒展等运动，形成千姿百态的奇特云海景象。根据云海所处位置的不同，可以把黄山云海分为天海、东海、南海、西海、北海。

◎ 宏村是安徽的古村，徽式建筑矗立在水边，风景优美

黄山的温泉景区蕴藏的温泉水质清澈、味道甘美、无色无臭，常年温度保持在42℃，既可以饮用，也可以洗浴。温泉能治疗多种疾病，故被誉为灵泉。黄山千米以上的山峰一共有72座，包括36大峰、36小峰。最高峰是莲花峰，观赏日出的最佳峰是光明顶，最险峰是天都峰，此外还有莲蕊峰、鳌鱼峰、始信峰、狮子峰、丹霞峰、九龙峰等。

黄山西海大峡谷长约3 600米，总面积达25平方千米，呈"U"字形，最大落差达400米。峡谷集险、奇、幽、峻为一体。站在峡谷入口，可以观赏到幽深的峡谷奇峰林立、怪石嶙峋、峡壁陡峭，在峡谷中生长着茂密的植物，更显得峡谷郁郁葱葱。

黄山最惊艳的景色是日出、日落、佛光、雾凇和雨凇。黄山的日出景色宏伟惊艳、气势磅礴。在破晓之前，翻滚的云海上浮现一圈金色的花边。之后，一轮红日冲出云海波涛，喷薄而出，天空霞光万丈，山脉沉浸在艳丽的彩光之中，犹如一个万花筒，令人眼花缭乱，美不胜收。在日落时分，万山含金，游客仿佛进入一个亦真亦幻的仙境之中。

黄山最令人赞叹的是佛光。佛光大多出现在雨后初晴的上午或者阴雨初霁的傍晚。万丈光芒的佛光，令游客赞叹大自然的神奇。此外，黄山雨凇和雾凇的景象也令人留恋不已。

温馨提示

❶ 游客最好轻装上山，少带一些物品，以免消耗大量的体力，影响登山的进程。

❷ 登山时最好带上雨衣，下雨时山上风大，不适宜打伞。

富士山
日本的象征

关键词：瀑布　湖水　科普
位置：日本本州
最佳旅游时间：4月

富士山是位于日本本州中南部的一座著名的活火山，也是世界上最大的活火山之一。在日语中，富士山的意思就是"火山"。它海拔3 776米，面积为90.76平方千米，横跨山梨、静冈两大县，被日本人奉为"圣岳"，是日本的象征。富士山山顶终年白雪皑皑，就如同明信片上的风景一样漂亮迷人。在假期，家长可以带孩子去日本富士山旅游，感受异国他乡独特的文化情调，让孩子度过快乐的假期。

在交通方式的选择上，游客可以先乘飞机抵达日本东京，然后从东京的新宿车站乘JR中央线至大月车站，再转富士急行线，在富士吉田车站下车。根据高度，富士山可以分为十段，日语叫十合目，通常是在五合目开始登山。登富士山一共有4条路线，分别是河口湖、须走口、富士宫口、御殿场口，最短路线需要4小时，最长路线需要8小时左右。围绕着富士山共有白山岳、剑峰、久须志岳、大日岳、伊豆岳、成就岳、驹岳和三岛岳8座山峰。坐落在山峰顶端的圣庙——久须志神社和浅间神社是富士箱根伊豆国立公园的主要风景区，也是游客经常游览之地。

富士山南麓是一片面积广阔的高原地带，草原上绿草茵茵，是最佳观光牧场，牛羊成群。牧场一年四季景色优美，夏天适合游泳、露营、钓鱼等各种活动，冬季则是滑冰滑雪的绝佳场所。据说在山顶的火山湖中沐浴，能消除一切灾祸。富士山的西南麓是举世瞩目的音止瀑布和白丝瀑布。白丝瀑布从岩壁上空落下，落差达26米，分为十余条涓涓细流，如同从天而降的无数条白练，形成一个宽130多米、颇为壮观的雨帘，令人赞叹不已。在一根巨柱上从高处冲击而下的是音止瀑布，声音如同轰雷，响彻天地。

富士山的北麓从东向西可以分为

东京的春天十分美丽迷人

美丽的富士山矗立在水边,巍峨壮观

山中湖、河口湖、西湖、精进湖、本栖湖5个大湖。湖面被秀丽的群峰围绕,如镜子一样清晰,倒映着富士山的影子,堪称富士山奇景之一。湖畔有丰富多彩的运动设施,可以开展滑水、网球、露营、垂钓、划船等休闲活动,适合孩子在这里玩耍娱乐,提高身体素质。在5个大湖中,环境最为幽雅宁静的是西湖。在湖边有青木原树海、红叶台、足和田山、鸣泽冰穴等景区。在五湖中,最小的是精进湖。它面积虽小,风格却最为独特。精进湖岸地势复杂,环绕着悬崖峭壁。湖水最深的是本栖湖,最深处可以达到126米,特点是长年不结冰,湖水呈深蓝色,散发着一种深不可测的神秘色彩。

富士山的神奇在于它有时候如钻石一般闪耀发光。由于受气候等条件的影响,富士山在不同时期会呈现不同的"表情"。太阳从富士山顶升起或者落下的一瞬间,游客看到的富士山宛如熠熠闪光的钻石,这种奇异美景叫"钻石富士"。富士山和光芒四射的阳光交织成的自然美景,就是杰出的大自然艺术作品。它的神奇还在于人们根据山顶上的云朵形状可以准确预测天气情况。富士山上覆盖的云朵以卷云和帽子云两种形态最为著名。这两种云变化独特,形状格外美丽。日本民间流传谚语"帽子云覆盖山顶,一层斗笠就是下雨的征兆",意为云朵变化能表现天气变化。在这里,家长可以讲述富士山云朵变化代表天气变化的原因,给孩子讲解气象知识。

> **温馨提示**
>
> 最佳取景点:芝樱会场(距河口湖1小时车程)、和平公园;天气晴朗时,在东京都厅观景台可眺望富士山。富士山只能于7月、8月登顶,有兴趣者可以徒步登山。

约塞米蒂国家公园
火焰瀑布的绝美

关键词：火焰瀑布
位置：美国加利福尼亚州
最佳旅游时间：2月

约塞米蒂国家公园位于美国西部的加利福尼亚州，占地面积2 800多平方千米，是世界上景色最为优美的国家公园之一，以冰碛、山谷、瀑布、内湖、冰山等闻名于世。公园在地理结构上，以约塞米蒂谷为中心。著名的默塞德河流过众多的峡谷，使山谷中汇集着壮丽的瀑布，包括世界著名的约塞米蒂瀑布。在那里，有许多美丽的山峰。在海拔600～4 000米的高山上，覆盖着茂密的亚热带针叶林，有着世上罕见的由冰川作用形成的大量花岗岩浮雕，以及珍稀的动物和植物。各种景致千姿百态，美不胜收。伟大的博物学家约翰·缪尔也如此感叹公园的美景："上帝似乎总是在这里下功夫装扮美景。"最特别的是，这里还有世上罕见的火焰瀑布。假期家长可以带孩子去约塞米蒂国家公园旅游，在山谷中领会大自然淳朴的风情，令孩子度过快乐的假期。

公园内风景优美

白练般的瀑布吸引着游客静静欣赏

　　在交通方式的选择上，游客可以先乘飞机抵达美国的旧金山，然后从旧金山坐火车或者巴士抵达史塔克顿，再坐巴士经SR120到达约塞米蒂国家公园。在公园山谷3条公路的会合处，有峡谷景色（Valley View）和隧道景色（Tunnel View）两个瞭望台。这两个瞭望台是观看"U"形约塞米蒂谷的最理想位置。沿着山路直上，游客可以体验青翠山谷间瀑布的风情。在清晨艳丽的日出中，游客可以观赏伴随着薄雾的弥散而逐渐浮现的"三兄弟峰"，还可欣赏拔地而起的"落箭岩"的俊俏，以及受冰河作用切割的"半圆丘"的雄伟。谷底有由特纳雅、伊利洛特和约塞米蒂3条支流汇成的大河——默塞德河，它流过山谷，使之成为世界上瀑布最密集的地区。在每年2月的日落时分，幸运的游客可以观赏罕见的火焰瀑布。

　　日落时分，在山谷中，瀑布呈现出绚丽斑斓的景象，犹如发光的熔岩，人们称之为"火焰瀑布"。火焰瀑布形成的条件是非常苛刻的：在埃尔卡皮坦山的东部正巧有充沛的水量从高处流下，在300米高的马尾瀑布上，夕阳正巧照亮橙色薄雾和红色薄雾，才能形成如火焰燃烧一样的美妙效果。在日落时分，火焰瀑布形成的时候，约塞米蒂谷山顶从西到东的阴影把埃尔卡皮坦山逐渐覆盖，游客只能观赏夕阳反射在瀑布上的一道狭窄光线。阴影下的岩石和闪闪发光的瀑布薄雾交相辉映，使得整条瀑布仿佛在发光。

　　约塞米蒂谷还是全世界攀岩爱好者的天堂。峡谷里有整块的花岗岩，孩子可以参加各种攀岩活动，在安全、刺激又愉悦的运动中，孩子会获得快乐的旅游记忆。

温馨提示

❶ 这里属于登山者的天堂，普通游客要量力而行。

❷ 约塞米蒂谷地形狭长，长焦和广角镜头都需要配备，但注意防止瀑布溅湿摄影器材。

落基山国家公园

震撼心灵的山谷美

关键词： 班夫国家公园　湖泊　山峰

位置： 加拿大阿尔伯塔省和不列颠哥伦比亚省

最佳旅游时间： 6月至8月

加拿大的落基山国家公园是世界上占地面积最大的国家公园之一，包括班夫国家公园、贾斯珀国家公园、库特尼国家公园和幽鹤国家公园4个公园。在公园里，连绵起伏、层峦叠嶂的群山蕴含着丰富的温泉资源和冰川，嶙峋的棱角与流动的冰川呈现出鲜明的对比。多姿多彩、千姿百态的山峰地貌孕育出多样的野生动物、植物和迷人的自然风景。在假期，家长可以带孩子去加拿大的落基山国家公园旅游，在多姿多彩的山峡风景中，享受美的心灵震撼，给孩子留下快乐的假期记忆。

在交通方式的选择上，游客可以先乘飞机抵达加拿大的温哥华或多伦多，再转飞加拿大境内航空到卡尔加里或埃德蒙顿，然后租车自驾游览公园。也可以先乘飞机抵达加拿大的卡尔加里，然后坐"落基山登山者"号度假列车游览落基山国家公园。在落基山国家公园，可以先去名声最大的班夫国家公园。游客可以花10加元坐空中缆车，只需8分钟就可以到班夫国家公园的硫黄山观景台上享受360度的宽阔视野。在那里，可以凭栏远眺，观赏山谷冰川耸立、雪峰跌宕、层峦叠翠的景致，也可以在静如处子的湖上划小舟，在层林尽染的树林间漫步，平日劳顿烦躁的心灵在山水湖景声中得到净化。每年夏天，众多的印第安人在草地上搭帐篷和舞台，身着独具特色的民族服装表演民族歌舞，给游客带来非同凡响的民族文化体验。山谷间有大自然的神来之笔——千年沉淀的温泉资源，让游客洗去心灵浮躁的尘埃。

班夫国家公园是加拿大最大的动物保护区。游客可以与羚羊、松鼠、麋鹿等亲密接触，有时还会遇到狐狸和黑熊。游客也不必害怕黑熊这些庞大的动物，只要不招惹它们，它们绝对不会伤害游客。总之，班夫国家公园的美难以

公园内的动物在大山脚下抬起高傲的头

风景迷人的落基山国家公园

用文字道尽，需要亲自感受那种融于山脉美景的感觉。

贾斯珀国家公园是加拿大落基山脉最大的国家公园。公园里有派翠西亚湖、巫药湖和玛琳湖，这些美丽的湖与玛琳峡谷交相辉映，呈现出大自然鬼斧神工般的俊俏美丽。其中哥伦比亚冰原是落基山面积最大、最古老的冰原，每年吸引着全世界众多游客慕名前来。

库特尼国家公园建于1920年，占地面积达1 406平方千米。它因生态系统的完整性、多样性和风景地貌的多样性闻名于世。公园里有供游客健步用的步道、供家庭野炊用的野餐区。在这儿，游客可以观赏宁静的湖泊、深邃的峡谷，享受能治疗多种疾病和舒缓疲劳、富含硫化铁的温泉，在清澈的泉水中放松疲惫的身心。

幽鹤国家公园是加拿大落基山国家公园群中面积最小的公园，但有着梦幻般的景色，令游客叹为观止。公园中还有高山、冰河、冰泉、湖泊等特色鲜明的景区，著名的欧哈拉湖是不容错过的胜地。这些景色都表明，加拿大落基山国家公园一定会给来旅游的家庭非凡的旅游体验，它是假期亲子游的最佳山光观赏地之一。

温馨提示

❶ 加拿大地处西半球，注意时差。

❷ 注重多带保暖的衣服。

079

关键词：萤火虫洞　钟乳石　银河
位置：新西兰怀卡托
最佳旅游时间：全年

萤火虫洞
梦幻迷离的星空

夏日的夜晚，许多孩子都有在郊外看到萤火虫的经历：在漆黑的夜空，成群的萤火虫一闪一闪发出的光芒，那么微弱但又那么璀璨和迷人……不少孩子甚至还有一个梦想——让小精灵似的萤火虫如星星一样垂挂在夜空。实际上，在南半球的新西兰北部，就有这么一个洞穴，能使孩子梦想成真。这个洞穴就在新西兰怀卡托的怀托摩溶洞地区，是一个举世瞩目的地下溶洞，叫怀托摩萤火虫洞。萤火虫洞的美景，被称作世界性奇迹。假期家长带孩子去新西兰的萤火虫洞旅游，观赏岩洞里成千上万只萤火虫熠熠闪光、灿若繁星的美景，圆孩子的萤火虫梦，无疑是一个很明智的选择。

在交通方式的选择上，游客可以先乘飞机抵达新西兰的惠灵顿，然后从惠灵顿乘飞机到汉密尔顿，之后坐大巴，走3号公路，再转入37号公路前行至主路就可以抵达这一著

● 萤火虫洞内狭窄幽深，岩壁在灯光的掩映下熠熠生辉

📍 萤火虫洞，洞外洞内水道相通，需划船方可进入

名景点。在洞口，沿着石阶下至河边，然后登上小船，沿着地下河就到了怀托摩萤火虫洞。坐在小船上，岩洞中黑暗和静谧反复叠加，四周是伸手不见五指的漆黑。能听到的只有船前进的声音，以及轻轻的流水声。

随着船缓慢地行驶，渐渐地就会有萤火虫星星点点的微光浮现，仿佛有光影在水面晃动。之后星光越来越密集，游客会发觉自己真的在一片璀璨"星空"之下了！星空如

溪水从洞中潺潺流出，河畔是繁茂的原始植被

此之近，似乎触手可及。在头顶流动着一条浅绿的光之河，河中绿色的光点如闪烁的繁星，密密麻麻地布集着。繁星密集处层层叠叠，稀疏的地方有点点微光。孩子会很惊喜，以为自己真的来到了银河。实际上，这条浅绿光之河的构成体就是闪烁着微光的萤火虫。在洞穴壁上停驻着成千上万只萤火虫，靠着身上闪烁的微光拼凑出了一条美丽闪烁的银河。远远望去，又如同夜幕中霓虹灯初照时的万家灯火。倒映在水面的银河影子，如万珠映镜，真是美不胜收。

山洞生长着千奇百怪的钟乳石。有的是从洞顶向下生长的"坠子"，有的是在洞底拔地而起的石笋，还有的是经历数百年滴水形成的尖锥状的层状岩体。

欣赏完奇异的钟乳石美景之后，游客可以在导游的指引下，探索"银河"发光的秘密。家长可以叫孩子注意在侧面岩石上的绿白色微光下，是无数条长短不一的半透明状细丝。细丝从洞顶垂直而下，在每条丝上凝结着众多"水滴"，如同晶莹剔透的水晶珠帘。听着导游的解释，孩子明白它们是发光的萤火虫分泌的附有水珠般黏液的细丝，如同蜘蛛网一样，在昆虫碰撞细丝被粘住死亡之后萤火虫可以饱餐美食。新西兰怀托摩萤火虫洞的萤火虫生命周期只有1年，幼虫会发光吐丝，伴随着年龄的增长荧光越加明亮，这就是洞穴美景的奥秘。在游玩过程中，孩子大开眼界，增加了见识，学到了书本上没有的知识。

游览洞穴最简单的方式是乘船或者步行，如果喜欢冒险，可以体验黑水漂流，就是坐在充气的橡胶内胎上穿梭洞穴，那可是相当精彩刺激的。新西兰怀托摩溶洞地区的梦幻奇迹美景，一定能成为全家人难忘的记忆。

温馨提示

在萤火虫洞内不能拍照、摄影，在水洞内不能发出声响。

关键词：袋鼠　蕨类植物　蒸汽火车
位置：澳大利亚墨尔本
最佳旅游时间：全年

丹顿农山脉国家公园

悠然静谧的森林

丹顿农山脉国家公园位于澳大利亚墨尔本的东南边。在那里，保存着世界上罕见的参天森林。公园里生长有郁郁葱葱的蕨类植物，生活着包括巨型琴鸟、笑翠鸟、红玫瑰鹦鹉在内的本地鸟类。站在海拔高的山顶，可以饱览公园的壮丽风景。在森林中漫步探索，可以在蕨树溪谷野餐场、独树山、舍布鲁克森林等地美美地享用美食。在公园附近的花园、咖啡店、工艺品店、餐厅、精品商店可以感受澳大利亚别致的文化氛围，搭乘"普芬"号火车旅游观光可以留下美好的记忆。此地具有超凡脱俗的美丽气质，假期时家长带孩子去旅游是非常值得的。

在交通方式的选择上，游客可以先乘飞机抵达澳大利亚的墨尔本，然后搭乘公交车到公园。在这儿，自然栈道、野生蕨树森林、花园构成了丹顿农山脉国家公园的鲜明特色。登上澳大利亚最古老的蒸汽火车——"普芬"号，可以观赏峡谷中苍翠密集的森林和蕨树。来到威廉里基茨野生动物园，在花园中铺满岩石的小径上，可以目睹矗立着的陶瓷土著人雕像风采。在春天的时候，还可以看到公园繁多的小苍兰、郁金香、杜鹃花、水仙花在争奇斗艳……

丹顿农山脉国家公园有一处吸引小朋友的地方，当地华人叫它"鹦鹉山"。在山上，聚集着专门供人喂养的大大小小、种类繁多的鹦鹉。数量最多的是羽毛雪白、头顶着一道黄色羽冠的美冠鹦鹉。美冠鹦鹉不怕生人。只要游客手上或者盘子里装着葵花籽，它们就会拍打着翅膀与人亲密接触"嗑瓜子"。公园里还有专门供家庭聚餐的烧烤炉子。家长与孩子可以在这里吃烧烤、喂鹦鹉、爬山，做个深度的森林空气富氧水疗，实在惬意无比！

鹦鹉山上的美冠鹦鹉

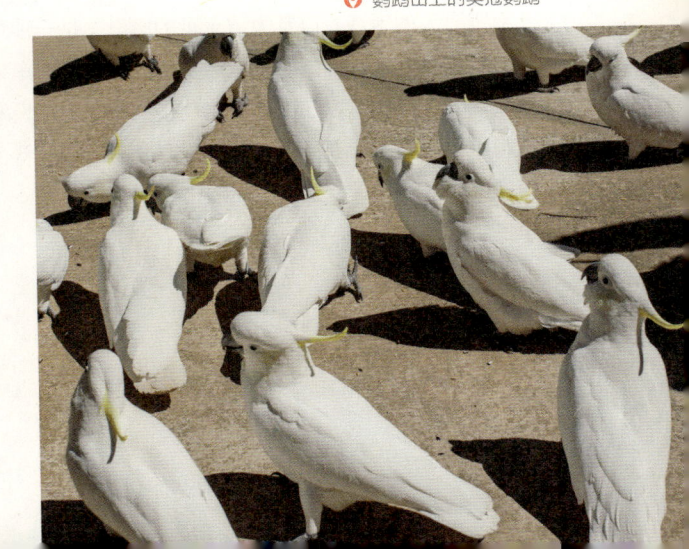

丹顿农山脉国家公园幽静美丽

在丹顿农山脉国家公园，游客可以观赏在茂盛植被中生长和栖息的野生动物，最受游客喜欢的动物是澳大利亚的象征——袋鼠。袋鼠是食草类动物，活动时间通常是夜间、清晨或者傍晚。袋鼠的特点是不会行走，蹦蹦跳跳前进，令人觉得非常可爱。在这里，家长可以对孩子讲，澳大利亚之所以选择袋鼠作为国徽上的动物之一，并且以它们为国家的荣耀，主要是因为袋鼠象征着只会前进、不会后退，永不放弃、永不退缩的精神，在生活中也应该学习袋鼠的这种精神。家长也可以引导孩子观察，袋鼠虽然表面可爱温驯，却有着一双强有力的后腿，以及力道十足的尾巴，是一种只可远观的动物。家长还可以带孩子乘坐穿梭在丹顿农山脉国家公园的"普芬"号小火车，这是观赏袋鼠的最好方式。通过火车的玻璃窗，游客可以在山脉植物茂密生长的沟壑里发现袋鼠的身影。可爱的袋鼠会令孩子欢腾不已。澳大利亚丹顿农山脉国家公园因独具特色的气质堪称假期亲子游的最佳山脉公园之一。

温馨提示

请穿着舒适的运动鞋，携带太阳镜、防晒霜、帽子、水壶、相机，天气较冷的月份最好带上一件外套。

081

关键词：滑雪 少女峰 冰川
位置：瑞士的阿尔卑斯山脉
最佳旅游时间：7月至8月

阿尔卑斯山脉
风光无限

　　阿尔卑斯山脉位于欧洲中南部，是一条贯穿欧洲多个国家的山脉，覆盖了意大利北部边界地区、瑞士、奥地利、法国东南部、德国南部、斯洛文尼亚等国家和地区。阿尔卑斯山脉最靓丽的风景在瑞士部分。绵延不绝的山脉占据了瑞士国土面积的62.5%。瑞士的阿尔卑斯山脉满山遍野都是鲜花，令人目不暇接，如童话世界一般梦幻浪漫。壮美的雪山每年吸引着众多游客的到来，奇丽俊俏的冰雪风光是滑雪、登山、赏雪爱好者的天堂。在假期，家长带孩子去瑞士的阿尔卑斯山脉旅游，在异国他乡感受山脉的迷离色彩和浪漫格

阿尔卑斯山脉的火车是这里的一大景观

阿尔卑斯山脉是滑雪爱好者的天堂

调，无疑是非常明智的选择。

　　瑞士的阿尔卑斯山脉旅游景点颇多。在交通方式的选择上，游客可以先乘飞机抵达瑞士的首都伯尔尼，然后从伯尔尼坐火车到瓦莱斯州的策马特。策马特小镇人口只有15 000人，海拔500多米。在这儿没有一辆排放尾气的汽车，交通方式是马车、电动巴士或者步行，因而空气纯净清新、环境幽雅。在小镇上矗立着高4 478米、拥有钢铁般三角锥造型、阿尔卑斯山脉最著名的山峰——马特洪峰。马特洪峰犹如擎天柱，直指苍穹。山峰特殊的三角锥造型是阿尔卑斯山脉形象的代表。在朝晖、夕阳的映照之下，山体上的积雪在阳光照射下发出金属般的光芒，摄人心魄。山峰陡峭险峻，一般观光者认为马特洪峰是一个难以接触的美景，登山者却认为它是一处高难度的登山胜地。它的险峻每年都吸引着众多登山爱好者前来做极限挑战。

　　除了马特洪峰，这儿的策马特峰也有令游客深深折服的壮丽景观。在策马特峰顶，游客可以观赏世界上最大的冰川世界，领略策马特峰画卷一般的诗意美景，欣赏阿尔卑斯山脉的无限风景，体验丰富的运动项目。这里有闻名遐迩的滑雪场地，每一个滑雪爱好者都把策马特峰当作体验滑雪运动的天堂。

　　瑞士有一条连接阿尔卑斯山脉自然风景的铁路——雷塔恩铁路。这条铁路从瑞士的圣莫里茨或者库尔出发，穿过瑞士东南部的意大利语区，最终到达意大利边境小镇蒂拉诺。

黄昏中的阿尔卑斯山脉在灯火的映衬下更加迷人

　　这是世界知名的窄轨铁路，全程只运行4个小时。游客可坐火车看尽阿尔卑斯山脉的美丽山色。在行驶过程中，火车在山间呈螺旋状爬坡，透过玻璃，游客可以观赏白雪皑皑的阿尔卑斯山脉、精巧的山中小镇、飞流而下的瀑布、灰白或者碧绿的高山湖泊。山间的青山绿水如精灵一般闪过，美得令人心醉！

　　游客在蒙特勒和卢塞恩可以乘坐"金色快车"前往因特拉肯，观赏瑞士著名的少女峰。少女峰被称为阿尔卑斯山脉的"皇后"，是阿尔卑斯山脉的最高峰之一。它宛如一位披着长发、银装素裹的少女，恬静地在蓝天白云之间仰望。从少女峰的山下到山顶，景观是充满活力、变幻无穷的。山腰绵绵不尽的翠绿青草衬托着花儿的艳丽，山坡上牛群在悠闲地嚼草，牛的叫声在山谷中清脆地回荡，这一切美景都令人如痴如醉。在山谷中可以观赏恬淡安详的村落中人们质朴又闲适的生活方式。山顶上雪雾弥空，白雪飘飞，一派冰雪世界的奇观。这种多变的自然风景构成了阿尔卑斯山脉独有的迷人气质，令每一位游客都如坠仙境，流连忘返。

> **温馨提示**
>
> 瑞士的几大城市都位于"**全球最安全城市**"榜单上，但仍提醒您不要放松警惕，在旅途中仍需要增强安全防范意识。

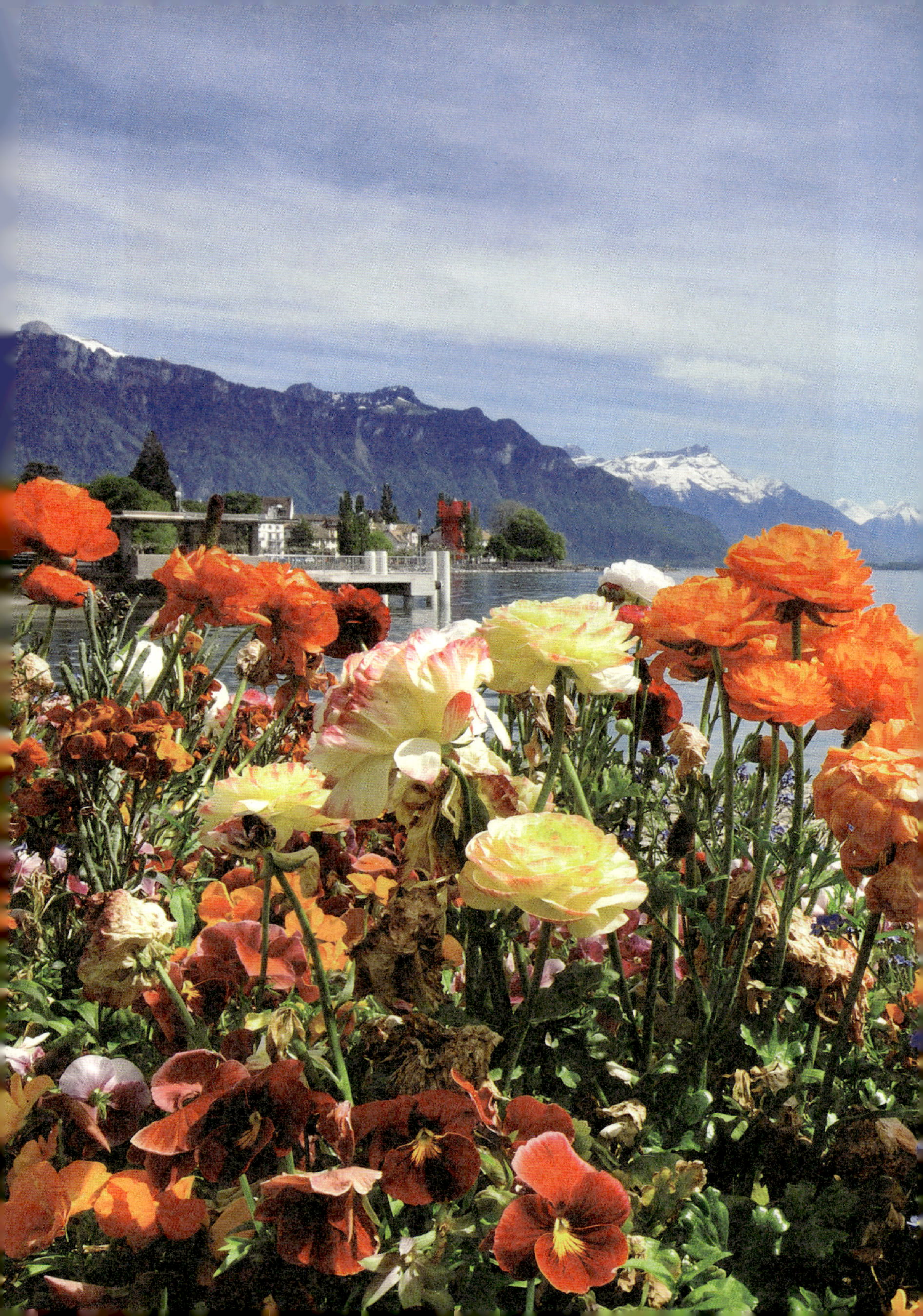

第九章

湖光艳影，大地碧绿的瞳孔

在地球上，
滋润大地的除了广袤的蔚蓝海洋、
奔涌的河流，
还有星罗棋布的湖泊。
这些湖泊是大地的眼睛，
如同水晶一样纯净，
又如翡翠一样迷人。
本章搜集了
全世界著名的湖泊旅游地点，
方便家长带着孩子
去水的梦幻世界旅游，
享受独一无二的湖泊风情。

丹江口水库
神州大地上的明珠

关键词：奇山　中原文化　小三峡

位置：中国湖北省丹江口市和河南省南阳市淅川县

最佳旅游时间：4月至10月

丹江口水库位于汉江的上游，分布在湖北省丹江口市和河南省南阳市淅川县，水域横跨湖北、河南两个省份。丹江口水库是亚洲第一大人工淡水湖，依山傍水、风景旖旎，湖面水质透明、视野开阔。在假期，家长带孩子去丹江口水库旅游，在山清水秀的风景中领略当地悠久而厚重的文化，无疑是一个很明智的选择。

在交通方式的选择上，游客可以先乘坐飞机、火车或者巴士抵达河南南阳市，然后从南阳搭乘到香严寺的直达车（一天只有一班，14:30出发）。丹江口水库空气清新，日照时间长。水面碧波万顷，清晰透明的湖水倒映着蔚蓝天空与白云的倩影，犹如一幅美丽的画。湖两边矗立的奇山异石有着独具特色的姿态。游客坐渔舟或游艇荡漾在碧波上，仿佛行走在画卷中，四周的群山如飘在水上一般，令人心旷神怡。

坐船抵达水库时，游客会观赏到一处几十千米的狭长江面，江面两岸奇峰对峙，陡壁峭立，野藤倒挂，这就是著名的丹江"小三峡"——大白峡、云岭峡、雁口峡，其风

丹江口水库美丽迷人的景象

景可以与长江三峡相媲美。在挺拔的狮子山壁上,有一尊高达15米的天然石佛,石佛面对江面,正襟危坐,平视前方,面容神态安详,很有乐山大佛的气概。石佛合掌于胸前,仿佛在给来往的人送平安和祝福。

丹江口水库边缘情人岛度假村的房屋设计是家庭套房式,客人入住如在家一样舒适方便。风和日丽的时候,丹江水面平滑如缎子,翔集江面的海鸥、嬉戏的野鸭,更使人觉得丹江口水库祥和温馨。日出或日落的时候,空中飘浮的彩霞映入湖中,使漫漫的江面如同锦绣一样灿烂。斜风细雨的时候,大珠小珠一样的雨滴坠落,如同碎玉飞溅,青山如同披纱含羞的少女,山拥抱着水,水亲吻着山,更使游客体验到丹江风景的甜蜜和柔美。

丹江口水库有深厚的中华文化底蕴

丹江口水库不仅拥有幽雅的湖光山色,更有着深厚的传统文化底蕴。丹江口水库淹没的地方是战国时期楚国著名的古都丹阳。历史上著名的诗人屈原在流放的时候写下了许多流芳百世的诗篇,其中《国殇》中描绘的秦楚丹阳之战就发生在这里。在水库岸边,游客可以看到许多春秋战国时的古墓群,25座楚墓中一共发掘出7 000余件珍贵文物,记载着昔日顺阳川的繁荣。楚国令尹子庚墓中出土的编钟是目前全国编钟类中最佳的一套。出土的古排箫、铜禁等文物也都反映了2 000多年前楚国的文明盛况和丹江口悠久的历史文化底蕴。

丹江岸上的香严寺是河南省四大古刹之一,是游览区一颗璀璨的明珠。"倚树听泉声,忽鸟唤高枝",这是对香严寺胜景的真实写照。香严寺是一座气势磅礴的建筑,山脚的阶梯和山腰的庙宇被古树苍柏包围,处处藏秀,显得环境神秘幽雅,电视剧《包公》和《阮氏三雄》就是在这里拍摄的。在丹江沿岸4 000米内,有20余处文物景观。繁多的古迹文物与自然景观的融汇,使丹江口水库显得更为瑰丽和神秘。

温馨提示
坐船游玩的时候,最好携带一双塑料拖鞋或一次性拖鞋,以便在船上穿,同时最好携带一套干净的衣服,以便下船时更换。最好穿凉鞋。

083

关键词：草原　湖泊　藏族

位置：中国西宁

最佳旅游时间：4月至8月

青海湖
高山下的花环

"在那遥远的地方，有位好姑娘……我愿流浪在草原，跟她去放羊……"这首优美的民歌赞叹的是青海湖的美丽。青海湖又名"措温布"，在藏语中是"青色的海"的意思。青海湖位于青海省西北部的青海湖盆地内，是我国最大的内陆湖泊，也是面积最大的咸水湖。青海湖地处青藏高原的东北方向，湖的四周为巍峨的高山，东边是雄伟巍峨的日月山，西面是嵯峨峥嵘的橡皮山，北边是雄伟壮丽的大通山，南边是绵延逶迤的南山。在假期，家长带孩子去青海湖旅游，可以领略我国青藏高原神秘又博大精深的文化。

在交通方式的选择上，游客可以先乘飞机、火车抵达青海的省会城市西宁，然后从西宁坐大巴抵达青海湖。在青海湖畔眺望，只见一片苍翠的山岭合围环抱的湖水，碧波连天，波光潋滟，明亮如镜子的湖面倒映着白雪皑皑的雪山。在水天一色的蓝天碧湖间，万鸟翱翔、鱼群欢悦。湖岸地势平坦开阔，葱葱绿绿的草滩上，浮现的是如白云一样的羊群。这里气候温和，水源充足，水草丰美，是青海省富饶的天然牧场。

青海湖四季的风景是不一样的。夏季与秋季的大草原，天高气爽，景色旖旎。辽阔的草原上如同铺了一层厚厚的绿绒毯。点缀在青翠碧草间的是金黄色的油菜花和五彩缤纷的野花，迎风飘散着香气。湖边牧民们的帐篷如繁星般点缀在广袤的草原上。数不清的结实的马和膘肥体壮的牛羊如五彩斑斓的珍珠般洒满草原。在湖畔，齐整整的田园麦浪随风翻滚，如画卷一样令人心旷神怡。此时，清澈如镜的青海湖如同一壶琼浆，在微风中微微荡漾。冬天寒流来临的时候，围绕湖面的群山和草原变为枯黄一片，有时还会裹上一层厚厚的"银装"。11月，青海湖碧水结冰，碧澄浩瀚的湖面

◎ 湖边悠闲散步的羊群给青海湖增添了勃勃生机

金灿灿的油菜花，羊、水、山，这一切构成了一幅完美的油画

银装素裹、冰封玉砌，如同一面在阳光下熠熠闪光的宝镜，散发着炫目的光芒。

鸟岛位于青海湖的西北部，面积约80公顷，是鸬鹚、棕头鸥、斑头雁、鱼鸥等10多种候鸟繁衍生息的地方，鸟的数量可以达到10万只以上。现在鸟岛上有专门的鸟岛自然保护区，家长可以带着孩子观赏稀有鸟类，学到教科书上没有的知识。

青海湖的南侧是著名的二郎剑景区。在景区里，有别具特色的藏式风情宾馆、购物中心、餐厅等，周围还有藏传佛教的雕塑、经幡等，设有赛马、快艇、沙地摩托等娱乐项目。孩子可以在这里游玩，体验藏族风情。在二郎剑景区的广场上，沿着湖滨设有一圈木质栈道。散步在栈道上，可以观赏天空中翱翔的海鸥，景色宜人。走在栈道的东侧可以观赏西王母、福娃等雕像。在我国神话传说中，青海湖是天宫王母娘娘居住的瑶池。在湖中可以看到一处鱼雷基地遗址，那是中华人民共和国成立之后151鱼雷基地的所在地，因此也被称为151景区。家长可在这里对孩子讲述我国的神话传说，还有藏族的故事，让孩子体验别具风情的藏族文化。

> **温馨提示**
>
> 青海湖昼夜温差大，如果在4月至6月、9月至10月来青海湖旅游，要穿加绒冲锋衣和秋裤。青海湖地处高原，紫外线非常强烈，一定要备帽子、墨镜、长袖衬衫和防晒霜。

关键词：五大湖　淡水　稀有动物

位置：美国与加拿大之间

最佳旅游时间：7月至8月

五大湖
世界最大的淡水湖群

 苏必利尔湖风景宜人

　　五大湖位于北美洲的中东部，美国与加拿大之间，是5个相互连接的湖泊的总称。这5个湖分别是苏必利尔湖、密歇根湖、休伦湖、伊利湖和安大略湖。五大湖是世界上最大的淡水水域，总面积为245 660平方千米，再加上丰沛的水量与地处北美大陆的中部，又有"淡水海"和"北美大陆地中海"的美称。五大湖地区气候宜人，温度一般保持在25～35摄氏度，环境舒适，适合七八月暑假的亲子游。

　　在交通方式的选择上，游客可以先乘飞机抵达美国著名工业城市芝加哥，然后坐巴士去观赏密歇根湖。密歇根湖是五大湖中第三大湖，也是唯一属于美国全部管辖的湖泊。湖泊北端多岛屿，以比弗岛为最大。湖域气候温和，冬季也很少全部结冰，一年四季都有轮渡往返。在湖岸有湖水冲蚀成的悬崖，东南岸沙丘比较多，最为著名的是州立公园和印第安纳国家湖滨区的沙丘。湖北岸曲折的港湾盛产鳟鱼、鲑鱼等，渔业和垂钓业比较发达。

　　之后，游客可以从密歇根湖坐轮船，抵达美国最西北和最大的一个湖——苏必尔

密歇根湖波浪与岩石的撞击

湖。它也是世界上第二大湖，是面积最大的淡水湖。湖的西南面是美国，东北面是加拿大。湖岸丛林茂密，人口稀少，风景秀丽。苏必利尔湖幽雅宁静，水质清澈，湖面风浪多，冬寒夏凉。湖中主要岛屿有罗亚尔岛、阿波斯特尔群岛、米奇皮科滕岛和圣伊尼亚斯岛，其中最美丽的是罗亚尔岛，它也是美国著名的国家公园之一。

接着，游客可坐轮船抵达休伦湖。在五大湖中，它位置居中，为第二大湖。在湖面上，可以领略加拿大北方微寒的气息，迎面拂来的微风有跨越冰冷水域远道而来的松针味。休伦湖的上游圣玛丽河两岸宽广，寂静的森林给人一种幽静的感觉。翱翔于碧空的海鸥，更为这一片湖水增添了淡雅的姿色。

过了休伦湖，游客抵达的第四个湖是伊利湖，美国许多著名河湖如底特律河、休伦湖、格兰德河等都注入该湖。湖的西端分布着许多岛屿，最大的是皮利岛。湖的北岸是农业平原，一派田园风光，情趣盎然。

安大略湖是五大湖中面积最小的一个，湖面呈现出如梦似幻的美景。这儿有闻名世界、飞溅直下的尼亚加拉大瀑布，是安大略湖与其他四大湖的一个虚幻的屏障。

五大湖区自然风景柔和优美，尤其在夏秋季节，红枫叶与翠绿的松杉交相辉映，构成了最美的自然景色。湖边连绵的丛林与青翠的草地，犹如绿色海洋，令人心旷神怡。

五大湖区的森林中还生活着许多野生动物，如美洲麋、熊、狼和狐狸等，湖中有美洲水貂、水猴和海狸等。偶尔还可看到北美野牛。迷人的风景和罕见的动物一定会给孩子快乐的假期体验。

温馨提示

去之前做好旅游计划，了解当地的气候和实时旅游状况，错开高峰期。可准备一些户外必备的物品以便旅途之用。

尼斯湖
水怪的传说

关键词：水怪　高地　壮丽
位置：英国苏格兰高原北部的大峡谷
最佳旅游时间：夏季

英国苏格兰高原北部大峡谷中的尼斯湖，凭借着神秘的色彩、迷人的风景、传说中的水怪成为举世瞩目的旅游景点。它是英国面积最大的淡水湖，宽阔的湖面从奥古斯都堡南端一直延伸了37千米。湖水是幽静的蓝色，平均深度是200米，最深处的水域是300米。湖水终年不冻，湖岸两边山峰陡峭，覆盖着茂密的树林。湖北段的河流与英国的北海互相连通。尼斯湖因为美丽的风光闻名于世，水怪的传说更为其增添了神秘的色彩。假期家长带孩子去英国尼斯湖旅游，欣赏美景的同时探索神秘水怪传说的渊源，是一个很明智的选择。

在交通方式的选择上，游客可以先乘飞机抵达英国首都伦敦，然后乘飞机或者火车抵达苏格兰著名城市因佛内斯，在因佛内斯搭乘917路、19路公交车可以抵达尼斯湖。当走近尼斯湖，游客感受到的是大自然的那份神秘莫测——波光潋滟的湖面、随风飘来的隐隐约约的风笛声，让人如同坠于仙境之中。游客站在湖边厄克特城堡的残垣断壁间，可以饱览碧水蓝天中山光水色的美景。在湖边，游客可以观赏矗立着的一尊尼斯湖水怪雕像。家长可以对孩子讲述尼斯湖的闻名在于它的秀丽，更在于广为流传的关于神秘水怪的传说。

传说中的尼斯湖水怪是一只长得如同蛇颈龙的庞大生物。这可不是无稽之谈，古今书籍和报纸上都记载了这件事，目击水怪的事件超过百起。为了查清尼斯湖里是否有水怪，人们利用水下摄像机、声波定位仪、电子计算机等现代化的手段探索湖水秘密，都没有找到任何迹象。所以，研究者判断，水怪这一类巨大的爬行动物在尼斯湖中是不可能生存的，因为湖水蕴藏的食物

◉ 幽静的蓝色湖水与水怪传说让尼斯湖充满着神秘的色彩

尼斯湖水怪与苏格兰城堡

难以满足其生存需要。湖中怪兽的身影可能是湖水上层和下层由于温差所引起的水流波动，深层的水流与湖面水流呈现逆方向流动，使湖水中树枝之类的物体看上去像庞然大物，如怪兽一样逆流而动。还有人认为，湖中水怪可能是鳕鱼、巨鳗一类的大型水生物，它们自身不同寻常的巨大头部使人以为是怪兽。但这些都是推断，没有确切的事实证明。无论如何，怪兽的传说使尼斯湖笼罩上了一层神秘的色彩，也为当地旅游业的发展创造了重要的契机。

之后，游客可以观赏环绕着尼斯湖的苏格兰高地的美景。苏格兰高地作为冰河世界的最后一个据点，美得令人难以置信。游客在苏格兰高地上眺望，可以发现这儿没有北欧蔓延的森林，也不存在枯寂的荒漠，覆盖的都是舒缓起伏的低矮绿草和苔藓。这里生长着的低矮又稀疏的植被不像英格兰原野的植被青翠欲滴，却给人一种古老沧桑的美感。这里遍及视野的裸露岩石、清新的空气提醒游客正处在海岛的高原之上。在夏天，虽然这儿没有山花开放那种夺目的烂漫绚丽，却可以看到满山的原野覆盖着一种叫帚石楠的紫色小花，无边的紫色在阳光照耀下，给人一种用尽生命热情怒放的昌盛感。这片寂寞的土地留给游客的是一种壮美的记忆。

温馨提示

英国汽车靠左行，过马路时记住先看右边。不少人行横道的红绿灯需行人按按钮才亮。乘坐手扶电梯请靠右站，把左边留给其他人通过。

086

粉红湖泊
世界十大奇景之一

关键词：粉红湖泊　微生物　漂浮
位置：澳大利亚西部洛切切群岛
最佳旅游时间：3月至10月

世界上有很多粉红湖泊，其中位于澳大利亚西部洛切切群岛的希利尔湖，是堪称世界十大奇景之一的粉红湖泊。希利尔湖长约200米，宽80多米，是一个不小的咸水湖，美丽的粉红色湖水使它荣登2013年《国家地理》杂志的封面。假期家长带孩子去粉红湖泊旅游，观赏令世人惊艳的美丽湖泊，探索大自然的奥秘，无疑会令孩子度过一个快乐又有意义的假期。

在交通方式的选择上，游客可以先乘飞机抵达澳大利亚著名城市墨尔本，然后租车到达这一著名景点。粉红湖泊是一个如梦似幻的粉红瑶池，湖面呈椭圆形，在沿岸密集分布着晶莹的白盐。湖的周围是呈深绿色的树林，在树林之外有一条狭窄的白色沙带，把湖与深蓝色的海水隔离开来。郁郁葱葱的树林和湛蓝透明的海水围绕着粉粉嫩嫩的湖泊，令海岸风景如彩色宝石一样璀璨迷人。游客把粉红湖泊比喻为蛋糕上的糖霜，它为岛上茂密的森林增添了几分奇异的色彩。从直升机上俯瞰，周围的深蓝、深绿、白色与希利尔湖的粉红色交相辉映，使之更为耀眼，让人不得不惊叹原来大自然也有一颗少女心，用浪漫的粉色装点大地。

不同时间来希利尔湖，湖泊的粉红色程度是稍微有差异的。在湖水盐度变化的过程中，湖面颜色由淡绿色变为浓稠的粉红色。在这儿，希利尔湖除了有少女的妆容，还有少女的风情。湖水含盐量非常高，水中不含有毒物质。游客可以穿上自己的泳装，在大自然的湖水怀抱中畅游一番。美丽的湖水是"旱鸭子"的天堂，游客可以像在死海一样，轻松地浮在湖面上。

粉红湖泊一半蓝色一半粉色，风景如画

坐在湖边，心旷神怡

当孩子对希利尔湖粉红色的水面疑惑不解的时候，家长可以对孩子讲述科学家对希利尔湖粉红色湖水形成原因的研究成果。

第一种说法是，在湖水里存在一些极端嗜盐的微生物，导致湖水向世人呈现出粉红色。科学家也指出，嗜盐微生物是地球生态系统中最奇特、最怪异的生物之一。这些微生物一般生活在极端的环境中，如澳大利亚希利尔湖这样的高盐度湖泊里。

第二种说法是，在希利尔湖存在一种叫盐生杜氏的藻类植物，它们平日在湖水中制造一种叫类胡萝卜素的色素化合物。著名科学家汉克·格林解释，正是这种胡萝卜素积极吸收太阳光线，使藻类变成了粉红色。大量粉红色藻类的存在使这个湖泊也变成粉红色。

家长还应该补充，虽然科学家研究了许久，但仍没有一个确切的湖泊变粉的解释，这也是粉红湖泊的神秘所在。家长可以让孩子把湖水装进瓶子里，让孩子观察，水即使在瓶子里还是呈粉红色。在这一游玩过程中，孩子领略了大自然的美丽和神奇奥妙，增长了见识，学到了课堂上学不到的知识。

温馨提示

澳大利亚车辆靠左行驶，车辆方向盘在右。过街时一定要先看右边，再看左边，正面为绿灯时先确定无右转或左转车，走人行横道过街，注意安全。

087

关键词：高山湖泊　指环王　潮汐

位置：新西兰南岛中南部

最佳旅游时间：全年

瓦卡蒂普湖

魔幻电影《指环王》的拍摄地

　　新西兰有一片美丽的湖泊，那就是瓦卡蒂普湖。它位于新西兰南岛中南部，呈"S"形，是新西兰第三大湖。这里不仅湖水风光优美，湖岸还有一个著名的皇后镇，是魔幻电影《指环王》的拍摄地。假期家长带孩子去《指环王》中精灵公主出没的地方旅游，让孩子感受那份纯真的童话情调，无疑是很明智的选择。

　　在交通方式的选择上，游客可以乘飞机抵达新西兰的首都惠灵顿，然后从北岛惠灵顿坐轮渡到南岛皮克顿。在坐轮渡的过程中，游客可以观赏马尔堡峡湾超凡脱俗的美，还可以看到海豹、海豚、鲸鱼等海洋动物。

　　抵达瓦卡蒂普湖，游客可以观赏这个美丽的高山湖泊，湖水散发着美丽的宝石蓝光芒，令人迷醉。在湖边，可以眺望湖畔远处的库克山和南阿尔卑斯山脉。褐色的山峰上覆盖着未融化的积雪，倒映在碧绿的湖水中。美丽动人的湖光山色成为新西兰的标志性景色。在这儿，天、地、云、阳光、微风、树、湖水都是纯净的，浮躁的心灵在心旷神怡的环境中也变纯净了。游客在夕阳西下时可以拍摄到湖中一棵形态奇异的孤树的美景。远处的雪山被太阳的余晖染成橘红色，倒映在明净如镜的湖中，与奇异孤树的倒影构成一幅美丽的图画。这幅图充实又略显冷清，颇有感伤的艺术气息。

　　瓦卡蒂普湖有一种奇妙的现象，每隔25分钟湖水就会有10厘米涨落，这种现象叫"潮汐"。在这里，家长可以对孩子讲述一个关于湖水涨落的神话故事。相传很久以前，有一个叫默特乌的水怪抢走了毛利酋长的女儿，一个毛利青年奋勇去营救，趁水怪睡觉时把它烧死了。然而，当这个青年把水怪推入湖泊中后，水怪的心脏却一直没有停止过跳动，湖水的涨落就这样开始了。

　　游客可以搭乘"TSS厄恩斯洛"

美丽的湖光山色

皇后镇就坐落在瓦卡蒂普湖岸边，黄昏中的湖泊与小镇十分迷人

号古董蒸汽船前往湖泊的另一端——华尔特峰。"TSS厄恩斯洛"号高约12米，有亮红色的烟囱，船身呈白色，配备宽敞的杉木甲板。这艘代表工业时代的古老蒸汽船现在成为新西兰的象征，在船上游客可以饱览湖泊精美绝伦的风景。在湖畔，游客可以体验钓鱼活动。在瓦卡蒂普湖的绿石河和洛奇河河口有丰富的鲑鱼，一定会令游客觉得不枉此行。夏季，清凉的湖水也决定了它是游泳避暑的绝佳胜地。

湖岸边的皇后镇又名昆士顿，是魔幻大片《指环王》的拍摄地，因其风景高雅美丽、适合女王居住而得名。这个宁静和谐的小镇如同婴儿一样安适地依偎在由白雪皑皑的南阿尔卑斯山脉和深蓝色的瓦卡蒂普湖围成的臂弯中。皇后镇四季分明，春天百花繁盛，夏天艳阳高照，秋天金黄一片，冬天白雪皑皑。如果游客乘坐缆车到皇后镇附近的鲍勃山观景台，可以看到在华灯初照的时候，天空颜色依然幽蓝一片，小镇夜景繁华又很含蓄，令人感受到不同凡响的艺术气氛。

温馨提示

新西兰四季时序与中国相反，春季为9月至11月，秋季为3月至5月，夏季为12月至次年2月，冬季为6月至8月，早晚温差较大，为10～20摄氏度。

088

维也纳地下童话王国
欧洲最大的地下湖

关键词：地下湖　清澈的湖水　莫扎特

位置：奥地利维也纳

最佳旅游时间：4月至10月

　　维也纳地下童话王国，位于水色清秀的奥地利首都维也纳。它是奥地利著名的旅游胜地之一，也是欧洲最大的地下湖，每年慕名前来观光的游客络绎不绝。假期家长如果带孩子去素有"音乐之都"的奥地利旅游，让孩子在美丽梦幻的地下童话王国中度过快乐的时光，无疑是一个很明智的选择。

　　地下童话王国坐落在维也纳西部的亨特尔布旅村。在交通方式的选择上，游客可以先乘飞机抵达奥地利首都维也纳，然后在维也纳坐9线到默德灵，接着坐364路或365路到地下童话王国。

　　地下湖是由一座石膏山改造而来的。游客如果要进地下童话王国，需要先走过一条长约450米的坑道，然后坐小船经水路抵达目的地。小船可以坐十来个乘客。坑道里面全部是石壁。石壁上暖暖的橘红色灯光与清澈透明的流水交相辉映，营造了一个扑朔迷离的童话世界。沿着流水，小船在坑道中就漂到了尽头——大厅。在大厅中，游客看到的是灯火通明的礼堂和酒吧，可能是当年的矿工留下的。墙上挂着一幅巴尔巴拉的画像，是专门用

◉ 维也纳地下湖中的黄金船

⊙ 维也纳城市公园的游乐场，热闹非凡

来祈祷的。

　　走入扑朔迷离的地下湖洞穴，游客仿佛进了迷宫，分不清东西南北，不知道往哪里前进。游客沿石阶而下，可以走到地下湖的湖边，湖面和地面只有100米的距离，湖面呈现清澈明亮的蓝。游客可以乘坐机动游船观赏湖面上的美丽风光，享受清爽的微风，在绿树青湖的辉映下拍照，留下美好的瞬间。游客在饱览湖面风景的时候会产生一种误入画卷之中的诗意浪漫感。

　　目前地下湖一共有7条小溪，水流量每秒可以达到60立方米，却没有一个天然的出水口。所以，游客乘坐的游船都是靠地下水发电机推动前进。地下湖瑰丽的风景和变幻莫测的奇光让所有游客都觉得仿佛进入了童话世界，看来"地下童话王国"的美誉果然名不虚传。

　　奥地利著名音乐家莫扎特的姥姥家就在湖边的小镇上。镇上的房子很漂亮，非常有特色。湖边的一块空地上有秋千、跷跷板、滑梯，家长可以让孩子玩这些游乐设施，并且讲述奥地利著名音乐家莫扎特的故事，对孩子进行音乐艺术的熏陶，让孩子度过一段快乐而充实的旅游时光。

温馨提示

每次游览的等待时间最多20分钟。

日内瓦湖
杰出的蓝色之湖

关键词：喷泉　爱的教育　卢梭岛
位置：瑞士与法国交界处
最佳旅游时间：夏季

日内瓦湖（法国称莱芒湖）是瑞士与法国交界处的跨国湖泊，也是阿尔卑斯湖群中面积最大的一个。日内瓦湖面积约580平方千米（瑞士境内约362平方千米，法国境内约218平方千米），海拔370多米，长约74千米，湖面最宽处为13.7千米，湖水最深处为310米。日内瓦湖是西欧著名的湖泊，有着悠久的历史文化，许多著名的诗人、作家都用优美生动的文字赞美过它，讴歌过它的美丽。如法国大文豪巴尔扎克赞美日内瓦湖是"爱情的同义词"，英国著名诗人拜伦赞美日内瓦湖是一面晶莹的镜子，"有着沉思需要的空气和养料"，作家亨利·詹姆斯称赞日内瓦湖是"杰出的蓝色之湖"。假期家长带孩子去这处闻名遐迩的湖泊旅游，在秀美的湖光山色之中领略大自然的美丽，无疑是一个很明智的选择。

在交通方式的选择上，游客可以先乘飞机抵达瑞士的日内瓦市，然后坐巴士抵达日内瓦湖。从日内瓦市到日内瓦湖的另一个湖岸城市洛桑，每隔20分钟有一趟火车往返。

日内瓦湖的形状如同一弯新月，月缺的部分与法国是相连的。日内瓦湖湖面如镜子一样清澈明亮，水波涟涟，烟霞万顷。湖水终年平静，水不扬波，冬天也不结冻，永远都是那一片清澈的深蓝。湖南边是风光秀丽、白雪皑皑的山峦，湖北部是葡萄园和牧场。湖边港湾处绿树林荫间，掩映着一幢幢整洁漂亮的别墅，给日内瓦湖增添了婉丽的秀色。

游客可以租船，在日内瓦湖

◉ 小女孩被湖边的天鹅和湖水上空的海鸥吸引了

鲜艳盛开的花朵、蔚蓝的湖水与远处的雪山构成一幅精彩的风景画

上游划。湖畔上群群白鸽将气氛渲染得和平又宁静。湖面上彩帆和游艇游弋，天鹅与水禽在湖面上戏水。风和日丽的日子里，微风吹拂，水雾飘浮不定，如同一件薄羽轻纱，使游客有仙气缥缈之感。湖中有人工喷泉，在湖面喷出一股高达150米的水柱，直冲云霄。当泉水喷射到高空，水花又变为四处飞溅的云雾，在阳光照射下，彩虹若隐若现。夜幕降临之后，映照在湖面上的霓虹灯闪烁，使湖水大放异彩。豪华游船上举办的舞会和音乐会的歌声与水波声编织为一首交响乐，别有一番情趣。

日内瓦湖畔有许多历史名胜古迹，湖中还有一座卢梭岛，以法国大革命的思想先驱卢梭的名字命名。在卢梭岛旁边有一座人权与和平纪念塔。昔日的小岛现在已变为一座美丽的公园，是日内瓦人假日与周末散步的好地方。国际红十字会总部和联合国欧洲本部等国际组织也设立在日内瓦湖畔，附近一座20多米高、断了一条腿的木椅雕塑时刻在提醒人们：每隔20分钟世界就有一个人受难。在这里，家长可以讲述卢梭的事迹及国际红十字会精神，让孩子明白自由、博爱、健康是人类社会共同关注的主题。

温馨提示

湖上的游船绕湖一周要12个小时，缓慢的船速让游客得以轻松地欣赏湖景和用餐。建议随便选乘一小段，体会一下湖光山色的浪漫即可，其余则可利用火车以节省交通时间。

死海
地球的肚脐眼

关键词：漂浮　美容泥　盐分
位置：约旦和巴勒斯坦交界处
最佳旅游时间：4月至10月

语文教材中有一篇课文名为《死海不死》，里面描述了游客漂浮在死海水面看报纸的悠然神态，令无数人心驰神往。课文所说的死海，位于约旦和巴勒斯坦交界的地方，处在一个南北走向的大裂谷地区的中间地带，是闻名遐迩的内陆咸水湖，被世人称作"地球的肚脐眼"。死海是世界上海拔最低的湖泊，湖面低于海平面398米。死海面积达810平方千米，最深处达380米，湖水盐度达300克/升，为一般海水的8.6倍。死海的湖中和湖岸盐分浓度达到30%，水中只有几种细菌和一种海藻，其他水生物很难生存。死海岸边和周围地区由于盐碱化，很难有花草生长，所以人们把这个湖称为"死海"。在假期，家长带孩子去死海旅游，感受这个闻名世界的咸水湖的风情，无疑能给孩子留下快乐的假期记忆。

在交通方式的选择上，游客可以先乘飞机抵达约旦的首都安曼，然后选择包车或者乘大巴的方式前往死海。游客在死海岸边徜徉，会深切感受到这里空气的新鲜。这里是全球空气中氧气含量最高的地方，紫外线辐射不强，再加上干燥温暖空气的浸透，让游客不用涂任何防晒霜就可以美美地享受日光浴。强烈的阳光照射着死海，海水蒸发之后留下钾、钙、钠和独特的氧化盐——镁。镁以独有的镇静疗效闻名于世，有着独特的精神疗养作用。

在清晨或者傍晚，游客可以远离人群密集的区域，在水面上平躺着，让耳朵半浸在海水中，会产生一种被水温柔以待的快乐感觉。在这里，蔚蓝透

远处火红的大山，近处色彩不同的几处海水和晶白的海盐，这壮观的景象让人心驰神往

悠闲地漂浮在海水上，还可以读书，真神奇

明的天空如锅盖般笼罩着湖面，水天一色。熠熠闪光的洁白盐结晶，把碧绿的海水衬托得清澈透明。仰望蓝天，远眺约旦的红色山崖，仿佛这个世界唯一存在的个体就是自己，天、海、人融为一体。

死海浓度过高的盐分决定了它是"旱鸭子"的天堂。不会游泳的人也不用担心会淹死。游客可以走到湖水中，到过膝深度的地方，在水中蹲下来，把腿伸直，身体完全放松，让四肢离开湖底的盐晶。慢慢地，游客会发觉自己真的漂浮起来了。等到熟悉漂浮的动作之后，可以到齐腰深的地方体验漂浮带来的快感。

在死海漂浮时必备的一个道具就是报纸，许多人都喜欢留下在死海漂浮看报纸的纪念照。在死海里是不可能游泳的，即便是游泳健将也很难在这里施展才能。因为在水中即便是正常的游泳动作也会让水溅到嘴巴或者眼睛里，盐分的作用令人十分痛苦。当盐水溅入眼睛的时候，游客可以用一瓶矿泉水清洗。下水的时候，游客也可以准备一双涉水鞋。水底都是尖锐的盐晶，容易硌脚，也容易划伤皮肤。

死海富含多种矿物质。在海水中浸泡可以治疗皮肤病、关节炎等多种慢性疾病。在死海不能错过的一个美容体验是死海泥浴。用死海泥涂抹全身，可以去角质和美容，这也是著名的埃及艳后克里奥帕特拉和现在的约旦王后拉尼亚·阿卜杜拉都钟爱的护肤秘方。家长可以尽情让孩子享受死海的特有风情，并且讲述有关死海的故事。

温馨提示

死海的水有杀菌消毒的作用，身体有伤口者要考虑清楚忍耐力再决定是否下水。中午不要漂，以免晒伤。
漂浮不要超过40分钟，否则会失水过多。

的的喀喀湖
印第安人的圣湖

关键词：野鸭子　浮动小岛　高原
位置：秘鲁和玻利维亚交界处
最佳旅游时间：春季、秋季和冬季

风景优美的的的喀喀湖

的的喀喀湖位于南美洲秘鲁和玻利维亚两个国家的交界处，海拔为3 820米，是南美洲面积最大、海拔最高、可航船的湖泊。在这个高原湖泊，可以欣赏到如大海一样宽阔的湖面，湖中央是玻利维亚和秘鲁两个国家的国界线。的的喀喀湖一直被印第安人奉为"圣湖"，四周被常年积雪的群峰环绕，一派祥和的湖光山色，风景旖旎。由于常年获得高山冰雪融水源源不断的补充，湖水一直清淡不咸。再加上安第斯山脉的屏蔽，湖面不受冷气流的侵袭，水面终年流动不冻结。假期家长带孩子去的的喀喀湖旅游，在清澈宁静的湖光山色中，让孩子度过快乐的假期，无疑是很明智的选择。

在交通方式的选择上，游客可以先乘飞机抵达秘鲁的首都利马，然后从利马坐火车或飞机抵达坡罗侬或马丘比丘。那里有一条经典的火车线路，在火车上，游客可以饱览南美洲安第斯山脉的美景，最后到达的的喀喀湖边的普诺城。需要注意的是，这一班列车仅在每周一、三、日运营。在普诺城可以坐安第斯山脉的主要交通工具——骆马抵达湖泊。可以乘坐当地的新式小型渔船或者芦苇船游览湖泊。

坐在船上，游客可以仰望的的喀喀湖上湛蓝的飘浮着大片白云的天空，明媚的阳光暖洋洋地照在身上。高海拔的的的喀喀湖有着独特、清新、稀薄的空气。空气透明度非常高，这使得最接近太阳本色的阳光飘洒在大地上，折射出的光线更为五彩斑斓、绚丽多姿。湖上的微风给游客带来丝丝凉意。

的的喀喀湖盛产鱼类和飞禽，游客可以观赏清澈透明湖水里的鱼虾，以及在茂密水草中鱼儿游嬉的姿态。在小船来临时，在香蒲丛中觅食的野鸭受到惊吓，咯咯咯地扑棱

身着民族服饰的当地女子在湖边跳民族舞

着翅膀，飞向远方。其中有一种名叫"波科"的野鸭子，两翅五彩缤纷，头墨绿色，面颊雪白，如同涂了厚厚的脂粉，格外惹人喜欢。湖中岛屿众多，月亮岛和太阳岛为其中的两座小岛，岛上地貌呈棕色和紫色两种颜色。湖中最大的岛屿是埃斯特维岛，岛两头高、中间低，在凹下的地方隆起了漂亮的旅社。站在岛上可以俯瞰湖面风光，优美的环境给人一种枕于水波之上、饱览山光水色的乐趣。

泛舟在的的喀喀湖面上，可以看到三五户人家构成的"浮动小岛"在水上漂浮。这些漂浮的"小岛"不是陆地，是用当地盛产的香蒲草捆扎而成的。这种香蒲草是多年生草本植物，叶子细长，高达2米，可以用来编织蒲包和席子。厚厚的香蒲草堆铺在一起会产生很大的浮力，当地的乌罗人就在香蒲草堆上盖起简陋的小屋。乌罗人就在这样的香蒲草世界中传承着民族风俗。平日乌罗人还把香蒲草捆扎成小筏，在香蒲草丛生的浅水区中穿梭。小筏可载4～5人，给游客带来特别的异域民族文化体验。

家长还可以带着孩子登上湖中的小岛，领略当地人的生活风俗，感受南美洲高原文化情调，这对增长孩子的见识是非常有益的。

> **温馨提示**
>
> 的的喀喀湖地处高原地带，需要做好防晒准备。早晚温差比较大，需要准备好衣服。

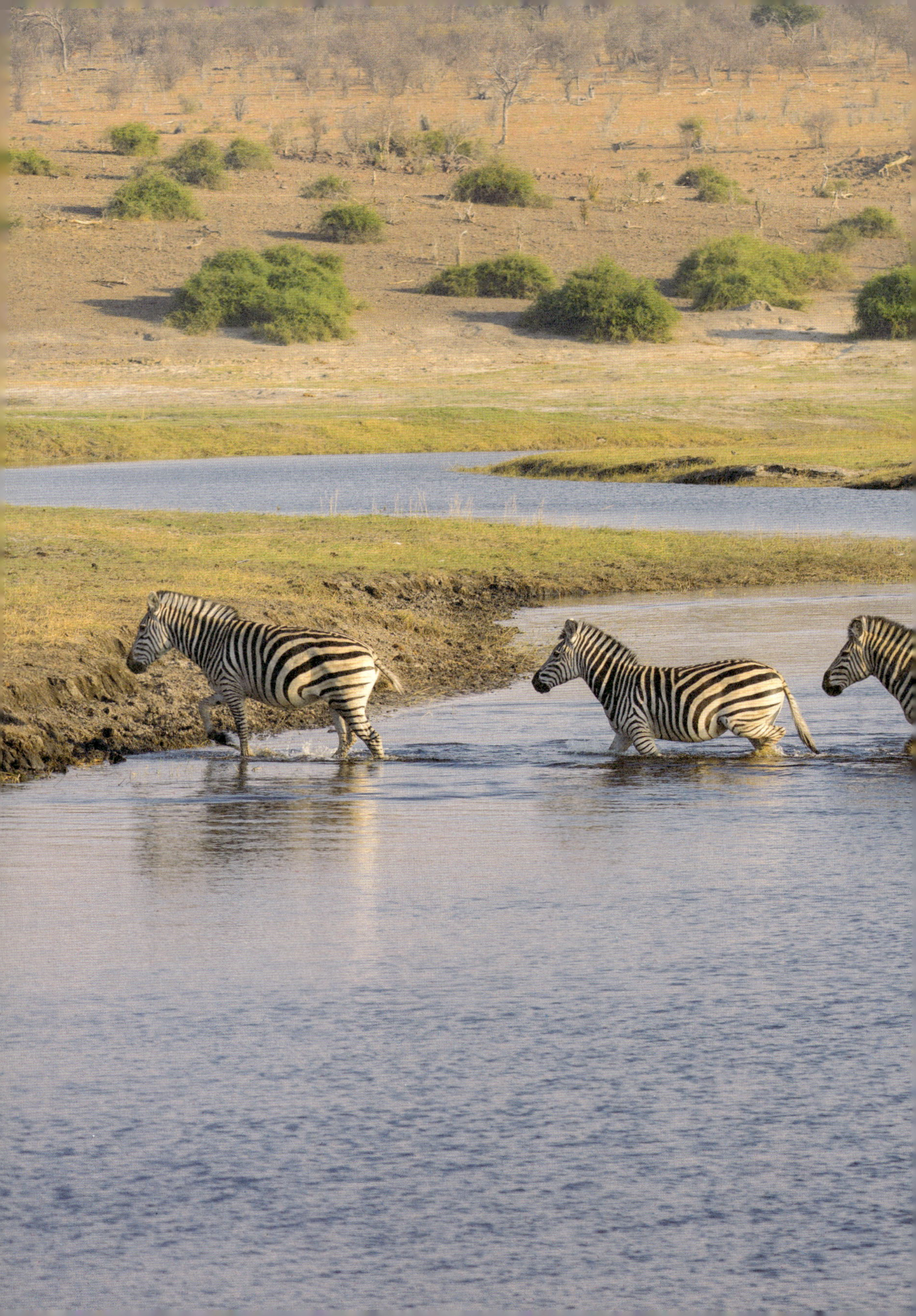

第十章

动物世界，欣赏生命的多姿与美妙

动物是与人共存于地球上的生物。
在动物憨态可掬的行为举止中，
孩子能领略世界上
生物种类的丰富，
感受生命的美妙，
由此更热爱生命，
享受生活。
本章搜集了世界上著名的动物园，
它们原汁原味地还原了
动物的生存环境。
这个"第二课堂"
能使孩子学到丰富的动物知识，
获得宝贵的知识财富与人生经验。

关键词：自驾 爱心 保护野生动物
位置：中国广州
最佳旅游时间：全年

广州长隆野生动物世界

孩子的动物世界

广州长隆野生动物世界，是以"保护野生动物、普及环境教育"为宗旨修建的一座大型动物园。长隆动物园是中国最具国际水准、综合规模最大的国家级野生动物世界。它是全国首批国家AAAAA级旅游景区，占地面积100多万平方米，以大规模野生动物种群放养与自驾车观赏为特色，集动植物保护与研究、旅游观赏、科普教育于一体。在假期，家长带孩子去广州长隆野生动物世界旅游，可以观赏到500多种、20 000多只来自世界各地的野生动物。这个动物的天堂能激发孩子的好奇心和想象力，有利于家长开展丰富多彩的动物知识性教育，达到亲子游的目的。

广州作为中国的特大城市，交通系统完善。游客可以选择飞机、火车、大巴抵达广州，之后乘坐地铁1号线到汉溪长隆站，然后从E口出，直接坐长隆免费车到达终点。车程3~5分钟，步行则需要十几分钟。长隆野生动物世界分为步行游览区和乘车游览区两大部分。步行游览区在东半部分，饲养着来自世界各地的多种珍稀野生动物。乘车游览区在西半部分，放养着种类繁多且数量众多的各种野生动物。

长隆野生动物世界的步行游览区分为考拉园、大象园、百虎山、长颈鹿广场、儿童天地、非洲长廊、亚马孙雨林、猿猴王国、侏罗纪森林、非洲森林、丛林发现、雨林仙踪等部分。乘车游览区共7站，即第1站澳洲森林、第2站美洲丛林、第3站西亚荒漠、第4站南亚雨林、第5站欧洲山地、第6站南非高原、第7站东非草原。

长隆野生动物世界每天有4场场景庞大的动物剧场表演。游客可以观赏惊心动魄的白虎表演，驯兽师与凶猛庞大、尖牙利齿的狮子、白虎等猛兽同行共

动物园内呆萌的大熊猫

动物园内的火烈鸟

舞；可以观赏身形笨重的大象滑稽搞笑的动作；明"猩"云集的"西游记"剧场也会令人开怀大笑；非洲动物表演剧场则上演各种非洲动物的现场秀，百兽奔腾、百鸟归巢的场景尤其壮观。

游客可以从园区的北门或南门进入动物园的步行游览区。在那里，可以观赏大熊猫、小熊猫、考拉、东北虎、白虎、孟加拉虎、美洲虎、蛇獴、亚洲象、大赤袋鼠、金刚鹦鹉、大食蚁兽、环尾狐猴、黄猩猩、金丝猴、叶猴、黑犀牛、黑猩猩、白颊长臂猿、葵花鹦鹉、巨嘴鸟、大嘴犀鸟、倭河马……种类达到几百种，令人大饱眼福。在这里，家长可以让孩子与一些动物亲密接触。如可以购买动物喜欢的食物，让孩子投喂。当孩子用香蕉喂大象的时候，大象会用鼻子将香蕉举过头顶对孩子表示谢意。在长颈鹿广场，家长可以让孩子拿着树叶，喂给温文尔雅的长颈鹿。孩子还可以给小猴子喂奶。当孩子目睹动物妈妈照顾动物宝宝的温馨场面，会联想到亲情的伟大。

乘车游览区是完全根据动物的习性与生活地域来营造的。它改变了传统的动物圈养方式，以区域为标准来放养动物。在全开放的环境中，动物能够自由自在地生活。游客在休闲与安全并重的状态下进入动物的领地，与动物擦身而过，体验与野兽同行之快感，这就是人与动物的和谐相处。

温馨提示

建议直接入住长隆酒店，尽管住宿价格可能比附近的其他酒店要贵点，但是入住会有获得隆旗下的四大景点优惠，而且可以获得优先权（不用排队）。酒店的大堂有活生生的白虎，可以边吃饭边欣赏白虎。同时还有专车接送。

冲绳水族馆
奇妙的海底世界

关键词：黑潮之海　深海探险区　鲸鲨

位置：日本冲绳

最佳旅游时间：全年

　　位于日本冲绳岛北部海博公园内的冲绳水族馆，是冲绳海洋的缩影，饲养并展出650种、75 000尾鱼类。它拥有许多个"世界第一"，如世界水吨位第一、鱼种类第一、鲨鱼种类第一、水槽厚度第一、世界上第一次在水族馆饲养自然珊瑚，以及被吉尼斯收录的世界第一大有机玻璃鱼槽。在假期，家长带孩子去这个规模庞大、种类繁多的水族馆中参观，观赏丰富多彩的海洋生物种类，度过梦幻的海洋假期，是一件非常有意义的事情。

　　在交通方式的选择上，游客可以先乘飞机抵达日本的冲绳，然后从冲绳的那霸机场坐120或111高速公交车到名护公交车终点站，再坐65、66或70路公交车抵达海博公园，全程大约耗费3.5小时。一进水族馆，游客仿佛置身于冲绳神秘莫测的海洋生物世界。繁

◊ 水族馆内的大鲨鱼是孩子们的最爱

水族馆吸引着大量的游客

多的生物种类、奇幻的情境、波光粼粼的珊瑚海，使人赞叹不已。

美丽的冲绳水族馆分为水族馆和海边两个景区。水族馆是一栋4层楼的建筑物，设计比较巧妙。水族馆分为鲸鲨纪念碑、渔夫之门、触摸池、珊瑚之海、热带鱼之海、珊瑚世界、深层之海、水边生物群、美丽海剧场。游览顺序是先穿过4楼的渔夫之门，然后沿着台阶进入3楼的珊瑚大厅，沿路欣赏深海的海洋生物，之后步行到2楼和1楼，最后扑面而来的是冲绳大海。大海旁就是冲绳水族馆的海边区，这里分布着海豚剧场、海龟馆、海牛馆、海豚湖等景点。

在冲绳水族馆中，比较经典的是"黑潮之海"，它是一个拥有多项世界纪录的巨大水槽。水槽引入的是来自冲绳海域黑潮的海水。海水湛蓝清澈，里面生活着镇馆明星——3只身长2米多的巨型鲸鲨和数只如飞碟形状的巨型鳐。一群群在冲绳海域黑潮洄游的原生鱼族悠游在海底水域之间，令人叹为观止。游客可以通过视频，实时观看喂食时段海洋生物抢夺食物的场景。驯养员将食物扔到水槽中，鲸鲨高高立起庞大的身躯，张开血盆大嘴合着水吞掉食物，身体带来的巨大冲力，使水面形成了一个大漩涡。众多鱼群、水生动物在水中抢夺美食时翻滚追逐、满场飞舞的情景惊心动魄。这是一场真实的现场秀，热闹非

正在水族馆门前合影的一家四口

凡、动感十足。

　　冲绳水族馆有一个比较特别的区域，叫"深海探险区"。在这里，游客可以观赏生活在黑压压、光线无法穿透的深海底的一群与世隔绝的生物。它们静静地卧着，身上散发着点点荧光，在黝黑的海底世界点缀出一片美丽的光彩。在墙上嵌着的一个个独立的水族箱，犹如"海中万象仪"，展现着在冲绳海域下栖息的海底生物的姿态。黑黝黝又神秘的深海区，能激发好奇心强的孩子去探索神秘未知的深海生物世界。

　　在神奇又美妙的冲绳水族馆中，孩子能与海洋生物近距离接触，领会浩瀚海洋孕育万物的伟大，自然会萌发热爱科学的种子，家长也实现了亲子游的教育目的。

温馨提示

进入水族馆，在大厅处可排队与可爱的海豚造型合影。在出口处，可以免费领取拍摄的照片，或者付费购买更为精致的立体照片贺卡（1200日元）。

关键词：北美野牛　黄石湖　动物

位置：美国怀俄明州、蒙大拿州和爱达荷州交界处

最佳旅游时间：5月至11月

黄石国家公园
美国最好的巨型动物群栖息地

美国黄石国家公园简称黄石公园，是世界上第一所国家公园。1872年3月1日，它被称为保护野生动物与自然资源的国家公园，在1978年被列入《世界遗产名录》。黄石国家公园是美国国家公园中景观最丰富的公园，在这里能观赏到森林、雪山、湖泊、峡谷、河流，以及最奇特的景观——地热。在黄石国家公园生活着60多种哺乳动物，包括灰狼、灰熊和猞猁，它还是美国最好的巨型动物群栖息地。在假期，家长带孩子去美国黄石国家公园，领略独特的自然风景和品种繁多的野生动物，一定会丰富孩子的阅历，拓展孩子的知识面，达到寓教于乐的亲子教育目的。

在交通方式的选择上，游客可以乘飞机抵达美国蒙大拿州的比灵斯市，然后在当地

黄石国家公园内的温泉吸引了不少游客

公园里的野牛

报团，也可以租车从北门或东北门自驾游览公园。游客在如画的河湖、草地和山林中，可以观赏黑熊、野鹿、麋鹿、野花栗鼠、野生加拿大鹅、白鹭、棕熊、野牛、大雁、鹈鹕等野生动物。在这里，最具有代表性的动物就是黑熊。游客经常可以目睹一只大熊身后跟着一两只小熊，它如丐帮的帮主一样，拦住游客的汽车，伸出宽厚的熊掌向游客乞食，那种滑稽可爱的模样，实在令人忍俊不禁。在路上，还可以观赏成群的北美野牛闲庭信步。

黄石湖的水面是绝美的。黄石公园的湖水和皑皑雪峰，在晨曦与落日的光辉中，金碧辉煌，如天仙一样迷人。在风平浪静的季节，湖水如镜子一般清晰地倒映着森林与群山美丽的倩影。黄石湖是美国最大的高山湖，长约30千米，宽24千米。湖岸曲折蜿蜒，连绵180多千米，水质清澈见底，生活着超过16种鱼，以及天鹅、鹈鹕、大雁、野鸭、鹤、苍鹭等300多种鸟。在湖岸边可以观赏或觅食或散步的不同种类的鸟，还有在湖边一边喝水、一边环顾四周的黑熊等野生动物。

在黄石公园中，人们见得最多的动物是美洲野牛。美洲野牛是北美大陆上体积最大的动物，一头成年的美洲公野牛身高超过1.8米，有3.6米长，体重超过900千克。美洲野牛的特征是全身长满了厚厚绒绒的棕色卷长毛，无论公牛还是母牛，头上都长着一对朝上弯曲的小尖角。虽然这些小尖角并不威猛，但没有人敢怀疑其强大的杀伤力。7月正好是美洲野牛的繁殖季节，在路上随处可见野牛"情侣"或野牛一家。最有趣的是野牛一家在行走的时候，都是母牛走在前面，公牛在后面寸步不离地跟着，被重点保护的对象则是小牛。

在公园里还可以看到雄健的野麋鹿或泡在水池里，或沐浴在阳光中，或在草地上休息。动物种类的众多与千姿百态，一定会使孩子热爱动物、珍惜生命、热爱生活，亲子游的教育目的也就这样潜移默化地实现了。

温馨提示

❶ 最佳游览方式是自驾与露营，也可以报1日团或2日团。

❷ 黄石国家公园温差较大，任何时候都要准备合适的衣服。

❸ 1日游可以从北门进，按照猛象热泉—黄石大峡谷—间歇泉区—黄石湖等顺序游览，大部分精华都在这一线。

095

关键词：北极熊 原生态 热爱自然
位置：加拿大多伦多
最佳旅游时间：全年

多伦多动物园
动物知识课堂

　　多伦多动物园位于加拿大的安大略省，拥有400多种、5 000多只野生动物。这些动物包括鱼类1 900只、无脊椎软体动物250多只、爬虫两栖类动物约250只、鸟类750只；近千只哺乳类动物，覆盖范围从美洲驼到澳大利亚袋鼠，从非洲狒狒到印度象，从南极企鹅到北极熊。其中有500多只是从国外引进的动物。在假期，家长带孩子去加拿大多伦多动物园旅游，领略美洲动物多姿多彩的风情，一定会让孩子过一个快乐而又充实的假期。

　　在交通方式的选择上，游客可以先乘飞机抵达加拿大的多伦多，然后乘公交86A路到动物园。入园之后，游客将会看到一个个现代化的玻璃展厅，里面绿草茵茵，种植着悬葛垂萝与奇花异树。仔细一看，有绿树成荫的大王椰子树，枝干参天的榕树，品种繁多的凤

动物园内的企鹅很可爱

第十章　动物世界：欣赏生命的多姿与美妙

动物园吸引了很多带孩子的游客

梨、勒杜鹃、红花羊蹄甲，色彩鲜艳的小乔木、灌木等，以及悬挂缠绕的常春藤、绿萝。游客还可以听到鸟类啾啾的鸣叫声，看到动物活泼乱跳的倩影，一派生机盎然的自然风景，游人仿佛置身于南亚、非洲、南美洲的热带丛林、热带雨林之中。丰富多彩的植物与动物在这里自然地展现其独特的生命姿态。

徜徉于动物园的道路上，一串串由不同动物足迹连接起来的彩色标记，一步步把游客引到动物的栖身之处，使人与动物自然亲近。游客可以观赏在空旷草坪上傲然开屏的孔雀，领略在空中成群而飞的鸽子的风采，时不时还会有鸽子飞到游客的手掌心啄食。在公园的交通干线上，成群结队的驯鹿和牦牛在散步。公园管理人员的巡逻车与满载游客的游览车在路上遇到它们时要让着这些动物。

在多伦多动物园的溪谷区里，可以看到一片地形起伏、花草繁盛、林木葱郁的美景。在这里，空气中飘散着迷人的清香。白天鹅有的在澄净如镜的湖面上戏水，有的轻轻飞起，时不时在湖面刮起一道道水痕。梅花鹿、野羊等动物在丛林中出没。在这片溪谷林地

多伦多动物园中来自中国的大熊猫

中,动物不受任何人为的干扰,自然繁殖,留给游客的是一派质朴清幽的田园美景,野趣十足。当冬天来临的时候,游客可以脚踩滑雪板,在1米多厚的积雪上滑尽全园,在滑雪过程中还可以观赏动物在雪地中觅食游戏的情境。

多伦多动物园采用现代化技术,原生态还原动物的生活习性。如在热带展厅与亚热带展厅,玻璃展厅里都安装了自动调节湿度、光照与温度的装置,可以控制生态条件,为动物创造了与原野生环境相似的生活条件。游客可以在水下展窗观赏夏天北极熊钻出冰窟、在水中游泳觅食的情景,还可以欣赏它们在湛蓝的海水中追逐游戏、捕猎的场面,真实体验北极熊的自然生存状态。

多伦多动物园的特色,还在于它是"全世界最大的课堂"。每年都有老师带着成千上万的学生在这里开展动物学方面的教学活动,这里是普及动物知识的大百科全书课堂。在动物园里有许多流动车、售书亭,为游客免费提供或出售各种动物学资料,让公众了解更多的动物知识与信息。这里可以让孩子学到更多有关动物的知识,并且唤起孩子热爱动物、热爱大自然的情感,获得意想不到的精神收获。

温馨提示

加拿大即使在夏季早晚也很凉,所以必须准备好长袖衬衫、毛衣或风衣等衣物。此外,对室外活动者而言,上下分身的雨衣和大衣也是必携之物。

悉尼野生动物园
考拉和袋鼠的微笑

关键词：考拉 袋鼠 澳大利亚动物
位置：澳大利亚悉尼
最佳旅游时间：全年

悉尼野生动物园拥有约130种、6 000多只澳大利亚本土野生动物，是当今世界上最大的室内野生动物园，也是拥有澳大利亚动物种类最多的室内动物园。在假期，家长带孩子去悉尼野生动物园旅游，孩子在这里可以欣赏冰冷的爬行动物、凶猛的兽类、罕见的澳大利亚动物，更能与拥有卡通形象、可爱至极的考拉亲密接触。在奇特梦幻的游玩过程中，孩子能获得非同凡响的旅游体验，留下快乐的假期记忆。

在交通方式的选择上，游客可以先乘飞机抵达澳大利亚悉尼，然后坐城铁到布莱克敦，再转乘725路公交车抵达悉尼野生动物园。动物园有十大展区：彩蝶飞舞、无脊天下、爬行异族、峡谷飞行、午夜迷踪、骄阳似火、热带雨林、袋鼠悬崖、澳洲宝贝和半干旱大草原。这里采用高科技的手段还原动物的生存环境。每参观一个展区，游客都会获得刺激惊险的体验和梦幻般的感觉。

游客在昆虫馆里可以观看蜘蛛、蝗虫、甲虫、象鼻虫、蜂巢剖面、蚁穴剖面、2厘米长的大蚂蚁等。在爬行动物馆，隔着玻璃窗可以看到一间间动物栖居室，它们模拟着动物们的自然生活环境，里面栖息着澳大利亚本地的乌龟、蛇、鳄鱼等。

悉尼动物园是一栋2层高的建筑物。一楼游览区是夜间动物馆。游客在漆黑的环境中，依稀可以辨认出跑来跑去的小袋鼠、老鼠，还有栖息在枯枝上警惕地望着游客的猫头鹰。在游完夜间动物馆之后，

悉尼野生动物园内可爱的考拉在爬树

悉尼野生动物园大门

走上昏暗的坡道，可以观赏顶棚上"星星"发出来的点点亮光，它如同夜晚的星空一样迷人。充盈在四周的，是夜间各种动物活动的响声。

顺着曲折的坡道走到头，就来到了袋鼠馆。在这里，孩子可以看到桉树上可爱的考拉，有的在睡觉，有的在嚼桉树叶，有的在玩耍。实际上，桉树叶中含有一种油，吃多了真的会"醉"，很多考拉呼呼大睡也是理所当然的。除了考拉，这里还有澳大利亚独有的袋鼠，它们在游客身边跳跃着行走。孩子可以亲手喂袋鼠，抚摸睡得昏昏沉沉的树袋熊，与袋獾玩耍。看到这些可爱的小动物的憨态，孩子一定会欢喜不已。在这里，家长可以跟孩子讲述澳大利亚动物的习性。

野生动物园的最后一站是蝴蝶园。蝴蝶园中有一个小展厅，里面有两个圆形的陈列柜，展示着蝴蝶标本和飞蛾标本。每一个柜子都陈列着几百种标本，显得十分壮观。在这里，游客可以观赏漫天飞舞、色彩斑斓的蝴蝶群，它们在空中翩翩起舞的倩影，一定会令游客获得视觉美的享受。悉尼野生动物园多姿多彩的风景，足以证明它是假期亲子游的最佳动物园之一。

温馨提示

澳大利亚使用的是220~240伏特、50赫兹的交流电。当地三脚插座与其他国家不同，所以最好能带一个转换器或万能插座。

马赛马拉国家公园
热带动物之风情

关键词:非洲草原 热气球 野生动物

位置:肯尼亚西南部

最佳旅游时间:全年

  建于1961年的马赛马拉国家公园位于非洲肯尼亚西南部和坦桑尼亚交界的地方,与坦桑尼亚境内有名的塞伦盖蒂国家公园相连。马赛马拉国家公园是世界上最著名的野生动物保护区。它占地面积1 672平方千米,由绿荫繁盛的林地、开阔的平原、茂密的河岸森林构成,拥有450种鸟类、95种哺乳动物,是世界上规模最大的野生哺乳动物之家。这里动物种类繁多,有着色彩最浓厚的一望无垠的大草原,人与动物在优美的自然环境中奇妙地和谐相处。中央电视台著名的电视节目《动物世界》中很多镜头就是在这里拍摄的。在假期,家长带孩子去非洲这个举世瞩目的野生动物公园旅游,体验独特的非洲原始文化、仙境一般美妙的草原日出和日落,忘却现代都市人的一切烦恼,享受心灵的快乐与轻松,是一个很明智的选择。

  在交通方式的选择上,可以先乘飞机到迪拜、多哈、亚的斯亚贝巴等地再转机到非洲肯尼亚的内罗毕,然后坐巴士抵达这座著名的野生动物公园。在这里,任何人都会被草原的粗犷之美所震撼。在一望无际的大草原上,随处可见长颈鹿、猎豹、大象、野牛等野生

马赛马拉国家公园内悠闲散步的斑马

马赛马拉国家公园中角马过河时的壮观景象

动物。草原上日出日落的曼妙风景、原始风景带来的感动和冲击，一定会令游客留恋不已。深入动物保护区，还可以看到成千上万头美丽的角马为了生存，从鳄鱼的血盆大口中奋勇挣扎而出，前赴后继地奔向生命的彼岸场景。在这里，几乎所有游客都会感叹达尔文的"物竞天择"生存规律是如此真实。

在马赛马拉国家公园，野生动物在草原中自然生存，被严格又人性化地保护着。游客大多数是坐着传统的专用吉普车深入动物群之中。每一个游客在入园的时候，都会收到一份详细的游玩规定：不能随便下车，不能以任何方式惊吓动物、喂养动物等。这里与传统动物园相反，游客的活动受到了限制，动物按照固有的生活方式繁衍和生存，人与动物和谐相处。

乘坐专用车驰骋在原野上时，游客可以观赏马赛马拉国家公园连绵起伏的低矮丘陵、一望无垠的宽阔草原、散落在草原中的金合欢树和猴面包树。有时可以看到成群结队行走的动物群，走在中间的是南非羚羊，徘徊在左右的是粗壮的非洲水牛，大象则时不时地环顾左右。有时有东西挡住道路，乍一看以为是石头，仔细一瞧才知道是几只匍匐不动的

落日下正在回家的大象与小象

旱龟。猛然间从丛林中窜出来一两只猎豹、豺狗，速度如闪电般，有时会把人吓出一身冷汗。

马拉河有许多纵横交错的支流与湖泊，景色绝美。在湖边可以欣赏稀有动物红鹤的美丽倩影。千万只红鹤齐聚在湖面上，或展翅高飞，或漫步于湖边。这种落霞与红鹤齐飞，湖面共长天一色的情景，在其他地方很难见到。

在动物园里，游客还可以看到马赛部落的牧民。一座座用红土和牛粪混合搭建的小屋，在蓝天白云的映衬下格外耀眼。夕阳西下，马赛牧民发出粗犷的吆喝声，扬鞭而落，牛羊结队前行，别有一番非洲草原文化的原始风情。

除了传统的吉普车游览，游客还可以乘坐热气球，在高空中鸟瞰大草原和动物群。夕阳西下，随着热气球慢慢升高，大地上的房屋逐渐变小，草原也被染成了金黄色。动物、热气球与非洲大草原变为一幅色彩斑斓的壮美油画。如此美景，一定会令孩子心旷神怡，并由此热爱自然、热爱生命。

温馨提示

这个奇妙的地区绝对值得长时间逗留，建议参加为期2~3天的观光团，跟着当地的向导一起观看动物迁徙。

关键词：象龟 海鬣蜥 自然

位置：厄瓜多尔

最佳旅游时间：全年

加拉帕戈斯群岛
野生动植物的天堂

加拉帕戈斯群岛又叫科隆群岛（以下简称科隆岛），位于南美大陆以西1 000千米的太平洋上，隶属于厄瓜多尔。它的占地面积为7 500多平方千米，包括13个小岛和19个岩礁，由海底火山喷发的熔岩凝固而成。群岛的多样性气候和独特的火山地貌环境，使拥有丰富多彩习性的植物和动物都能够生存与繁衍，这个岛屿也变成了一个奇花异草荟萃、珍禽怪兽聚居的场所，被世人誉为一个典型的"生物进化活博物馆"。19世纪英国著名的生物学家达尔文来这个岛屿考察过，在研究多种动植物习性的基础上发表了著名的生物进化论。在1979年，科隆岛被列入《世界遗产名录》。在假期，家长带孩子去科隆岛上旅游，可以观赏各种自然生活的、罕见的动植物，与野生动植物亲密接触，领略

寂静的群岛，美丽的风景

游客在给巨大的仙人掌拍照

大自然原始的风情，让浮躁的心灵回归自然的宁静，孩子的童年也会留下快乐的记忆。

在交通方式的选择上，游客可以先乘飞机抵达荷兰的阿姆斯特丹，然后从阿姆斯特丹转航班到基多，接着从基多坐飞机抵达瓜亚基尔，最后从瓜亚基尔飞往科隆群岛的巴尔特拉岛。在科隆岛上，你将会发觉这里长期都是与世隔绝的，动植物自然发育生长，没有任何人为干预的痕迹，形成了自己的特征。散步在海滩上，可以观赏爬行的巨型陆龟。它们也叫象龟，数量繁多，大多数身长在1米以上，顶着巨大的龟壳蹒跚前进，拥有类似大象的粗腿，号称"龟中巨人"，加拉帕戈斯（西班牙语"巨龟"的意思）群岛就是以它命名的。据说象龟是地球上最长寿的动物，寿命可达100年。在岛上，还可以看到非同寻常的动物品种——海鬣蜥。这是一种引起全世界关注的史前爬虫类动物，它以海草为食，能潜入深海，一共有7个品种，每一品种都存在明显的差异，并且通过不完全发育的蹼足适应了陆地上的生活。

此外，游客还可以观赏岛上罕见的飞禽走兽。在岛上许多物种都是举世无双、难觅其二的。这些动物中既有适合寒带生存的企鹅，也有适合热带生活的大蜥蜴。岛上没有任何猛兽，动物不怕人，人也没必要怕动物，人与动物就这样和谐地共存。

游客也可以坐轮渡，抵达科隆群岛中的波多黎各埃加斯岛。在岛上栖息着各种鸟类，达到58种，其中有28种鸟类是举世无双的。科隆群岛给达尔文研究生物的灵感，就在于

群岛沙滩上，瞧这一家子，多么温馨

岛上成群结队的雀科鸣鸟，基本上都是南美洲大陆偶然飞抵岛上繁衍的后代。有些雀科鸣鸟具有典型的食籽喙；有一些鸟长着尖又硬的嘴，专门啄食仙人掌；还有一些鸟拥有小乳头似的鸟喙，专门叮食昆虫。

家长还可以带孩子去沙利文湾浮潜，探索神奇的海底世界。在沙利文湾海底，可以看到象龟、可爱的热带小企鹅以及白鳍鲨……

在科隆群岛，没有奢华的五星级酒店的享受，也没有泛滥的奢侈品攀比，人对动物就如同对待自己的孩子一样亲切。面对动物，只要看着动物质朴的脸庞，绝对会心平气和。在这儿，只有阳光、沙滩、海浪、仙人掌，还有驾驶船只的老船长。孩子呼吸着太平洋海风中纯净的空气，能健康成长，也能度过快乐的假期。

温馨提示

❶ 不要触碰或移动园区的植物、动物或其他物体，以免带来危险。
❷ 不允许将任何活的生物带入海岛，或将活的生物从一个岛屿带到另一个岛屿。

第十章 动物世界，欣赏生命的多姿与美妙

249

克鲁格国家公园
野生动物的天堂

关键词：狮子　犀牛　大象

位置：南非德兰士瓦省东北部

最佳旅游时间：6月至9月

克鲁格国家公园位于南非德兰士瓦省的东北部、勒邦博山脉以西，是南非最大的野生动物园。公园长约320千米，宽约64千米，占地面积2万多平方千米，是人类为了保护野生动物设立的动物园。在公园一望无际的旷野上，聚集着114种爬行类动物、147种哺乳类动物、49种鱼类、507种鸟类、336种植物，其中羚羊数量就超过了14万只，在羚羊拥有数量方面排名第一。此外，克鲁格国家公园还有斑马2万匹、野牛2万头、犀牛2 500头、非洲狮1 200只、非洲象约8 000头，以及数量众多的鸵鸟、花豹、鳄鱼、长颈鹿。在假期，家长带孩子去克鲁格国家公园旅游，让孩子欣赏非洲原野风情，领略非洲独有

花豹路过，游客狂拍

斑马过河

的动植物特色，达到观赏与教育相结合的亲子旅游目的。

在交通方式的选择上，游客可以先乘飞机抵达南非的约翰内斯堡，然后乘1小时飞机到克鲁格国家公园的斯库库扎机场，也可以从约翰内斯堡乘6小时汽车抵达目的地。当抵达克鲁格国家公园时，一种独特的异国情调迎面扑来。游客会观赏到这里的壮丽风景，整个动物园位于低纬度亚热带丛林低地大平原上，在无边无际的原野上活跃着非洲独有的野生动物群，这种气势磅礴的自然美非常震撼人的心灵。

游览克鲁格国家公园的最佳方式，是自驾或者乘坐公园的观光敞篷车。在车上，游客可以看到公园的风景大多数是由岩石构成的开阔草原，还有一部分是灌木丛和森林，在北部有众多温泉，穿过公园的是6条不大的河流。

有趣的是，克鲁格国家公园的动物有"五霸"和"五丑"。"五霸"是狮子、猎豹、水牛、犀牛、大象，"五丑"是河马、鳄鱼、秃鹰、土狗、疣猪。坐在车上游览，可以随时观赏这"五霸"与"五丑"。如"五霸"之一的猎豹，它的脸颊有如同眼泪一样的斑点，前爪同狗爪一样。猎豹是陆地上跑得最快的动物，追捕猎物时，跑动速度可以达到每小时110千米。

在克鲁格国家公园，狮子的数量是1 200只，它们大部分都在公园中央栖息，附近还聚集着许多狮子钟爱的猎物——斑马和其他野兽。狮子白天喜欢躲在树荫下，活动时间一

克鲁格国家公园内风景优美，大象悠闲地在湖边漫步

般是清晨或者傍晚。

非洲水牛头上的角沉重又宽阔，它们在外表上很像人类养的水牛，却比水牛要凶猛得多。游客看到的水牛群，一般由100头以上的水牛组成，有时甚至多达500头。非洲水牛的主要食物是杂草。有时公牛会离群单独行动，攻击性很强。非洲水牛很凶猛，连非洲狮子都不敢轻易去招惹它。

克鲁格国家公园拥有地球陆地上体积最大的动物——非洲象，数量约8 000头。大象吃的食物是树叶、草、树根、树皮等，有时大象为了吸取更多的汁液，会把一整棵树都推倒。非洲象最喜爱的食物应该是蝶翅树，这种树主要聚集在克鲁格国家公园的象河以北。

当孩子在克鲁格国家公园诗情画意的草原上欣赏动物淳朴自然的憨态时，家长可以对孩子讲述克鲁格国家公园创建的故事。它建于1898年，由一位名叫保尔·克鲁格的总督所建，现在已成为世界上动物品种最多、自然环境保护得最好的公园。在这里，动物都是原生态地生存，人与动物、人与自然和谐、默契地共存。家长可以告诉孩子，关爱动物、人与动物和谐共存是人类社会发展的宗旨。这样，孩子获得了动物知识，也树立了保护野生动物的责任心。

温馨提示

游客只能乘车在园区游览，不能下车，不能喧哗，否则惊扰了动物，后果不堪设想。

关键词：海底生物 深潜 水獭
位置：阿联酋迪拜
最佳旅游时间：冬季

迪拜水族馆

最大的海底生物剧场之一

迪拜水族馆位于阿联酋最大的城市——迪拜，是世界上最大的"水箱"之一，已被收入《吉尼斯世界纪录》。在迪拜水族馆中，有着许多世界之最。如高达8.3米、宽32.8米的水族观赏幕墙是世界之最。在这里生活着33 000多只海洋水生物，包括400余只鲨鱼、鳐鱼等，品种超过85种，这也是世界之最。此外，水族馆还有号称世界上面积最大的丙烯酸观光隔离板。在假期，家长带孩子去迪拜水族馆参观，在一流的服务中，观赏海底生物精彩缤纷的姿态，让孩子学到丰富的海底生物知识，无疑是一个很明智的选择。

在交通方式的选择上，游客可以先乘飞机抵达阿联酋的迪拜，然后坐地铁到迪拜购物中心站，出了地铁即是目的地。游客经过一条长50多米的海底隧道时，可以看到在周围

海底隧道

水族馆内正在参观的游客

与头顶游弋着的各种鱼儿，它们在水中展示着优雅的身姿，做着千姿百态的动作，如此色彩绚丽的世界使人仿佛进入一个童话世界。

走出海底隧道，游客可直接坐电梯上2楼，这才是迪拜水族馆的真正入口，也是鱼最为集中的地方。在水族馆中，游客会有真正置身于海底世界的感觉。在这里有许多热带鱼，如在南美洲俗称"摩托罗迪格洛"的红尾鲶鱼，以及一种濒临灭绝的密西西比河的匙吻鲟。匙吻鲟在游动的时候，经常长时间张着大嘴巴，如同庞大的口袋，模样非常可怕，然而并不凶猛。

在水族馆中可以观赏水獭的多种表演活动。这些水獭模样可爱，在驯兽师的指导下为游客表演丰富多彩的节目，特别适合孩子观赏。比如观赏水獭画画，可以看到它紧紧握着画笔在纸上有规律地点着。它画的内容游客也看不明白，但是它的动作与反应特别滑稽，小朋友会非常开心与喜欢。此外，小水獭在领地中四处乱窜，爬树潜水钻来钻去，忙得不亦乐乎的模样也非常有趣，适合孩子观赏。

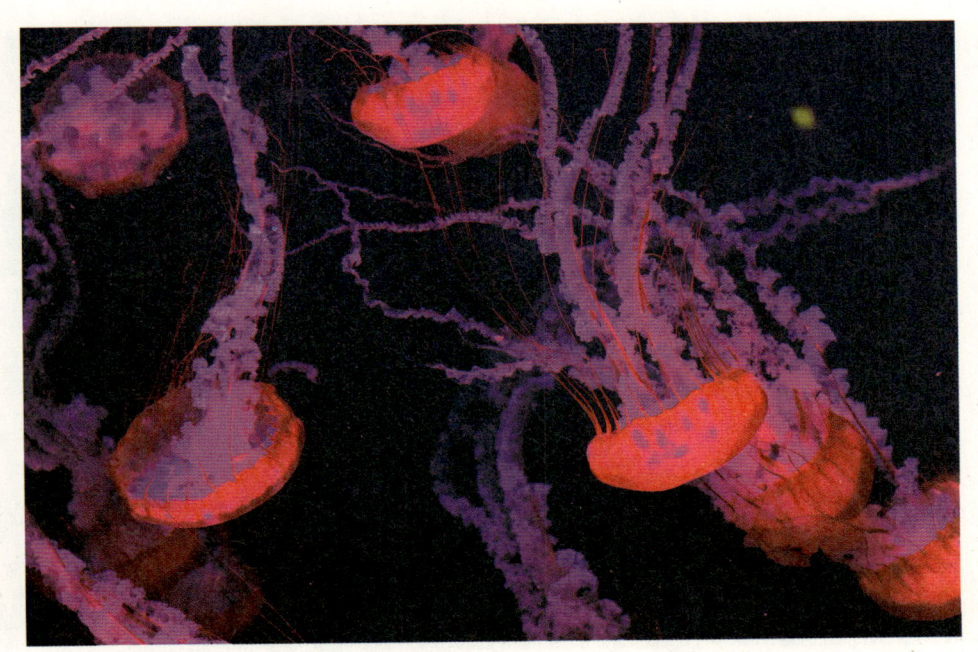

迪拜水族馆内的水母鲜艳美丽

  迪拜水族馆还为游客提供刺激的深潜服务，比如游客可以潜进大笼子里与鲨鱼共舞。游客还可以坐玻璃底船游览水族馆。穿上救生衣站在一处双层平台上，可以近距离感受海洋世界，观赏周围种类繁多的海洋生物与珊瑚群。

  此外，在迪拜水族馆中，游客还可以看到五花八门的海洋动物，如只能看不能摸的狮子鱼、颜色与花纹非常丰富的海星、透明优雅的小水母、罕见的"活化石"鹦鹉螺，以及漂亮的花斑海鳗等。

  参观完1楼之后，可以去2楼参观有爬行动物的科普馆。在那里，游客能观赏蛇、蜥蜴、昆虫、阿拉伯沙蚺、金黄色的沙蛇等。

  在水族馆里，游客可以与宽吻海豚一起游泳，这是独一无二的体验活动。最令游客惊喜的是这里有世界上濒临灭绝的洪氏环企鹅。这种企鹅身上的图案非常特别，毛色入水之后如鳞片一样光洁亮丽，非常可爱。洪氏环企鹅在驯兽师的指导下表演节目，也令孩子非常喜欢。迪拜水族馆独具特色，堪称假期亲子游的最佳动物园之一。

> **温馨提示**
>
> 阿联酋是免税的，但多数酒店和餐厅会在账单上加收10%～16%的服务费，因此不用付小费；如果账单没有包括小费，就要付账单的10%作为小费；出租车司机、搬运工、邮递员、清洗工等通常付2迪拉姆作为小费。

第十章 动物世界，欣赏生命的多姿与美妙

255

本图书由北京出版集团有限责任公司依据与京版梅尔杜蒙（北京）文化传媒有限公司协议授权出版。

This book is published by Beijing Publishing Group Co. Ltd. (BPG) under the arrangement with BPG MAIRDUMONT Media Ltd. (BPG MD).

京版梅尔杜蒙（北京）文化传媒有限公司是由中方出版单位北京出版集团有限责任公司与德方出版单位梅尔杜蒙国际控股有限公司共同设立的中外合资公司。公司致力于成为最好的旅游内容提供者，在中国市场开展了图书出版、数字信息服务和线下服务三大业务。

BPG MD is a joint venture established by Chinese publisher BPG and German publisher MAIRDUMONT GmbH & Co. KG. The company aims to be the best travel content provider in China and creates book publications, digital information and offline services for the Chinese market.

北京出版集团有限责任公司是北京市属最大的综合性出版机构，前身为1948年成立的北平大众书店。经过数十年的发展，北京出版集团现已发展成为拥有多家专业出版社、杂志社和十余家子公司的大型国有文化企业。

Beijing Publishing Group Co. Ltd. is the largest municipal publishing house in Beijing, established in 1948, formerly known as Beijing Public Bookstore. After decades of development, BPG now owns a number of book and magazine publishing houses and holds more than 10 subsidiaries of state-owned cultural enterprises.

德国梅尔杜蒙国际控股有限公司成立于1948年，致力于旅游信息服务业。这一家族式出版企业始终坚持关注新世界及文化的发现和探索。作为欧洲旅游信息服务的市场领导者，梅尔杜蒙公司提供丰富的旅游指南、地图、旅游门户网站、App应用程序以及其他相关旅游服务；拥有Marco Polo、DUMONT、Baedeker等诸多市场领先的旅游信息品牌。

MAIRDUMONT GmbH & Co. KG was founded in 1948 in Germany with the passion for travelling. Discovering the world and exploring new countries and cultures has since been the focus of the still family owned publishing group. As the market leader in Europe for travel information it offers a large portfolio of travel guides, maps, travel and mobility portals, Apps as well as other touristic services. Its market leading travel information brands include Marco Polo, DUMONT, and Baedeker.

DUMONT 是德国科隆梅尔杜蒙国际控股有限公司所有的注册商标。
DUMONT is the registered trademark of Mediengruppe DuMont Schauberg, Cologne, Germany.

杜蒙·阅途 是京版梅尔杜蒙（北京）文化传媒有限公司所有的注册商标。
杜蒙·阅途 is the registered trademark of BPG MAIRDUMONT Media Ltd. (Beijing).